网络视角下国际金融与国际贸易关系研究

基于"一带一路"沿线国家的实证检验

杨晓伟 徐建军 ◎ 著

中国财经出版传媒集团

经济科学出版社
Economic Science Press

图书在版编目（CIP）数据

网络视角下国际金融与国际贸易关系研究：基于
"一带一路"沿线国家的实证检验 / 杨晓伟，徐建军著.
－－北京：经济科学出版社，2022.8
ISBN 978 - 7 - 5218 - 4006 - 3

Ⅰ．①网…　Ⅱ．①杨…②徐…　Ⅲ．①"一带一路"
－国际金融－关系－国际贸易－研究　Ⅳ．①F831②F74

中国版本图书馆 CIP 数据核字（2022）第 165366 号

责任编辑：孙丽丽　撖晓宇
责任校对：刘　娅
责任印制：范　艳

网络视角下国际金融与国际贸易关系研究
——基于"一带一路"沿线国家的实证检验
杨晓伟　徐建军　著

经济科学出版社出版、发行　新华书店经销
社址：北京市海淀区阜成路甲 28 号　邮编：100142
总编部电话：010 - 88191217　发行部电话：010 - 88191522
网址：www. esp. com. cn
电子邮箱：esp@ esp. com. cn
天猫网店：经济科学出版社旗舰店
网址：http://jjkxcbs. tmall. com
北京季蜂印刷有限公司印装
710×1000　16 开　16.75 印张　260000 字
2022 年 8 月第 1 版　2022 年 8 月第 1 次印刷
ISBN 978 - 7 - 5218 - 4006 - 3　定价：68.00 元
（图书出现印装问题，本社负责调换。电话：010 - 88191545）
（版权所有　侵权必究　打击盗版　举报热线：010 - 88191661
QQ：2242791300　营销中心电话：010 - 88191537
电子邮箱：dbts@ esp. com. cn）

本书是教育部人文社会科学青年基金项目"一带一路"沿线国际金融关系网络对国际贸易网络的影响机理与效应研究"（编号：17YJCZH218）的最终研究成果。部分成果也受到教育部人文社会科学研究青年基金项目（编号：16YJCZH124）、浙江省高校重大人文社科项目攻关计划项目（编号：2016QN005）和浙江省科技厅软科学研究项目（2022C35050）的资助。

本书同时也是第二批国家级职业教育教师教学创新团队课题：协作共同体视域下现代物流管理专业群创新团队建设的组织制度与运行机制研究（编号：ZI2021010201）、浙江省产学合作协同育人项目："一带一路"视阈下服务贸易与国际化应用型物流人才联动培养体系研究、宁波市教育局"一带一路"国家职业教育合作发展三年行动计划第二批重点项目："一带一路"国际物流管理专业人才培养项目和宁波市城市发展研究基地的资助成果。

前　言

自 2013 年习近平主席提出"一带一路"倡议后，"一带一路"沿线国家间的贸易、金融与政治、文化联系越来越紧密，它们已经形成了一个"你中有我，我中有你"的相互交织、错综复杂的关系网络。现有研究大多采用传统的计量经济分析框架就各国之间的相互影响关系进行分析和验证，但传统的线性分析框架很难从全局高度就"一带一路"沿线国家间结成的错综复杂的双边或多边的金融、贸易关系以及二者内在的非线性影响机制给出合理且有效的解释。为此，本书在网络科学分析视角下，就"一带一路"沿线国际金融与国际贸易的关系问题进行系统分析，从而为人们更加全面地认识二者的关联机制提供了新的经验证据。

本书围绕"一带一路"国际金融网络和国际贸易网络的结构特征、"一带一路"国际金融网络对国际贸易网络关系的影响机理和作用效果、"一带一路"国际金融网络对国际贸易网络中心性特征的影响及其互动关系进行了具体分析，从中得到以下四点结论：

第一，"一带一路"的节点国家出口（进口）网络规模呈增长趋势、出口（进口）网络密度逐年增加，出口（进口）贸易"小世界"网络特征趋势逐渐凸显，贸易网络凝聚力不断提高；中国、印度、新加坡处于出口（进口）贸易网络中的强中心和次强中心，是"一带一路"出口（进口）贸易的核心节点；剩余的国家分属于一般中心、次弱中心和弱中心，属于外围国家。类似地，"一带一路"沿线国家间资产组合投资关系（股权与基金投资/债券投资）网络规模在大幅度增长；"一带一路"资产组合投资（股权与基金投资/债券投资）网络密度逐渐增加；"一带一路"资产组合投资和债券投资"小世界"网络特征显现，而股权与基金投资网络的"小世界"网络特征不显著。金融网络等级结构呈现明显的"金字塔"形，网络强中心高度集中在少数国家。

第二，拥有更强更广金融关系的国家，更容易与其他国家建立紧密的贸易网络关系。2013 年和 2018 年的指数随机图模型证实了资产组合投资网、股权与投资基金网络和债券网络同时有助于国际出口贸易网络和进口贸易网络的发展。分别以样本国家出口和进口流量的 1/4 分位数和 3/4 分位数作为低流量出口贸易网络和高流量出口贸易网络构建的门限值，指数随机图模型的估计结果均证实了资产组合投资网络、股权与投资基金网络和债券网络不仅有助于低流量的出口贸易网络和进口贸易网络的发展，同时也有助于高流量的出口贸易网络和进口贸易网络的发展。

第三，国际金融网络外部性有助于国际贸易过程中的成本节省和信息传导，进而影响进出口网络关系的形成。二次指派模型证实了"一带一路"沿线国家资产组合投资网络对出口（进口）网络的直接影响、网络外部性和空间溢出效应的存在、当前和滞后一期的股权与基金投资网络不利于当期的出口网络的发展，而相邻国家的股权与基金投资网络有助于出口网络的发展。

第四，证实了"一带一路"国际资产组合投资网络（股权与基金份额投资网络、借贷网络）中心性有助于提升节点国家在贸易网络中的枢纽地位。国际资产组合投资网络（股权与基金份额投资网络、借贷网络）中心性与出口网络中心度是互为双向的格兰杰（Granger）原因。无论是从短期来看，还是从长期来看，国际资产组合投资网络中心性、股权与基金份额投资网络中心性和借贷网络中心性均有利于节点国家出口（进口）网络中心性的形成。

本书最大的特色在于将关系数据的建模方法和属性数据的建模方法组合运用到对同一主题的实证检验过程中，保证结论的可信性。具体来说：一是采用多个网络发展指标刻画了"一带一路"国际金融网络及国际贸易网络发展的特征。这不仅弥补了既有研究中缺少"一带一路"国际金融网络特征描述的缺憾，同时也在一定程度上丰富了国际贸易网络可视化的文库；二是结合指数随机图模型、二次指派模型证实了"一带一路"国际金融对贸易网络发展的直接影响和外溢效果；三是构建空间面板建模、线性和非线性面板因果检验和脉冲响应函数验证了"一带一路"国际金融网络结构特征对国际贸易网络结构特征的影响。

目　录
CONTENTS

第 1 章

绪　　论

1.1　研究背景与意义

1.1.1　研究背景

古代丝绸之路历史上曾促进了欧亚大陆沿线国家的商贸、文化和科技的交流。但随着近代西方世界的兴起，丝绸之路一度消沉。在美国主导的"商品—石油—美元"三角贸易模式下，美国成为最大赢家，而包括中国在内的古丝路沿途国家获益极为有限（许和连、孙天阳和成立红，2015）。随着中国经济的快速增长，中国在全球经济地位的上升，全球治理亟须中国参与（邹嘉龄和刘卫东，2016）。为此，2013 年 9 月和 10 月，习近平主席正式提出建设"丝绸之路经济带"和"21 世纪海上丝绸之路"（以下简称"一带一路"）构想，并倡议从五个方面（加强政策沟通、道路联通、贸易畅通、货币流通、民心相通）共同建设"一带一路"。2015 年 3 月 28 日，国家发改委、外交部和商务部联合发布的《推动共建丝绸之路经济带和 21 世纪海上丝绸之路的愿景与行动》，强调要"全方位推进务实合作，打造政治互信、经济融合、文化包容的利益共同体、命运共同体和责任共同体"，旨在实现中国的商品、资金、技术与新丝绸之路沿途发展中国家资源、市场的全面结合（许和连、孙天阳和成立红，2015）。"一带一路"倡议的实施是中国参与全球治理的重要实践，它承载着中国开放性经济新体制和谋划全球政治经济新秩序的历史使命。

2013 ~ 2021 年，中国与沿线国家累计货物贸易额近 11 万亿美元，双向投资超过 2300 亿美元，承包工程完成营业额近 7300 亿美元①。毫无疑问，丝路经济的发展离不开各国之间的贸易与分工合作，而信用和货币是支撑贸易发展的重要基础。金融是货币与信用关系的有机统一，它对贸易发展至关重要。习近平主席指出，金融是现代经济的血液和核心②，也是现在经济的核心竞争力。深化国际金融合作与创新，是促进"一带一路"沿线各国共赢发展的前提和保障。"一带一路"的推进将更多依赖金融资源有效配置（闫衍，2015）。从国际经验来看，金融发展水平和效率历来是推动地区间经贸发展的关键因素（朱苏荣，2015）。

然而，长期以来，解释国际贸易的相关理论，包括亚当·斯密（Adam Smith，1776）的"绝对优势论"、大卫·李嘉图（David Ricardo，1817）的"比较优势论"、赫克舍尔·奥林（Heckscher – Ohlin，1933）的"要素禀赋论"、保罗·克鲁格曼（Paul Krugman，1979）的"规模经济"理论、约瑟夫·斯蒂格利茨（Joseph Stiglitz，1981）等的"战略性贸易论"、迈克尔·波特（Michael Porter，1985）的"竞争优势论"、杨小凯（2003）的"内生贸易理论"、马克·梅利兹（Marc J. Melitz，2003）的"新新贸易理论"、奥塔维亚诺和蒂塞（Ottaviano and Thiesse，2005）等的"新经济地理学"理论。虽然这些理论都对国家贸易的形成作出了极其深刻的解释，但这些理论

---

① 张怀水. 2021 年我国与"一带一路"沿线国家货物贸易额 11.6 万亿元 创八年来新高 [EB/OL]. 每日经济新闻，https：//baijiahao. baidu. com/s？ id = 1722894524956482372&wfr = spider&for = pc，2022 – 01 – 25.

② 习近平主席在 2017 年 4 月 25 日中共中央政治局第十四次集体学会上指出"金融是现代经济的核心"；习近平在 2017 年 5 月 14 日召开的"一带一路"合作高峰论坛开幕式上的演讲中指出"金融是现代经济的血液"。资料来源：《习近平谈金融经济：经济是肌体，金融是血脉，两者共生共荣》，中国共产党新闻网，http：//cpc. people. com. cn/xuexi/n1/2019/0226/c385474 – 30901903. html。

或学说中，影响贸易的金融因素都被抽象掉或掩盖掉了（徐建军和汪浩瀚，2008）。

随着各种计量分析工具的涌现，金融与贸易的相互影响关系受到关注并且被证实（Thorsten Beck，2002；Chan and Manova，2015；Chen, Poncet and Xiong，2020；Nieminen，2020；Nguyen and Su，2021；赵静敏，2011；汪浩瀚和徐建军，2012；铁瑛和何欢浪，2020；张盼盼、张胜利和陈建国，2020；李玉山、陆远权和王拓，2021）。然而，在现有的这些实证研究过程中，无论是一国内部的金融发展与对外贸易的关系检验，还是跨国（地区）金融与国际贸易关系的剖析，大多只考虑了二者的线性关系，而忽视了二者的非线性影响特征。此外，现有的金融与贸易关系的实证研究大多是基于贸易或金融的流量数据或存量数据分析其内在关系，而鲜见有文献基于关系数据考察金融与贸易的内在关联机制。本书基于后者从关系网络的视角重点考察二者的非线性作用机制。

1.1.2 研究意义

由于丝绸之路沿线多个国家自秦汉时期演化至今，其贸易、金融与政治、文化联系相互交织、错综复杂，再加上"一带一路"沿线国家在不断扩容，从最初的 65 个发起国到如今的 171 个国家加盟①，这些国家之间已经形成了一个十分复杂的贸易金融关系网络。随着新成员的不断加入，这个网络会越来越复杂。传统的线性分析框架很难从全局高度揭示"一带一路"沿线国家错综复杂的金融关系网络和多边贸易网络的动态演化特征，更难以对二者之间可能存在的内在非线性影响机制给出有效的解释。为此，本书突破了传统的计量经济分析框架，基于网络分析视角，就"一带一路"国际金融对国际贸易的影响机理和效应进行实证分析，具有重要的理论意义和实际应用价值。

---

① 根据中国"一带一路"网，截至 2021 年 1 月 29 日，中国与 171 个国家和国际组织签署了 205 份共建"一带一路"合作文件。

在理论层面上，运用网络分析方法揭示"一带一路"国际金融网络和国际贸易网络的结构特征及其内在关联，可突破传统经济学中单个主体交互作用的缺乏以及国际经济学问题分析框架的局限，更好地从全局视野对"一带一路"金融网络结构和国际贸易网络结构的演化特征进行理解和把握，同时也对国际金融与国际贸易的内在关联做出了全新的解释，不仅拓宽了网络科学分析方法的应用范畴，同时更新了国际经济学的研究范式。

在实践层面上，剖析国际金融网络和国际贸易网络各自的演化特征可以为透彻地认识国际金融系统和国际贸易系统各自的内在演化规律和组织模式提供经验证据；基于网络分析视角剖析国际金融与国际贸易的内在关联机制可为政府管理部门如何调整和优化国际金融网络结构、如何有效利用国际金融关系纽带提高"一带一路"进出口的交易效率和降低相应的交易成本提供理论支撑和决策依据。

1.2 研究思路与内容

1.2.1 研究目标与思路

（1）研究目标。

本书旨在网络分析视角下，以"一带一路"沿线国家为例，从理论和实证层面深入分析国际金融对国际贸易网络发展的影响机理和效应，以期为人们正确认识二者的非线性关系提供理论支撑和经验证据。

（2）研究思路。

第一，我们基于科学引文索引数据库（Web of Science，WOS）和中文社会科学引文索引（Chinese Social Sciences Citation Inde，CSSCI）对金融与贸易关系的研究成果进行了知识图谱分析；第二，对网络视角下国际金融与国际贸易关系研究的理论基础进行了阐述；第三，以"一带一路"61 个沿线国家为样本，构建国际贸易网络和国际金融网络模型，并结合（加权）度、中心性和集聚度等网络特征衡量指标，描述了"一带一路"沿线国家出（进）口贸易网络和国际金融网络演化的时空演化特征；第四，构建指数随机图模型（ERGM）分析"一带一路"国际金融网络对国际贸易网络的直接影响；第五，构建二次指派模型（QAP）就"一带一路"国际金融网络对国际贸易网络影响进行定量分析；第六，采用空间面板回归分析了"一带一路"国际金融网络特征对国际贸易网络中心性的影响；第七，采用面板因果与脉冲响应函数方法就"一带一路"国际金融网络特征与国际贸易网络中心性的互动关系进行了分析；第八，对全书进行小结，并针对有关结论提出相应的对策建议。

1.2.2 研究内容

全书共分为 9 章，各章节的具体内容如下所述：

第 1 章是绪论，包括研究的背景与意义、研究思路与内容、研究方法与技术路线、创新之处等。

第 2 章是国际金融与国际贸易关系研究的知识图谱分析，分别基于 WOS 数据库和 CSSCI 数据库采用科学计量学方法就国内外金融与贸易关系的研究文献进行了知识图谱分析。

第 3 章是网络视角下国际金融和国际贸易关系的理论分析，包括网络科学分析方法概述、国际贸易网络和国际金融网络等概念的界定、国际金融网络基于交易成本和信息传导功能影响国际贸易网络关系的内在机理等。

第 4 章是"一带一路"国际金融网络和国际贸易网络的特征分析，包括网络的构建方法、网络特征描述的一般方法、"一带一路"沿线国家间贸易网络的时空演化特征、"一带一路"国际金融网络的时空演化特征。

第5章是"一带一路"国际金融对国际贸易网络的影响：指数随机图模型分析，包括指数随机图模型（ERGM）引入、指标选取与数据说明，"一带一路"国际金融网络对国际贸易网络的影响，"一带一路"国际金融网络对不同时期、不同流量的国际贸易网络的影响效应比较等。

第6章是"一带一路"国际金融对国际贸易网络的影响：二次指派程序分析，包括二次指派模型（QAP）的引入、指标选取与数据说明，"一带一路"国际金融网络对不同时期国际贸易网络的网络外溢效应和空间溢出效应分析等。

第7章是"一带一路"国际金融对国际贸易网络中心性的影响：空间面板回归分析，揭示国际金融网络和出口（进口）贸易网络特征指标的内在关联特征，引入空间计量经济学方法分析"一带一路"国际金融网络中心性对国际贸易网络中心的影响，并对实证结果进行分析与解释等。

第8章是"一带一路"国际金融与国际贸易网络中心性的互动：面板因果与脉冲响应分析，包括格兰杰（Granger）面板因果分析结果与解释、杜米特雷斯库和赫尔林（Dumitrescu and Hurlin）非线性面板因果分析结果与解释、面板脉冲响应函数分析与解释等。

第9章是基本结论与政策建议，包括全书的研究结论和对策建议。

1.3　研究方法与技术路线

1.3.1　研究方法

整个研究过程中用到的主要研究方法如下：

（1）文献研读法。

通过手工翻阅、互联网联机检索等手段搜集国内外有关国际金融和国际贸易关系的理论知识，特别关注网络分析视角下二者关联性的文献资料，从中提取出与本书有关的数据、结论和事实，为理论分析和实证检验准备基础素材。

（2）网络可视化技术。

本书反映"一带一路"沿线国家历年的国际贸易流量数据、金融交易关系的基础数据超万条。本书借助大数据分析框架下的可视化技术，展现"一带一路"国际贸易网络和国际金融网络的结构特征。

（3）关系数据建模技术。

由于网络关系建模的基础是关系型数据，而关系型数据之间存在相互依赖性，不能简单地利用传统的计量分析方法，只能采用网络关系分析的专有建模技术如 ERGM、QAP 等分析"一带一路"国际金融网络对国际贸易网络的直接影响和溢出效应。

（4）空间面板建模技术。

为检验国际金融网络中心性对国际贸易网络中心性的影响，本书在考虑面板数据的横截面依赖性和面板数据的平稳性的情况下，采用空间面板建模技术验证"一带一路"国际金融网络中心性对国际贸易网络中心性的影响。

1.3.2 技术路线

技术路线见图 1-1：

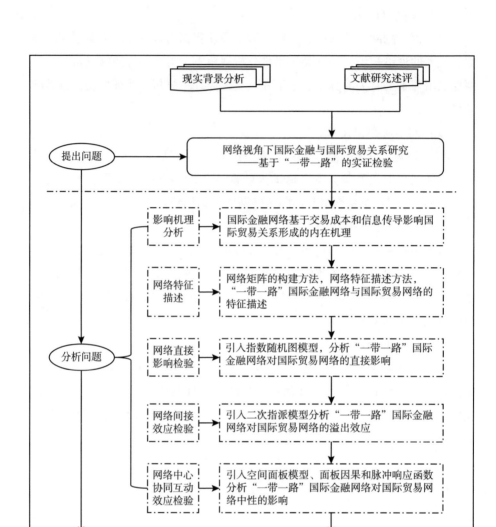

图 1–1 技术路线

1.4　创新之处

　　本书最大的创新在于将关系数据的建模方法和属性数据的建模方法组合运用到对同一主题的实证检验过程中，对多个理论进行了有效验证，保证结论的可信性。具体来说有如下几个方面：

　　（1）采用多个网络发展指标刻画了"一带一路"国际金融网络及国际贸易网络发展的特征。

　　结合（加权）度指标、中心性指标、聚类系数等网络特征衡量指标度量了"一带一路"沿线国家的三种金融网络和出口（进口）网络的结构特征，不仅弥补了既有研究中缺少"一带一路"国际金融网络特征描述的缺憾，同时也在一定程度上丰富了国际贸易网络可视化的文库。

　　（2）结合多种网络分析工具实证检验了"一带一路"国际金融网络对国际贸易网络的影响效果。

　　本书同时采用指数随机图模型（ERGM）、二次指派模型（QAP）检验国际金融网络对出口（进口）网络的直接影响、网络外部性和空间溢出效应。

　　（3）采用多种面板建模技术验证了"一带一路"国际金融网络中心性与出口（进口）网络中心性的相互作用。

　　构建空间面板建模技术验证了"一带一路"国际金融网络中心性对出口（进口）网络中心性的促进作用，采用面板因果检验和脉冲响应函数检验了"一带一路"国际金融网络中心性与国际贸易网络中心性的（非）线性因果关系和互动影响。

第2章

国际金融与国际贸易关系
研究的知识图谱分析

2.1 引言

　　国内外关于金融与贸易关系方面研究的文献日益丰富，如何有效追踪该领域的热点和前沿是开展相关研究非常重要的一环。传统的研究大多采用单一文献归纳方法进行搜集和整理，即使付出了较多的时间和精力，仍难免挂一漏万（代锋刚，2012；代锋刚和蔡焕杰，2015）。悄然兴起的科学知识图谱是以科学学为基础，涉及应用数学、信息科学及计算机科学等方面的交叉学科，它提供了一种文献分析和判断的新视觉，利用可视化的知识图形和序列化的知识谱系，可以直观显示研究学科不同时期热点前沿的演变历程，通过文献引证分析，可以揭示科技文献数据背后可以意会难以言传的隐性知识（陈悦、刘则渊、庞杰和杨木，2005；刘则渊、胡志刚和王贤文，2010）。传统的科学计量学图谱通常以简单的二维、三维图形（如柱形图、线性图、点布图、扇形图、平面图等）表示科学统计结果。而 CiteSpace 可视化文献信息分析软件利用统计分析、网络分析、聚类分析等数学工具，定量地研究学科研究热点及趋势，将枯燥的文献统计数据，利用可视化图像知识图谱生动而明快地展现出来，它已成为广大科技工作者了解各自研究领域学科专业的生长点和制高点的利器（侯海燕、刘则渊、陈悦、姜春林、尹丽春和庞杰，2006；邱均平和张晓培，2011）。为此，本章借助陈超美教授开发的 CiteSpace 软件，以知识网络图谱形式展示金融与贸易关系的研究现状。

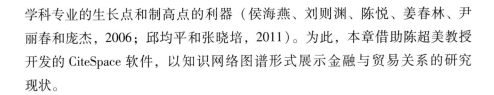

2.2 基于 WOS 的金融与贸易关系的知识图谱分析

2.2.1 数据来源

数据的权威性、全面性和有效性是保证知识图谱分析结果的首要一步。本章使用汤姆森·路透公司（Thomason Reuters）提供的科学引文索引数据库（Web of Science，WOS）作为搜索引擎。WOS 是全球最大的引文数据库，我们选取科学引文索引（Science Citation Index，SCI）和社会科学引文索引（Social Sciences Citation Index，SSCI）核心数据库进行检索。我们以"Financial（Bank/Stock/Exchange Rate）+ International Trade（Foreign Trade/ Export/Import）"作为题目，对 1952 年以来所有关于"金融与贸易关系"的被 SCI 和 SSCI 英文收录的文献进行了广泛搜索。在此基础上，我们仔细审阅了获选文献的题目、摘要和关键词，剔除无效的记录，最后得到数据集 850 篇，图 2-1 展示了 1952~2019 年有关"金融与贸易"关系研究主题历年发文的趋势。如图 2-1 所示，SSCI/SCI 数据库有关金融与贸易关系的文献在 1991 年达到 23 篇的第一个高峰记录，之后开始下降，直到 2007 年美国次贷危机爆发后，2008 年金融与贸易关系的研究成为研究的热点，再次超过 1991 年的记录，达到 25 篇，2015 年达到巅峰（46 篇），之后开始回落。

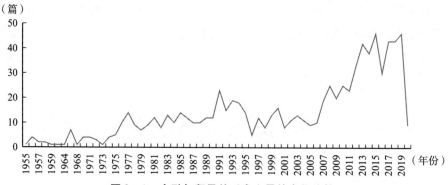

图 2 - 1　金融与贸易关系发文量的变化趋势

资料来源：笔者根据相关数据采用 Excel 软件绘制。

2.2.2　基于施引作者与被引作者的核心研究力量分析

下面通过施引作者与被引作者分析来说明采用英语语言撰写金融与贸易关系研究成果的核心力量分布。图 2 - 2 是 1998 ~ 2019 年金融与贸易关系研究的引文作者的分布①，节点类型为作者（author）生成的合作研究网络图谱中，每个节点代表一个研究者，节点大小表示该研究者的发文数量，节点之间的连线表示研究者之间的合作关系。由图 2 - 2 可知，22 年间，围绕金融与贸易关系至少有 23 位作者只发表了 2 篇该主题的研究论文；此外，我们还发现在金融与贸易关系理论研究中，所呈现的图谱比较离散，虽有交叉，但互相间的联系、合作相对较少，作者合作网络中有明显的"小世界"现象，不存在关键节点，未形成中心性较强的合作网络，作者的合作是小范围的合作，仅有的合作也是同一工作单位之间的合作，并且网络密度接近于 0，网络密度低，整体网络中合作关系不紧密，这体现了金融与贸易关系研究中存在不同的学术圈，并且体现了"单兵作战"的特点（潘静和范云欢，2017）。

---

①　这里选取样本区间为 1998 ~ 2019 年，为了与中文 CSSCI 数据库的年份保持一致。

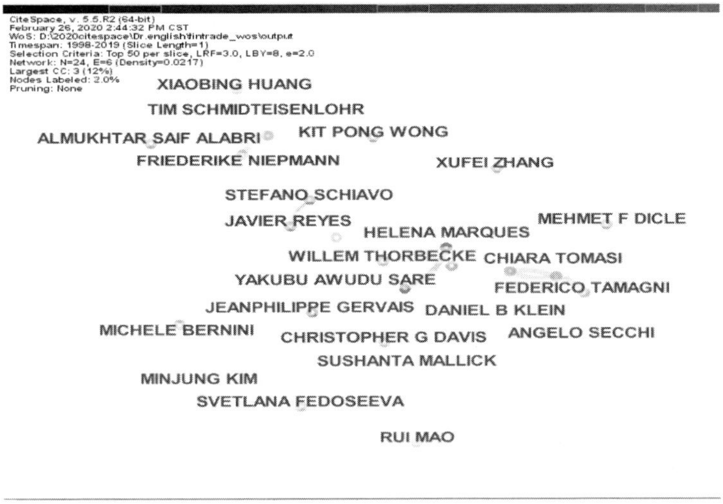

```
CiteSpace, v. 5.5.R2 (64-bit)
February 26, 2020 2:44:32 PM CST
WoS: D:\2020citespace\Dr.english\fintrade_wos\output
Timespan: 1998-2019 (Slice Length=1)
Selection Criteria: Top 50 per slice, LRF=3.0, LBY=8, e=2.0
Network: N=24, E=6 (Density=0.0217)
Largest CC: 3 (12%)
Nodes Labeled: 2.0%
Pruning: None
```

XIAOBING HUANG

TIM SCHMIDTEISENLOHR

ALMUKHTAR SAIF ALABRI　　KIT PONG WONG

FRIEDERIKE NIEPMANN　　　XUFEI ZHANG

STEFANO SCHIAVO

JAVIER REYES　　　MEHMET F DICLE

HELENA MARQUES

WILLEM THORBECKE　CHIARA TOMASI

YAKUBU AWUDU SARE　　FEDERICO TAMAGNI

JEANPHILIPPE GERVAIS　DANIEL B KLEIN

MICHELE BERNINI　CHRISTOPHER G DAVIS　ANGELO SECCHI

SUSHANTA MALLICK

MINJUNG KIM

SVETLANA FEDOSEEVA

RUI MAO

图 2 - 2　1998～2019 年金融与贸易关系研究施引作者分布

资料来源：笔者根据相关数据采用 CiteSpace 软件绘制。

进一步分析作者的属地可知（见表 2 - 1），发文超过 10 篇的地区有 13 个。其中，美国（USA）最多发文 165 篇，英国（England）发文 55 篇，中国（China）发文 45 篇，德国（Germany）发文 29 篇，法国（France）发文 26 篇，加拿大（Canada）发文 21 篇，土耳其（Turkey）发文 21 篇，意大利（Italy）发文 16 篇，日本和澳大利亚各发文 12 篇，韩国和瑞士各发文 11 篇。此外，超过 5 篇的国家还有苏格兰（Scotland）（8 篇）、新西兰（New Zealand）（6 篇）、印度（India）（6 篇）和西班牙（Spain）（5 篇）。

表 2 - 1　　　　　　　　发文作者的国家分布情况

编号	频数	地区	编号	频数	地区
1	165	USA	6	21	Canada
2	55	England	7	21	Turkey
3	45	China	8	16	Italy
4	29	Germany	9	12	Japan
5	26	France	10	12	Australia

编号	频数	地区	编号	频数	地区
11	11	South Korea	14	6	New Zealand
12	11	Switzerland	15	6	India
13	8	Scotland	16	5	Spain

资料来源：笔者根据相关数据采用 CiteSpace 软件统计得到。

CiteSpace 软件可将被引作者（cited – author）的被引频次和被引年份以"年轮"的大小和颜色直观展示出来。在 CiteSpace 软件界面，网络节点选择 cited – author，主题词来源选择文献标题（title）、摘要（abstract）、关键词（keywords）和标识符（identifiers），算法选择路径搜索（pathfinder）算法（孔季，2012），数据抽取对象为"Top 50"，设置"时间尺度"（time scaling）的值为 1，将 1998～2020 年分成 22 个时段进行处理。图 2 – 3 是有

图 2 – 3　1998 ～ 2020 年金融与贸易关系研究被引作者分布

资料来源：笔者根据相关数据采用 CiteSpace 软件绘制。

关金融与贸易关系研究的被引作者网络中被引用次数的门限值超过 30 次的
作者群的可视化结果。相较图 2 - 2，图 2 - 3 最大的特点是各节点之间的连
线明显增多，节点的分布更加密集，出现了很多交叉重合的现象。说明被引
作者之间的联系更加密切，研究内容相对集中。此外，比较图 2 - 2 与图
2 - 3，发现被引作者发文并不一定很多，具体见表 2 - 2。

表 2 - 2　　　　　　　基于作者与被引作者的核心作者统计结果

编号	作者	频数	被引作者	频数
1	Tim Schmidteisenlohr	2	Manova K.	72
2	Javier Reyes	2	Berman N.	60
3	Sushanta Mallick	2	Feenstra R. C.	58
4	Angelo Secchi	2	Engle R. F.	57
5	Xufei Zhang	2	Campa J. M.	55
6	XiaoBing Huang	2	Bernard A. B.	55
7	Daniel B. Klein	2	Hooper P.	55
8	Chiara Tomasi	2	Beck T.	53
9	Friederike Niepmann	2	Melitz M. J.	51
10	Federico Tamagni	2	Bahmani – oskooee M.	51
11	Minjung Kim	2	Johansen S.	48
12	Yakubu Awudu Sare	2	Arize A. C.	48
13	Michele Bernini	2	Baldwin R.	48
14	Kit Pong Wong	2	Greenaway D.	48
15	Mehmet F. Dicle	2	Amiti M.	47
16	Helena Marques	2	Krugman P.	44
17	Almukhtar Saif Alabri	2	Goldberg P. K.	43
18	Jeanphilippe Gervais	2	Chaney T.	42
19	Svetlana Fedoseeva	2	Pesaran M. H.	42
20	Stefano Schiavo	2	Chowdhury A. R.	41

资料来源：笔者根据相关数据采用 CiteSpace 软件统计得到。

2.2.3 基于引用文献的关键文献分析

引文是论文的重要组成部分，它反映了作者参考借鉴前人研究成果的基本情况，反映了学术动向和理论来源线索。论文的引文数量反映出作者对该领域的研究深度，这也体现出科研工作的继承性和发展性，同时也是衡量论文学术吸收能力、渗透能力以及发文质量和社会影响力的重要指标（冉从敬和曾畅，2014）。引用关系可以用新的研究前沿和知识基础来定义。基础知识是由共被引文献集合而成的，而研究前沿是由引用这些知识基础的实引文献集合而成的（李杰和陈超美，2016）。

利用 CiteSpace 软件，将"引文"（cited reference）作为网络节点，以"标题""摘要""描述"作为术语来源，绘制文献共被引聚类知识图谱，图 2-4 是论文共被引用次数的门限值超过 10 次的可视化结果。在文献共被

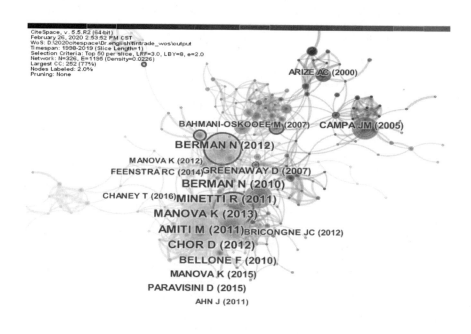

图 2-4 基于引文的共被引论文可视化分布

资料来源：笔者根据相关数据采用 CiteSpace 软件绘制。

引图谱图中，节点的年轮结构表现出文献的被引历史；年轮半径的大小表示文献被引频次，与文献在该年的被引频次正相关（陈超美、陈悦和胡志刚，2014）。根据图 2－4，个别节点出现了深色外圈，代表其中介中心性值较大，其中马诺瓦（Manova K.，2013）的深色外圈最明显，说明其与其他文献联系非常强。

为了进一步探究金融与贸易关系文献的研究重点，本书总结了引用作者（cited author）的引用率排在前 10 位的核心论文（见表 2－3）。表 2－3 显示，被引频次排在前三位的文章分别由马诺瓦（Manova K.，2013）、阿米蒂（Amiti M.，2011）和乔（Chor D.，2012）分别发表在经济研究评论（*Review of Economic Studies*）、经济学季刊（*Quarterly Journal of Economics*）和国际经济学杂志（*Journal of International Economics*）上，频次分别为 33、28 和 27。马诺瓦（Manova K.，2013）认为金融市场的不完善严重限制了国际贸易流动，并量化了信贷约束对异质企业进入国内生产的选择、对国内制造商进入出口的选择以及对出口企业的水平的影响。与之不同的是，玛丽·阿米蒂和大卫·温斯坦（Mary Amiti and David E. Weinstein，2011）结合 1990～2010 年的日本数据，证实了金融危机期间银行健康状况恶化有助于解释出口相对于产出的大幅下降。乔和马诺瓦（Chor D. and Manova K.，2012）利用美国月度进口的详细数据，研究了全球金融危机期间国际贸易流量的崩溃，结果表明信贷条件是金融危机影响贸易量的一个重要渠道；在金融危机高峰期，银行间利率较高、信贷市场收紧的国家对美国出口较少，这种影响在需要大量外部融资、获得贸易信贷的机会有限或几乎没有可抵押资产的部门尤其明显。

表 2－3　　　　　　　　**按照被引频数排列的共被引关键文献**

编号	频数	作者	年份	标题	来源
1	33	Manova K.	2013	Credit Constraints, Heterogeneous Firms, and International Trade	*Review of Economic Studies*
2	28	Amiti M.	2011	Exports and Financial Shocks	*Quarterly Journal of Economics*

编号	频数	作者	年份	标题	来源
3	27	Chor D.	2012	Off the cliff and back? Credit conditions and international trade during the global financial crisis	*Journal of International Economics*
4	25	Berman N.	2010	Financial factors and the margins of trade：Evidence from cross – country firm – level data	*Journal of Development Economics*
5	25	Minetti R.	2011	Credit Constraints and Firm Export：Microeconomic Evidence from Italy	*Journal of International Economics*
6	23	Berman N.	2012	How do Different Exporters React to Exchange Rate Changes?	*The Quarterly Journal of Economics*
7	20	Bellone F.	2010	Bellone F, Musso P, Nesta L, et al. Financial Constraints and Firm Export Behaviour	*World Economy*
8	18	Greenaway D.	2007	Firm Heterogeneity，Exporting and Foreign Direct Investment：A Survey	*The Economic Journal*
9	18	Campa J. M.	2005	Exchange Rate Pass-through Into Import Prices	*Review of Economics and Statistics*
10	17	Manova K.	2015	Firm Exports and Multinational Activity under Credit Constraints	*The Review of Economics and Statistics*

资料来源：笔者根据相关数据采用 CiteSpace 软件统计得到。

2.2.4　基于关键词的研究热点和趋势演进分析

（1）基于关键词词频和中心度的研究热点分析。

CiteSpace 软件的关键词（keyword）聚类功能可以确定某研究领域的热点领域和发展趋势。从知识理论的角度来看，中心度和频次高的关键词代表着一段时间内研究者共同关注的问题（中心度是由弗里曼提出用于测量网络中个体地位的计量指标），即研究热点（罗晓梅、黄鲁成和王凯，2015）。关键词是一篇文献的核心与精髓，是对主题的高度概括与凝练，也是文献计量研究的重要指标。通过关键词词频的变化可以分析出各时期的研究热点，两个或更多的关键词在同一篇文献中出现时被称为关键词共现，通过对关键词共现产生的中心性分析可以揭示出研究热点之间的转化关系（衣春波和许鑫，2014）。

网络图谱中的关键节点是图谱中连接两个以上不同聚类，且中心度和被引频次较高的节点。我们使用 CiteSpace 软件对所选英文文献的关键词进行了提取，表 2 - 4 展示了对应频数超过 20 的统计结果。表 2 - 4 显示，我们可以明显看到最大的节点是 "International Trade"，在近 22 年文献中出现次数最多，出现 106 次，同时中心性最大，为 0.15。衣春波和许鑫（2014）认为中心性超过 0.1 则是具有较强的影响力，通过该点展开的研究较多。进一步，我们还发现表 2 - 4 中 "Trade" "Market" "Exchange Rate Volatility" "Cointegration" 的中心度均超过了 0.1，表明汇率与出口关系问题是研究者在金融与贸易关系中最为关注的热点问题，并且研究者喜欢采用协整分析方法研究这一领域的热点问题。

表 2 - 4　　　　　　　　　关键词词频与中心度统计结果

编号	频数	中心	关键词	编号	频数	中心	关键词
1	106	0.15	international trade	12	28	0.03	United States
2	74	0.03	trade	13	28	0.05	productivity
3	71	0.11	market	14	27	0.05	price
4	66	0.14	export	15	27	0.08	risk
5	53	0.05	impact	16	24	0.06	investment
6	52	0.06	model	17	22	0.03	China
7	43	0.05	growth	18	21	0.03	volatility
8	40	0.09	exchange rate	19	21	0.06	volume
9	32	0.09	firm	20	21	0.02	credit constraint
10	31	0.1	cointegration	21	20	0.05	rate pass through
11	29	0.1	rate volatility				

资料来源：笔者根据相关数据采用 CiteSpace 软件统计得到。

（2）基于突增词的研究热点分析。

对突增词的关注有利于我们了解在一段时间内该学科的研究热点动向（丰景春、王沙沙、薛松和张可，2017）。利用克莱因伯格（Kleinberg）提出的突变检测算法（Kleinberg J.，2003），借助 CiteSpaee 软件可以用从题目、摘要、关键词和文献记录的标识符中可提取出的突变专业术语来确定其研究热点。笔者将节点选为 "keyword" 运行 CiteSpace 软件，得到 13 个突变词。图 2－5 展示了金融与贸易关系研究的突增词统计结果，从中可以清楚地看到 "international trade" "foreign trade" "rate variability" 和 "rate uncertainty" 也都是重要的突增词，这再次表明国际贸易与汇率问题金融与贸易关系问题研究的热点。此外还必须指出，2016 年出现的 "credit constraint" 成为最新一个突增词，成为一个新的研究热点，这也在一定程度上表明信贷约束问题成为目前最受关注的热点问题之一。

Keywords	Year	Strength	Begin	End	1998 ~ 2019
international trade	1998	8.0123	**1998**	2005	
united states	1998	10.7118	**1999**	2009	
market	1998	5.8686	**1999**	2009	
rate pass through	1998	5.1785	**2000**	2008	
rate variability	1998	4.9249	**2000**	2010	
model	1998	5.6119	**2002**	2007	
rate uncertainty	1998	3.9798	**2004**	2011	
volume	1998	3.9876	**2007**	2010	
foreign trade	1998	3.8622	**2007**	2010	
risk	1998	4.8762	**2009**	2013	
competition	1998	3.7156	**2014**	2016	
exchange rate pass – through	1998	3.2648	**2014**	2016	
credit constraint	1998	3.1521	**2016**	2019	

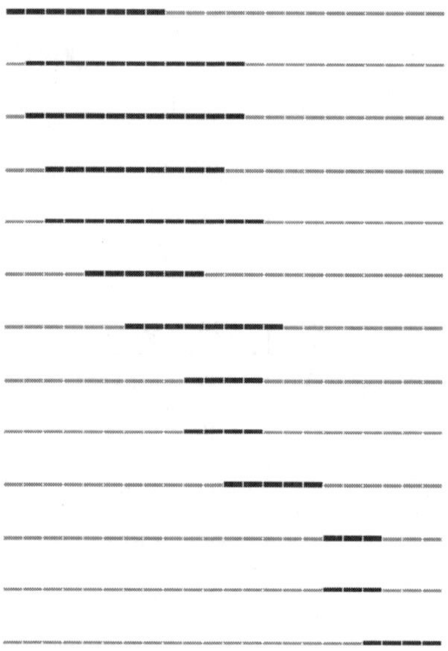

图 2－5　金融与贸易关系研究突增词统计结果

资料来源：笔者根据相关数据采用 CiteSpace 软件绘制。

（3）研究热点趋势演进分析。

时区视图（time zone）方式显示的时区视图是由一系列表示时区的条形区域组成，时区按时间顺序从左向右排列，利用 CiteSpace 软件将关键词的时区变化以时区视图的方式呈现出来，可以很好地揭示被研究领域的研究热点及其演化趋势（孔季，2012）。在参数设置选择关键词（keyword）作为节点，得到金融与贸易关系问题的关键词的时区视图（见图 2-6），我们能够直观地看到 22 年间金融与贸易关系研究的热点的演变历程。

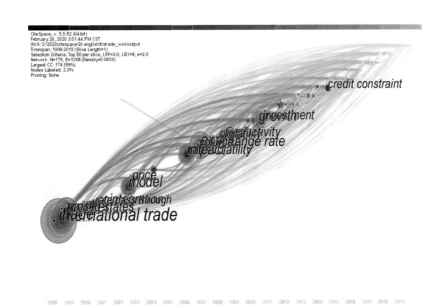

图 2-6　金融与贸易关系研究热点演进的时区视图

资料来源：笔者根据相关数据采用 CiteSpace 软件绘制。

2.2.5　基于 Cited Reference 的文献聚类与主要内容分析

对于学科前沿的追踪有利于把握学科发展的趋势以及未来研究的方向。根据李杰和陈超美（2016）的定义，我们将被引文献进行聚类分析。利用 CiteSpace 软件，将"keyword + cited reference"作为网络节点，以"标题""摘要""描述"作为术语来源，绘制文献共被引聚类知识图谱，图 2-7 是文献共被引图谱图，根据用标题标记集群（label clusters with title）方法，得到14个聚类（cluster）。这些集群由它们自己的引用索引项标记。最大的簇（#0）有35个成员，轮廓值为0.797。它被对数似然算法（Log – Likelihood Ratio，LLR）标记为出口市场生存，被词频权重—逆向文本频率权重算法（Term Frequency – Inverse Document Frequency，TFIDF）标记为财务约束，被互信息（Mutual Information，MI）标记为出口目的地（0.26）。第二大集群（#1）有28个成员，轮廓值为0.892。LLR将其标记为出口模式，TFIDF将其标记为银行，MI将其标记为出口目的地。第三大集群（#2）有28个成员，轮廓值为0.873。LLR和TFIDF都将其标记为汇率波动，MI将其标记为韩国经验。第四大集群（#3）有27个成员，轮廓值为0.878。LLR将其标记为异构汇率，TFIDF将其标记为汇率，MI将其标记为出口目的地。第五大集群有24个成员，轮廓值为0.886。LLR、TFIDF将其标记为金融约束，MI将其标记为企业能力。

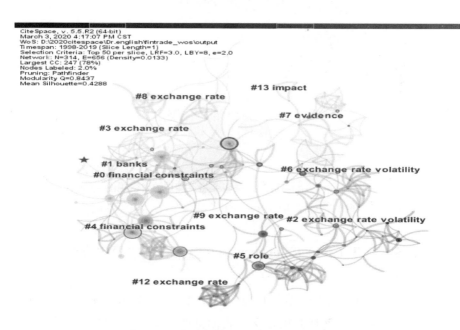

图2 – 7　金融与贸易关系研究的聚类结果

资料来源：笔者根据相关数据采用CiteSpace软件绘制。

进一步阅读这些文献内容，可以将上述 14 个聚类分为四个部分的内容：

一是关于金融（财务）约束与出口贸易的关系（cluster#0，cluster#4），具体内容包括：

（1）金融约束与出口。贝隆、穆索、内斯塔和夏沃（Bellone F.，Musso P.，Nesta L. and Schiavo S.，2010）分析了金融约束对企业出口行为的影响；艾格和凯西（Peter H. Egger and Michaela Kesina，2014）基于中国的面板数据分析了金融约束与企业出口的广泛和密集利润率的关系；塞奇、塔玛尼和托马西（Angelo Secchi，Tamagni F. and Tomasi C.，2016a；2016b）分析了金融约束与企业出口的异质性、自我选择问题以及金融约束下的出口价格调整；戈克塞尔·土库曼（Goksel Turkmen，2012）分析了金融约束和国际贸易模式关系。

（2）财务约束与出口。马内兹、罗奇那·巴拉奇那、桑吉斯·洛皮斯和文森特（Manez J. A.，Rochina - Barrachina M. E.，Sanchis - Llopis J. A. and Vicente O.，2014）研究了内部和外部财务约束在企业联合出口和研发投资决策中的作用，他们基于 1990～2011 年西班牙制造业企业的模型估计得到内部和外部财务约束都是相关的结论；黄晓斌、刘小莲和戈尔格（Xiaobin Huang.，Xiaolian Liu. and Holger Görg，2017）利用中国企业层面的数据研究了融资渠道对出口的影响。他们将外部融资分为两种模式，即银行贷款和向股东发行股票，不仅考虑了两者对导出行为的影响，还考虑了它们之间的交互作用，实证结果表明，有更多利息支出或可以向股东发行股票的公司有更高的出口倾向和更多的出口量，并且企业拥有的金融选择越多，就出口量和出口倾向而言，企业的表现就越好。

（3）金融发展与出口。邓和候（Deng Z. and Hou L.，2014）分析了金融欠发达、扭曲借贷与出口市场生存的关系；克里诺和奥利亚里（Crino R. and Ogliari L.，2017）分析了金融缺陷、产品质量和国际贸易之间的关系；安娜（Watson Anna，2019）分析了金融摩擦、贸易大崩溃和商业周期内的国际贸易的关系；乔和马诺瓦（Chor D. and Manova K.，2012）分析了全球金融危机中的信用状况与国际贸易的关系；姜（Turner Ginger，2011）分析了金融地理和准入在出口决策中的作用。

二是关于银行与出口贸易的关系（Cluster#1）。罗伯托（Alvarez Roberto，2014）分析了银行融资和出口的关系；哥德巴赫和尼奇（Goldbach S. and Nitsch V.，2014）分析了德国的银行融资和公司出口状况的关系；罗图尔科和马焦尼（Lo Turco A. and Maggioni D.，2017）分析了银行发展和小企业出口的关系；尼普曼和施密特·艾森洛尔（Niepmann and Schmidt – Eisenlohr T.，2017）分析了银行在国际贸易中的作用；施密特·艾森洛尔和尼普曼（Schmidt Eisenlohr T. and Niepmann F.，2017）分析了银行对出口贸易模式的影响；德米尔、托马斯、米哈尔斯基和埃夫伦·奥尔斯（Banu Demir.，Tomasz Michalski and Evren Ors.，2017）分析了基于银行的风险资本要求和国际贸易的关系；安杰和萨米恩托（Ahn J. and Sarmiento M.，2019）基于哥伦比亚信用证进口交易数据估计了银行流动性冲击对实体经济的直接影响。

三是关于股市与出口贸易关系（Cluster#7）。如席尔瓦普尔、史密斯、张和费内（Silvapulle P.，Smyth R.，Zhang X. and Fenech J. P.，2017）构建非参数面板数据模型分析了股票市场价格和石油进口之间的关系；哈姆迪、阿洛伊、阿尔卡塔尼和提瓦里（Besm Hamdi.，Mouna Aloui.，Faisal Alqahtani and Aviral Tiwari.，2019）基于小波非线性去噪分位数和格兰杰（Granger）因果关系分析方法分析了石油出口经济体油价波动与股市之间的关系。

四是关于汇率波动与贸易的关系问题研究（Cluster#2，Cluster#3，Cluster#6，Cluster#8，Cluster#9，Cluster#12），具体内容包括：

（1）汇率与贸易价格。马利克和马克斯（Mallick S. and Marques H.，2010）使用印度改革后时期（1990～2001年）的部门面板数据（两位数的SITC水平）研究了汇率和关税变化对进口价格的传递程度。谢和默兰（Xie Jinghua and Myrland H.，2008）分析了汇率对养殖三文鱼出口价格的影响；韩和沈（Han J. and Shen Y.，2016）基于产品层面的数据分析了汇率对中国出口价格的影响；吕、连、陈和于（Lv X.，Lien D.，Chen Q. and Yu C.，2018）基于石油出口国的数据分析了汇率管理对汇率与油价之间因果关系的影响；阿尔瓦雷斯、哈拉米洛和塞拉夫（Alvarez R.，Jaramillo P. and

Selaive J.，2012）基于智利的数据检验汇率是否会传导至进口价格下降。

（2）汇率与国际贸易。崔明植（Choi Myoung Shik，2017）以经济合作与发展组织（OECD）中的发达国家为研究对象，考察了实际汇率及其波动对贸易平衡和实际 GDP 的影响。研究发现，实际货币贬值导致大多数受调查的发达国家贸易平衡的改善，但人民币实际贬值后的贸易顺差并不遵循 J 曲线模式。海尔和普格（Haile M. G. and Pugh G.，2013）对实证文献进行元（meta）回归分析，发现研究结果受到作者建模策略和调查背景的显著影响，研究人员最有可能通过调查低频率的实际汇率变动和欠发达经济体之间的贸易发现不利的贸易影响。

（3）汇率与出口。哈桑·卡比尔和塔夫特·大卫（Hassan M. Kabir and Tufte David R.，1998）分析了孟加拉国的汇率波动和总出口增长的关系。张（Zhang Z. C.，2001）采用协整分析方法研究了中国汇率改革与出口的关系。邦罗伊、热尔维斯和拉鲁（Bonroy O.，Gervais J. P. and Larue B.，2010）基于猪肉出口分类的数据分析了出口与汇率波动的关系。奥纳福沃拉·奥卢本加和奥卢沃·勒欧沃耶（Onafowora Olugbenga and Oluwole Owoye，2008）分析了尼日利亚的汇率波动和出口增长的关系；马利克·苏珊塔和马克斯·海伦娜（Mallick Sushanta and Marques Helena，2010）利用年度和月度数据研究了印度出口商的定价行为，以揭示数据频率在决定短期和长期汇率传递程度（ERPT）变化中的作用；斯蒂芬、乔治、斯瓦米、乔治和迈克尔（Hall Stephen，Hondroyiannis George，Swamy P. A. V. B.，Tavlas George and Ulan Michael，2010）基于新兴市场经济体分析了汇率波动对出口表现的影响。格林威、内勒和张（Greenaway D.，Kneller R. and Zhang X.，2012）利用英国制造业企业的数据研究了汇率变动如何影响企业的出口市场进入、强度决策以及跨国公司在英国的出口行为。纳兹利奥卢·萨班（Nazlioglu Saban，2013）利用面板协整方法分析了汇率波动与土耳其工业出口的关系；西汀和卡拉卡亚（Cetin R. and Karakaya E.，2013）分析了实际汇率波动对土耳其电器出口的影响；亚尼卡亚、卡亚和科克图尔克（Yanikkaya H.，Kaya H. and Kocturk O. M.，2013）基于土耳其案例研究了实际汇率及其波动性对选定农产品出口的影响；李洪斌、马红和徐元（Li Hongbin，Ma

Hong and Xu Yuan，2015）基于公司层面的数据分析了汇率变动对中国出口的影响。勒尔曼（Loermann J.，2021）分析了瑞士法郎/欧元汇率不确定性对瑞士对欧元区出口的影响。理查德·法布林和琳达·桑德森（Richard Fabling and Lynda Sanderson，2015）分析了发票货币和异质汇率传递与出口绩效的关系。徐、毛和童（Xu Jiayun，Mao Qilin and Tong Jiadong，2016）基于中国的数据分析了汇率变动对多产品企业出口绩效的影响。科勒和费加尼（Kohler A. and Ferjani A.，2018）分析了汇率对瑞士农业和食品部门出口绩效的影响。

（4）汇率与进口。唐（Tang T. C.，2004）利用协整方法将金融变量纳入日本总进口需求函数，证明了日本总进口、实际收入和进口相对价格之间的长期均衡关系。贝尔尼尼和托马斯（Bernini M. and Tomasi C.，2015）从理论和实证两方面研究了由于进口投入和出口产出质量不同，出口商对实际汇率波动的异质性反应。布拉戈夫·鲍里斯（Blagov Boris，2019）分析了汇率不确定性对欧元区进口企业定价行为的影响，在非线性 VAR 框架中，证实了汇率不确定性是进口价格的一个重要决定因素，汇率不确定性的增加与平均价格的下降有关。

2.3 基于 CSSCI 的金融与贸易关系的科学知识图谱分析

2.3.1 数据来源

根据南京大学开发的中文社会科学引文索引[①]，年份设定为 1998～2019 年，分别以"金融（银行/股市/汇率）+贸易/出口/进口"作为篇名进行

---

① 考虑到 CSSCI 下载的题录包含参考文献，而 CNKI 数据导出的数据没有每篇文章的参考文献，再加之 CSSCI 数据库收录的文章质量整体上要高于 CNKI 收录的文章质量，因此，后文的分析全部采用 CSSCI 数据的题录进行分析。

检索，共获取记录论文信息 1303 条，在此基础上，仔细阅读和比对每一篇获选文献的摘要和关键词，进一步剔除信息明显错误的无效记录、书评、专栏介绍等非学术文章文献，最后通过软件查重，最终得到 1242 条唯一记录。图 2－8 展示了金融与贸易关系研究主题历年发文的趋势。就 CSSCI 数据库而言，1998 年因为东南亚金融危机问题发文数量达到 33 篇，之后有明显下降的趋势，2005 年超过该发文量，但仍保持二位数增长，直到 2009 年，美国次贷危机引发全球危机使有关这一主题的研究量增长到 129 篇，2010 年也有 119 篇，之后发文量呈现明显的下降趋势。

图 2－8　中文金融与贸易关系发文量的变化趋势

资料来源：笔者根据相关数据采用 CiteSpace 软件绘制。

2.3.2　基于施引作者与被引作者的核心研究力量分析

下面通过引文作者与被引作者分析来说明国内金融与贸易关系的研究的核心力量分布。图 2－9 是 1998～2019 年金融与贸易关系研究的引文作者的分布，节点类型为 author 生成的合作研究网络图谱中，每个节点代表一个研究者，节点大小表示该研究者的发文数量，节点之间的连线表示研究者之间的合作关系（潘静和范云欢，2017）。由图 2－9，我们同样发现，与外文文献类似，金融与贸易关系的中文文献所呈现的图谱同样比较离散，互相间的合作相对较少，作者合作网络也呈现明显的"小世界"现象，单兵作战的特点十分明显，作者间仅有的合作也仅限于小范围的合作，主要特别是同一工作单位之间的合作，网络密度接近于 0。尽管如此，其中也不乏代表性的人物，例如西安交通大学冯宗宪教授，长期从事金融经济分析方面的研究，在 1998~2019 年发文 8 篇。南开大学的佟家栋教授和许家云博士围绕金融与贸易关系问题共发表 7 篇相关的论文，广东外语外贸大学陈龙江教授在该领域也以独著或合作的形式发表了 6 篇被 CSSCI 收录的论文。CiteSpace统计显示，22 年间，围绕金融与贸易关系主题发文超过 3 篇的作者共有27 位。

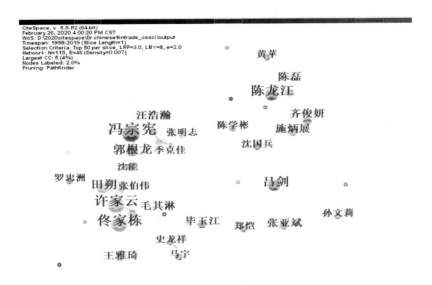

图 2-9　引文作者分布

资料来源：笔者根据相关数据采用 CiteSpace 软件绘制。

图 2-10 是基于 CiteSpace 软件的有关金融与贸易关系研究的被引作者网络被引用次数的门限值超过 20 次的 45 位作者群的可视化结果。图 2-10最大的特点是各节点之间的连线明显增多，节点的分布更加密集，出现了很多交叉重合的现象。说明被引作者之间的联系更加密切，研究内容相对集中。另外一个突出的特点是被引作者中外国作者也较多，在榜单排名前 45

位的被引作者中，外国作者就有 18 人。从表 2 - 5 的统计数据可知，发文越多的作者并不一定被引用量越多，体现了"质—量"分离的特征。

图 2 - 10　被引作者分布

资料来源：笔者根据相关数据采用 CiteSpace 软件绘制。

表 2 - 5　　　　　　　基于被引作者的被引核心作者统计结果

编号	作者	频数	被引作者	频数
1	冯宗宪	8	卢向前	132
2	许家云	7	毕玉江	82
3	佟家栋	7	陈学彬	67
4	陈龙江	6	Beck T.	66
5	郭根龙	5	谢建国	65
6	吕剑	5	Manova K.	51
7	田朔	5	陈六傅	49
8	王雅琦	4	Dornbusch R.	43

续表

编号	作者	频数	被引作者	频数
9	汪浩瀚	4	沈国兵	42
10	毕玉江	4	李宏彬	40
11	齐俊妍	4	戴祖祥	40
12	张亚斌	4	Krugman P.	39
13	陈磊	4	Berman N.	39
14	毛其淋	4	包群	37
15	施炳展	4	施建淮	37
16	沈国兵	3	Campa J. M.	36
17	罗忠洲	3	Obstfeld M.	35
18	史龙祥	3	Melitz M. J.	34
19	陈学彬	3	Krugman P. R.	31
20	季克佳	3	Amiti M.	31

资料来源：笔者根据相关数据采用 CiteSpace 软件统计得到。

2.3.3 基于引用文献的核心论文分析

基于文献共被引关系，按照一定的共被引频次，可以在引文网络中形成小同的文献聚类。在知识图谱中处于中心位置的聚类代表了金融与贸易关系研究的核心学术群体，拥有强大的学术团队和科研实力（余菜花，2013）。将"引用文献"作为网络节点，以"标题""摘要""描述"作为术语来源，绘制文献共被引聚类知识图谱，其中被引越多的文献在可视化图谱中表现得圆点越大。表 2-6 是基于引用作者（cited author）的门限值超过 14 次的 16 篇核心论文的统计结果。图 2-11 是论文共被引次数的门限值超过 15 次的可视化结果，共有 518 个节点、1353 个连接，网络密度为 0.0101。由图 2-11 可见，个别节点出现了深色外圈，代表其中介中心性值较大。

表 2 - 6　　　　　　　　　　按照被引频数排列的共被引关键文献

编号	频数	第一作者	年份	标题	来源
1	89	卢向前	2005	人民币实际汇率波动对我国进出口的影响：1994 ~ 2003	经济研究
2	40	李宏彬	2011	人民币汇率对企业进出口贸易的影响——来自中国企业的实证研究	金融研究
3	33	谢建国	2002	人民币汇率与贸易收支：协整研究与冲击分解	世界经济
4	27	包群	2008	金融发展影响了中国工业制成品出口的比较优势吗	世界经济
5	27	毕玉江	2007	人民币汇率变动对中国商品出口价格的传递效应	世界经济
6	24	陈学彬	2007	中国出口汇率传递率和盯市能力的实证研究	经济研究
7	23	胡冬梅	2010	汇率传递与出口商品价格决定：基于深圳港 2000 ~ 2008 年高度分解面板数据的经验分析	世界经济
8	21	王雅琦	2015	汇率、产品质量与出口价格	世界经济
9	20	刘尧成	2010	人民币汇率变动对我国贸易差额的动态影响	经济研究
10	19	叶永刚	2006	人民币实际有效汇率和对外贸易收支的关系——中美和中日双边贸易收支的实证研究	金融研究
11	18	谷宇	2007	人民币汇率波动性对中国进出口影响的分析	世界经济
12	17	于洪霞	2011	出口固定成本融资约束与企业出口行为	经济研究
13	15	沈能	2006	金融发展与国际贸易的动态演进分析——基于中国的经验数据	世界经济研究
14	15	陈六傅	2007	人民币汇率的价格传递效应——基于 VAR 模型的实证分析	金融研究
15	14	王晋斌	2009	中国汇率传递效应的实证分析	经济研究
16	14	齐俊妍	2011	金融发展与出口技术复杂度	世界经济

资料来源：笔者根据相关数据采用 CiteSpace 软件统计得到。

图 2 - 11 中，卢向前（2005）的深色外圈最明显，说明其与其他文献联系非常强。表 2 - 6 显示，共被引频次排在前 10 位的文章中，卢向前和戴国强（2003）、李宏彬等（2011）、谢建国等（2002）等 9 篇文章均是讨论汇率与进出口关系的，只有包群等（2008）考察了金融发展水平对工业制成品贸易比较优势的影响，他们的实证分析结果表明，金融发展水平是影响

工业制成品比较优势的重要变量，同时，不同的金融发展度量指标对国际贸易的影响存在显著差异。

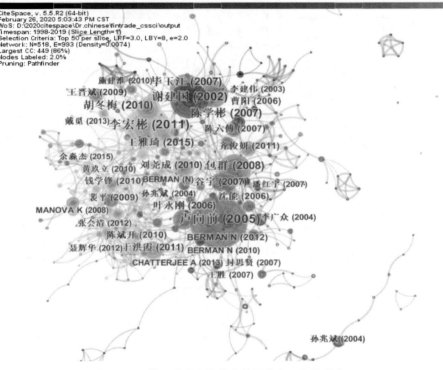

图2-11 基于引用文献的共被引论文可视化分布

资料来源：笔者根据相关数据采用 CiteSpace 软件绘制。

2.3.4 基于关键词的研究热点和趋势演化分析

（1）基于关键词词频的热点分析。

我们使用 CiteSpace 软件对1242篇中文文献进行了关键词统计，表2-7展示了对应频数、中心度的统计结果。1998～2019年，我们可以看到最大的节点"人民币汇率"是文献中出现次数最多的关键词，出现了158次，同时中心性最大，为0.25。共现频次第二位的关键词是"金融危机"，共现频次为120次，中心性为0.19，中心性也较高。"金融发展"是排在第三位的，共出现 100 次，同时中心性为 0.21。2007～2009 年发生的环球金融危机对整个金融界都造成了极大的冲击，围绕这一次的金融危机对国际贸易的影响，国内学者深入细致分析了金融危机对国际贸易的影响问题（冉从敬和曾畅，2014）。此外，根据衣春波和许鑫（2014）的观点，当中心性超过 0.1 则代表具有较强的影响力，通过该点展开的研究较多。表 2－7 显示，在词频排在前 10 位的关键词中，汇率、汇率波动、汇率变动、出口贸易和出口等关键词的中心度均超过了 0.1。这些表明汇率波动与出口贸易关系问题是学界关注的热点问题。

表 2－7 基于关键词的研究热点分析

编号	频数	中心度	关键词	编号	频数	中心度	关键词
1	158	0.25	人民币汇率	20	17	0.05	贸易顺差
2	120	0.19	金融危机	21	16	0.11	加工贸易
3	100	0.21	金融发展	22	16	0.13	贸易结构
4	63	0.25	汇率	23	16	0.01	协整检验
5	62	0.07	汇率传递	24	14	0.27	人民币实际汇率
6	51	0.33	汇率波动	25	13	0.05	贸易保护主义
7	44	0.13	出口贸易	26	13	0.08	贸易条件
8	36	0.16	汇率变动	27	13	0.05	出口结构
9	34	0.38	出口	28	12	0.2	误差修正模型
10	34	0.21	实际有效汇率	29	12	0.06	人民币升值
11	34	0.09	贸易收支	30	12	0.00	WTO
12	33	0.07	国际贸易	31	12	0.04	贸易失衡
13	33	0.25	金融服务贸易	32	11	0.01	企业出口
14	32	0.31	对外贸易	33	11	0.10	经济增长
15	27	0.22	进出口贸易	34	11	0.09	协整分析
16	25	0.12	实际汇率	35	11	0.02	亚洲金融危机
17	21	0.15	人民币实际有效汇率	36	10	0.16	进口价格
18	18	0.03	出口价格	37	10	0.00	人民币
19	17	0.04	融资约束				

资料来源：笔者根据相关数据采用 CiteSpace 软件统计得到。

（2）基于突增词的研究热点分析。

基于 CiteSpace 软件，将节点选为"Keyword"，从题目、摘要、搜索词和文献记录的标识符中提取出的突变专业术语来确定其研究热点，得到 25 个突变词，图 2 - 12 展示了金融与贸易关系研究中出现的突增词统计结果。

Keywords	Year	Strength	Begin	End	1998 ~ 2019
亚洲金融危机	1998	7.2105	**1998**	1999	
世界贸易组织	1998	4.6103	**1999**	2000	
汇率政策	1998	5.4223	**1999**	2005	
对外贸易	1998	4.7233	**1999**	2006	
金融服务	1998	3.2782	**2000**	2001	
WTO	1998	6.6013	**2000**	2002	
贸易自由化	1998	3.9447	**2000**	2003	
金融服务贸易	1998	8.5596	**2000**	2008	
贸易收支	1998	6.7339	**2004**	2007	
协整分析	1998	3.4125	**2004**	2007	
人民币汇率	1998	3.2291	**2004**	2008	
误差修正模型	1998	4.1169	**2005**	2007	
实际汇率	1998	4.5933	**2005**	2008	
进出口贸易	1998	3.6357	**2006**	2007	
汇率风险	1998	3.2892	**2006**	2007	
人民币升值	1998	3.6935	**2006**	2008	
人民币实际汇率	1998	6.7911	**2007**	2008	
金融危机	1998	26.0202	**2009**	2010	
贸易保护主义	1998	4.4339	**2009**	2010	
出口结构	1998	3.5524	**2013**	2014	
出口	1998	6.3654	**2013**	2016	
金融发展	1998	5.4889	**2013**	2017	
融资约束	1998	7.116	**2013**	2019	
异质性	1998	3.2166	**2014**	2016	

图 2 - 12　金融与贸易关系突增词统计结果

资料来源：笔者根据相关数据采用 CiteSpace 软件绘制。

其中，1998 年出现的"亚洲金融危机"、2009 年出现的"金融危机"成为具有特殊背景的研究点。此外，2013 年出现的"融资约束"成为最新出现的热点词汇，近年来也广受关注，成为研究人员近年来关注的高频热点词汇。

（3）研究热点趋势演进分析。

图 2－13 是 1998～2019 年关键词的时区图，我们能够直观地看到期间金融与贸易关系研究热点的演变历程。1998～2003 年，在经历东南亚金融危机后，我国正在申请加入 WTO，这段时间的研究更多的是以东南亚金融危机为中心，对整个金融服务贸易、世贸组织、国民待遇等问题进行研究；而从 2004 年直到美国次贷危机爆发，这段时间主要讨论的是如何通过金融发展促进对外贸易，如何进一步提升对外贸易的比较优势开展讨论；2009 年间全球金融危机的爆发使学者把目光投向了金融危机以及美国次贷危机，在这次金融危机的冲击下，使我们意识到经济对外部市场过度依赖的缺陷，针对这一缺陷，学者们也进行了深入的研究，重点关注了金融危机如何影响对外贸易、如何提升外贸竞争力等问题的讨论。在经历了一次金融危机之后，

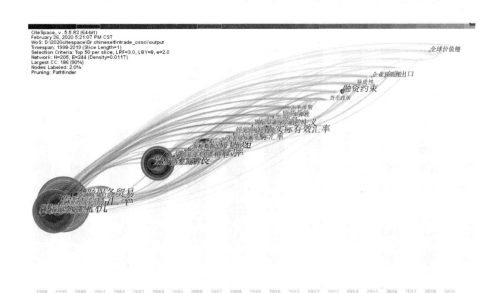

图 2－13　金融与贸易关系研究热点演进的时区视图

资料来源：笔者根据相关数据采用 CiteSpace 软件绘制。

为了避免风险，学者们开展关注融资约束、银行信贷和出口结构等问题。近年来，中美贸易摩擦又成为了国内学者关注的焦点，"融资约束"这个突增关键词的出现也说明在金融全球化和网络化的背景下，当代对外贸易的融资约束问题越来越受到关注（冉从敬和曾畅，2014）。

2.3.5　基于 Cited Reference 的文献聚类与主要内容分析

将"引文（Cited Reference）"作为网络节点，以"标题""摘要""描述"作为术语来源，绘制文献共被引聚类知识图谱。图 2 – 14 是绘制的文献共被引图谱图。根据使用术语索引标记集群（label clusters with term indexing）方法，得到 19 个聚类。这些集群由它们自己的索引项标记。最大的簇（#0）有 42 个成员，轮廓值为 0.901。LLR 和 TFIDF（LSI）都将其标记为金融发展，MI 将其标记为金融压抑。第二大集群（#1）有 41 个成员，轮

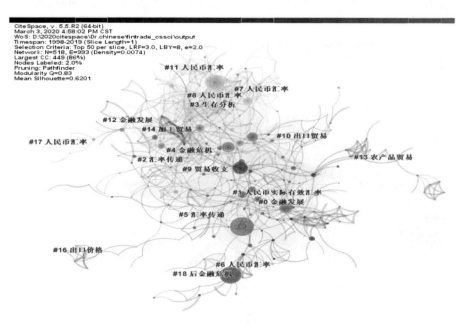

图 2 – 14　基于 Cited Reference 的共被引论文可视化分布

资料来源：笔者根据相关数据采用 CiteSpace 软件绘制。

廓值为 0.823。LLR 称为人民币实际有效汇率，TFIDF 和 MI 称为贸易差额。第三大集群（#2）有 39 个成员，轮廓值为 0.788。LLR 将其标记为汇率传递，TFIDF 将其标记为人民币名义有效汇率，MI 将其标记为出口商。第四大集群（#3）有 37 个成员，轮廓值为 0.822。LLR 将其标记为生存分析，TFIDF 将其标记为多产品企业，MI 将其标记为出口持续期。第五大集群（#4）有 31 个成员，轮廓值为 0.816，被 LLR 标记为金融危机，被 TFIDF 标记为商业信用，被 MI 标记为贸易弹性。

进一步对上述聚类的内容进行研读和归并，得到如下三大方面的内容：

一是金融发展与出口贸易（Cluster#1，Cluster#12）。具体内容包括：

（1）金融与出口规模与增长。姚耀军（2010）检验了金融发展与出口规模、出口商品结构的关系；黄玖立和冼国明（2010）分析了金融发展、外商直接投资和中国区域制造业出口的关系；施炳展和齐俊妍（2011）基于跨国数据证实了金融发展对贸易增长路径的影响；陈磊（2012）基于新贸易理论分析了金融发展与制造业出口双边际的关系；孟夏和陈磊（2012）基于新贸易理论分析了中国金融发展、外商直接投资与制造业出口绩效的关系；雷日辉和张亚斌（2013）分析了金融发展、融资约束和出口双重利差的关系；毛毅（2013）分析了融资约束、金融发展与企业出口行为的关系；戴金平和袁其刚（2010）分析了金融抑制对出口企业的影响；张彬、孔祥贞和杨勇（2015）从贸易信贷和银行信贷角度分析了信贷融资对异质企业出口参与的影响；陈梅、周申和何冰（2017）基于多产品公司视角分析了金融发展、信贷约束与进口双重利差的关系。

（2）金融与贸易结构和竞争力。丁一兵和刘璐（2013）基于动态面板数据模型研究了金融发展能否促进出口结构优化；齐俊妍（2010）基于中国产业的面板数据分析了金融发展与贸易竞争力的关系。

（3）金融与出口复杂度。齐俊妍、王永进、施炳展和盛丹（2011）分析了金融发展和出口领域的技术发展；顾国达和郭爱美（2013）基于金融功能路径分析了金融发展和出口复杂性的关系；顾国达和方园（2013）分析了金融发展与出口产品技术含量提升的关系；郭亦玮、郭晶和王磊（2013）分析了区域金融发展对中国出口成熟度的影响。

二是金融危机与国际贸易（Cluster#4，Cluster#18）。陈学彬和徐明东（2010）分析了金融危机对中国对外贸易的影响；沙文兵（2010）分析了美国金融危机对中国出口的影响；史龙祥（2010）分析了金融危机对中国出口的影响；孙一平、王翠竹和张小军（2013）基于中国 HS－6 出口产品分析了金融危机与出口增长的影响；邓敏（2013）分析了金融危机对中国和东盟农产品出口的影响；张天顶和黄璟（2014）分析了国际金融危机后贸易信贷对中国出口贸易复苏的影响；史洁慧和苏莹（2015）以金融危机为调节变量分析了企业融资与企业出口退出的关系；董二磊和王博（2015）基于金融约束视角分析了金融危机对出口的异质影响。

三是人民币国际化与出口（Cluster#1，Cluster#6，Cluster#7，Cluster#8，Cluster#17）。具体内容包括：

（1）汇率与贸易的一般影响。黄锦明（2010）分析了人民币汇率变动对中国进出口的影响；李红（2010）分析了人民币名义汇率对中国—东盟贸易的影响；姜茜和李荣林（2010）基于多边和双边汇率分析了人民币汇率对中美贸易的影响；封福育（2010）基于阈值回归模型分析了人民币实际汇率波动对中国出口的不对称性的影响；黄小兵（2011）基于中国企业层面的数据分析了异质企业、汇率波动与出口的关系；陈婷（2015）基于多产品企业视角分析了人民币汇率与中国出口双边际的关系；佟家栋、许家云和毛其淋（2016）分析了人民币汇率、出口利润率和出口之间的动态关系；向训勇、陈婷和陈飞翔（2016）基于微观企业层面数据分析了进口投入、生产率和人民币汇率传递之间的关系；宋超和谢一青（2017）比较分析了汇率变动对中国加工贸易与普通贸易出口商的影响的不同；邹宗森、王秀玲和冯等田（2018）基于"一带一路"沿线贸易伙伴提供的数据分析了第三方汇率波动对中国双边贸易关系的影响；易靖韬、刘昕彤和蒙双（2019）研究了出口企业的人民币汇率传递效应。

（2）汇率与贸易价格。胡冬梅、郑尊信和潘世明（2010）基于深圳港2000～2008年高度分解面板数据分析了汇率传递与出口商品价格决定的关系；万晓莉、陈斌开和傅雄广（2011）基于中国行业数据分析了人民币进口汇率传递效应及国外出口商定价能力问题；荣岩（2011）基于加工贸易框架下检验了人民币汇率变动对我国商品出口价格的传递效应；文争为（2011）采用固定效应面板数据模型分析了 2005 年 6 月 ~2008 年 12 月人民币汇率变动对中国出口价格的短期汇率传递率的行业和国别差异；萧琛和崔楠楠（2011）比较分析了中国、日本、德国和东盟的汇率传递对出口价格的影响差异；王雅琦、戴觅和徐建炜（2015）分析了汇率、产品质量和出口价格的关系；刘尧成（2016）分析了人民币汇率变动对中国贸易价格的影响；李艳丽和杨峰（2016）分析了人民币汇率和预期对进口价格的门槛传递效应；许家云和毛其淋（2016）基于中国制造企业的数据分析了人民币汇率与出口企业加成率的关系；许家云和田朔（2016）基于 DID 方法分析了人民币汇率与中国出口企业加成率的关系；盛丹和刘竹青（2017）分析了人民币汇率、中国企业加工贸易和加价的关系。

（3）汇率与国际收支。黄万阳和王维国（2010）分析了人民币汇率与中美贸易失衡的关系；伯娜（2010）分析了人民币汇率在中美贸易收支中的弹性；蔡浩仪和姜大伟（2011）分析了汇率预期和贸易平衡的关系；梁立俊和游桂芬（2011）分析了汇率变动与贸易平衡的关系；马光明和邓露（2012）分析了中国加工贸易、汇率与贸易顺差的相关性。

（4）汇率与出口行为决策。许家云、佟家栋和毛其淋（2015）基于中国制造业企业的数据分析了人民币汇率、产品质量与企业出口活动之间的关系；王秀玲、邹宗森和冯等田（2018）分析了实际汇率波动对中国出口持续时间的影响；季克佳和张明志（2018）分析了人民币汇率变动对企业出口产品决策的影响。

（5）汇率与出口结构。袁芳英（2010）分析了人民币实际有效汇率波动对上海出口结构的影响；苏振东和逯宇铎（2010）分析了人民币实际汇率与中国国际贸易结构的关系。

（6）汇率与出口竞争力。庞晓波和姚远（2011）分析了贸易溢出对人民币有效汇率的影响；刘柏和张艾莲（2013）分析了中国汇率与出口竞争力的协调变化的关系；张天顶和吕金秋（2018）分析了汇率变动、全球价值链和出口竞争力之间的关系。

2.4 金融与贸易关系的研究述评与启示

金融与贸易关系的问题已经受到众多学者的关注，特别是在近30年来，国内外学术界围绕"金融与国际贸易"问题展开了大量的理论与实证研究。综合来看，国内外的这些研究存在以下几个特点：

第一，从研究力量来看，国内外学术界围绕金融与贸易关系都进行了大量的研究，英文文献以美国发文最多（165篇），英国发文量（55篇）排第二，中国发文量（45篇）排第三，德国发文量（29篇）排第四，法国发文量（26篇）排第五，信贷约束与进出口贸易问题成为目前金融与贸易关系领域最受关注的热点问题之一。

第二，从研究内容来看，国内外研究大致都包含了金融发展、金融约束、金融危机、银行中介、股市、汇市对国际贸易的影响问题。其中，英文文献更多集中在金融约束、银行中介、股市变化、外汇汇率与出口贸易的关系上；国内研究集中在金融发展、金融危机与出口贸易、人民币汇率与出口贸易的影响方面。

第三，从研究尺度上看，有聚焦微观层面的以企业为主的出口主体的研究，这部门研究主要是在融资约束与出口行为和决策方面，也有部分研究关注中观层面的行业出口，集中在金融依赖与行业出口关系，但更多的是基于国家层面的研究。其中，国外的研究大多是采用跨国数据进行分析，而国内的研究大多倾向于构建省级面板数据进行实证检验。

第四，在研究方法上，以计量经济建模分析为主。根据搜集数据的不同，有的基于微观企业数据的回归分析或倾向于评分匹配分析方法进行分析，有的基于时间序列进行回归分析或协整分析，还有一部分基于面板数据进行面板回归或面板协整分析，但这些文献都假设构成研究对象的各个单元是独立的，另外一部分文献假设各个界面相互依赖，采用横截面依赖的空间计量分析方法建模分析。

　　毫无疑问，现有的关于金融与贸易关系的文献为进一步的深入研究提供了基础和借鉴，但现有关于二者关系的研究采用的数据是属性数据，并且基于属性数据研究金融与贸易线性关系问题的居多，这方面有较为成熟的研究框架可供借鉴，如何在这个领域进行创新性研究，这就需要摒弃传统的计量经济学研究范式。考虑到现有的研究都是基于非关系数据，近年来，基于关系数据的建模成为研究的热点。关系数据建模的理论基础是网络科学。网络科学是研究网络结构及其动态行为并将网络分析方法应用到不同领域的基础理论（Lewis，2009）。通常所说的复杂网络分析（CNA）和社会网络分析（SNA）都属于网络科学的范畴。网络科学研究方法因其较适合解释经济系统的复杂性及其经济网络结构的特征而备受经济学家关注，戈亚尔（Goyal）、杰克逊（Jackson）、伊斯利和克莱因伯格（Easley and Kleinberg）等都是这个领域的代表性人物。当前，网络科学与经济管理学科的融合发展成为了跨学科发展的一个重要领域。毫无疑问，金融是现代经济的核心，国际贸易是世界经济增长的发动机，如何采用网络科学方法研究金融与贸易的关系无疑是一个值得深入探讨的新兴领域。

2.5　本章小结

　　本章将科学计量学中的知识图谱方法和传统的文献归纳法相结合，归纳和总结了金融与贸易关系研究等主题有关的发文数量、研究力量分布、关键性文献、研究热点和前沿、知识基础和主要内容等方面的内容。

第3章

网络视角下国际金融和国际贸易
关系的理论分析

3.1 网络相关概念界定

3.1.1 网络关系的界定

汉语词典中，网络（network）指由"许多相互交错的分支组成的系统"（中国社会科学院语言研究所词典编辑室，1998）。网络一词在不同学科中的含义并不一致。在电学中，网络是"由若干元件组成的用来使电信号按一定要求传输的电路或这种电路的部分"；在数学上，网络是一种图，一般认为专指加权图；在物理学上，网络是从某种相同类型的实际问题中抽象出来的模型；在计算机领域中，网络是信息传输、接收、共享的虚拟平台，通过它把各个点、面、体的信息联系到一起，从而实现这些资源的共享；在社会学中，网络是事务之间各种关系的集合，其中一种关系的互动会影响其他关系的互动（Simmel，1922）。

关系（tie）是指"人与人、人和事务之间的某种性质的联系"（中国社会科学院语言研究所词典编辑室，1998）。社会学中的关系是指一种人际互

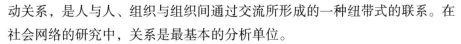

动关系，是人与人、组织与组织间通过交流所形成的一种纽带式的联系。在社会网络的研究中，关系是最基本的分析单位。

将网络与关系综合起来的网络关系研究，是以点、线的形式表现事物之间关系的组件，支持自定义点、线和标签的样式，支持多系列的节点配置，能够以点、线的形式在可视化应用中展示复杂的图形的研究。

从网络关系维度描述网络属性的指标有网络关系质量、关系持久度和网络关系强度等指标（Granovetter，1973；周育红，2020）。

3.1.2 网络中心性的界定

网络中心性是社会网络分析中的关键概念，在表征网络结构和功能方面具有良好的作用，适用于分析和研究社会系统的结构和功能特征（Batool K.，Niazi M. A.，2014）。社会网络多呈现高度异构结构，某些节点被认为比其他节点更重要，这种重要性是中心性的社会学基础，可以通过中心性与属性指标相结合的方式对关键人物进行挖掘和评价（Scott J.，1988）。中心性方法作为常用量化节点重要性的方法有着深厚的社会学背景，网络中最中心的节点往往是最有影响力的节点（Wasserman Stanley and Katherine Faust，1994）。一些研究表明，网络中位置接近的节点在现实中多属于同一群体（Scott J.，1988）。此外，网络中心性的定义并不唯一，因每个节点承受的信息负载及需要考量的对象不同而存在不同的中心性方法。根据学者的研究，至少有 234 个中心性方法或算法已经被定义和研究（Jalili M.，Salehzadeh – Yazdi A.，Asgari Y.，et al.，2015；Freeman L. C.，1978；Langville A. N. and Meyer C. D.，2005；Brandes U.，2001）。

一些学者研究了网络中心性分类方法，有从网络中心性功能方面对中心性进行分类（Borgatti S. P.，128），也有从连接到节点的其他节点的负载信息方面对中心性进行分类（Mizruchi M. S.，Marquis C.，2006；Scott J.，Carrington P. J.，2011）。此外，一些学者还从网络中心性之间的相互关系角度对中心性展开了研究（D. Andrea A.，Ferri F.，Grifoni P.，2010）。科舒茨基和施赖贝（Koschutzki D. and Schreiber F.，2008）比较了多个网络中心性方法，认为网络中心性方法之间存在联系，且不同中心性有不同的适用范围。奥尔德姆、富尔彻和帕克斯等（Oldham S.，Fulcher B.，Parkes L.，et al.，2019）比较分析了 212 个不同的现实网络中 17 种不同网络中心性度量之间的相关性，认为网络中心性方法通常彼此呈正相关，并且网络模块化在这些网络变化中起着关键作用。巴图和尼亚子（Batool and Niazi，2014）认为，在某些网络中，具有高介数中心性的节点往往也具有很高的向心中心度，特征向量中心性和向心中心均能较好识别关键节点。李卫东（2009）认为，网络中心性可以更直观地反映网络节点在网络中的地位。中心位置越高，获得信息和资源的机会就越多。丰丕虎（2019）对网络中心性的分类进行了总结。

董建卫（2012；2016）、罗吉等（2016）等认为在风险投资网络中，处于网络中心位置的节点机构总是处在网络资源的优势地位，能够接触到更多的潜在伙伴、项目流和信息等资源，能在项目评估中有效解决信息不对称和不确定性，能在项目监督过程中有效解决自身面临的道德风险问题，能为风险投资项目提供数量更多、质量更高的增值服务。沃瑟曼与福斯特（Wasserman，Faust，1994）认为，处在网络中心位置的节点（企业）可以利用这些渠道获取关键信息和资源。罗西等（Rossi et al.，2018）同样认为，在关系网络中占据网络中心位置的节点（企业）具有信息优势。田（Tian，2012）利用度中心性来衡量风险投资机构的网络位置，并研究了联合风险资本在初创企业价值创造中的作用。罗吉等（2016）采用中心位置和中介位置衡量了风险投资网络中的位置。王育晓等（2018）和金永红等（2021）均采用特征向量中心性来衡量风险投资机构的网络位置。杨敏利等（2020）认为在衡量网络位置的有关指标中，特征向量中心性是一个比程度中心性更具说服力的加权指标，因此在测度创投机构网络位置时采用特征向量中心性、点出度中心性、点入度中心性这三个指标。

3.1.3 国际金融网络的界定

国际金融网络指的是国家间的投融资、结算和交易过程中所形成的关系网络。根据融资方式的不同，国际金融网络可分为组合投资网络、股权与基金投资网络、债券投资网络（包括长期债券投资网络、短期债券投资网络）、直接投资网络、共同货币网络、汇兑网络、金融监管网络等。本书主要考虑前三种金融网络，包括组合投资网络、股权与基金投资网络、债券投资网络。

3.1.4　国际贸易网络的界定

国际贸易网络是国家间进出口贸易结成的网络关系。根据贸易的方式不同可分为出口贸易网络和进口贸易网络；根据交易内容的不同可分为商品贸易网络和服务贸易网络等；根据贸易流量网络构建方式的不同可以分为完全贸易网络、流量等级贸易网络、贸易比重网络、贸易偏好网络和贸易排名网络等。本书考虑的贸易网络属于商品贸易网络，并且包含完全贸易网络、流量等级贸易网络。

3.2　网络视角下国际金融影响国际贸易的内在机理

3.2.1　国际金融网络嵌入影响交易成本和信息传播

所谓交易成本，就是在一定的社会关系中，人们自愿交往、彼此合作达成交易所支付的成本，它与作为人与自然界关系成本的生产成本相对应（冯玉军，2001）。不同的交易往往涉及不同种类的交易成本。威廉姆森（Williamson，1975）将交易成本区分为搜寻成本、信息成本、议价成本、决策成本、监督成本和违约成本等。达尔曼（Dahlman，1979）将交易活动的内容加以类别化处理，认为交易成本包含搜寻信息的成本、协商与决策成本、契约成本、监督成本、执行成本与转换成本等。

根据赵文红和李垣（2003）的研究，网络关系嵌入有利于降低交易成本。具体来说有如下几个方面：

一是网络关系嵌入有利于降低由于交易环境不确定性引致的成本。由于市场环境随时会发生很多预期外的变化，网络成员如何适应这种变化的环境往往取决于网络关系的存在性和牢固性。没有任何一个人或网络能够事先预测和计划所有可能的未知变量，网络成员在面对交易环境带来的不确定性时，会根据自身的实际状况及时做出降低风险的决策。但这种决策不能以损坏网络成员的利益为条件，以避免降低网络成员间的信赖。

二是网络关系嵌入将有利于减少交易行为不确定性引致的成本。由于网络关系的存在，网络关系中成员可以方便地查明潜在伙伴事前成本的真实状况，一定程度上有利于减少选择伙伴时的交易成本。此外，由于网络成员可以提供大量直接或间接的信息，这在一定程度上也有利于降低事前的交易成本。因此，网络关系的建立可以减少与行为不确定性相关的交易成本。

三是网络关系嵌入将减少网络关系中的成员的机会主义行为。在网络关系中，机会主义行为的成本是与网络关系中所有成员参与交易的潜在损失，因此网络关系越发达，网络关系中的成员不实施机会主义行为的可能性就越高。由于网络关系排斥机会主义行为，一般来说，网络关系越发达，机会主义行为则越少。

四是基于网络关系的交易可降低各种复杂的适应性成本。基于关系网络的交易在一定程度上是一种自我实施的协议。对于交易者来说，选择既能降低交易成本又能提高经济绩效的规制结构是其重要的目标。从经济学角度来看，自我实施的协议是组织关系的规制的有效形式之一（赵文红和李垣，2003）。从总体上看，自我实施机制的优点具体表现在：自我实施机制避免了签约的成本，从而降低了交易成本；自我实施机制强调自我控制而不是外部或第三方的介入，从而省去了高昂的监视成本；自我实施机制允许参与各方根据不断变化的市场环境灵活改变自己的战略，从而降低了各种复杂的适应性成本；自我实施机制在再签约等长期成本方面具有优势（赵文红和李垣，2003）。

根据网络关系对于交易成本的一般影响，我们认为国际金融网络关系嵌入有利于减少国际贸易各方的交易成本；此外，由于网络关系的存在，也必将促进有关市场信息在网络成员间的传播。在这个过程中，国际金融网络关系嵌入必然会促进国际贸易关系的形成与发展，如图 3 – 1 所示。

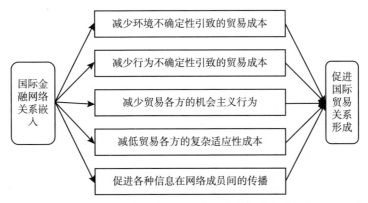

图 3 – 1　金融网络关系嵌入影响交易成本和信息传播的原理

3.2.2　国际金融网络外部性影响国际贸易的交易成本和信息传导

国际金融网络除了通过关系嵌入影响交易成本之外，它还能通过网络外部性影响国际贸易的交易成本和信息传导。

网络外部性一词最早由罗尔夫斯（Rohlfs，1974）提出，他认为当一种产品对消费者的价值随着其他使用者数量增加而增加时，这种产品就具有网络外部性，网络外部性也称为网络效应。也就是说，由于用户数量的增加，在网络外部性的作用下，原有的用户免费得到了产品中所蕴含的新增价值而无须为这一部分价值提供相应的补偿。网络的价值会随着网络用户数量的增加而增大，规模大的网络价值相对较大。同时，网络用户所能得到的价值可分为自有价值和协同价值两部分。其中，自有价值是在没有别的使用者的情况下，产品本身所具有的那部分价值，有时自有价值可能会为零；协同价值是指当新的用户加入网络时，老用户从中获得的额外价值（王慧和刘宏业，2012）。网络外部性按照来源可分为直接网络外部性和间接网络外部性

（Katz and Shapiro，1985）。其中，直接网络外部性是指由于消费某一产品的用户数量增加而导致其他使用者的消费效用也增加；间接网络外部性则指随着某一产品使用者数量的增加，该产品的互补品数量增多、价格降低，从而间接增加了消费者从该产品中获得的效用（叶芳和杜朝运，2012；孙晓华等，2018）。

相比于普通的网络产业，金融领域中的交易商品和交易规则具有其独有的特征，因此其网络外部性也有了特殊的表现形式。金融网络外部性具有降低交易成本的作用（屈晓翔，2015）。我们身边有很多具有网络外部性的金融产品，如金融结算网络平台、银行信用卡和国际货币等。以国际货币为例，在交换中，一方接受某种货币的原因是有其他人也接受这种货币，越多的人接受它，这种货币媒介的交易范围就越大，其媒介交换的功能就越强。因此，一种货币被接受意愿的强弱与它的流通范围（即愿意接受它的交易者多少）有关，这就是货币的网络外部性。这种网络外部性的存在推动了货币形式从多样向统一演变的过程。

金融网络外部性可以为网络内部和外部成员提供市场价格信息。利率往往是债券、股票发行价格的参考，存贷款利率为地下金融市场提供了基础的交易价格。从给网络内部潜在的交易或用户提供价格信息的角度看，这种外部性是正的，降低了交易成本，因此金融交易网络应该尽可能准确地披露市场信息。但如果存在与本网络具有竞争关系的网络，比如进行相同证券交易的网络时，这种外部性产生的后果可能是负的。

在信息传导方面，需要提及货币的网络外部性。就货币网络外部性来看，它在国际贸易中的作用具体表现为交易双方使用某种货币进行结算的成本，会随着使用该货币结算及其兼容货币结算的用户总量的增加而减少，即交易双方得到了由于使用该货币结算用户数量增加而降低的成本，而无须为此付出额外的补偿。同时，这对新使用者产生了吸引力，进一步扩大该种货币的使用，从而放大并强化货币的网络外部性。国际结算过程中选择广泛使用交易货币进行国际结算既可以降低国际贸易成本又可以提高国际贸易的效率。这是因为，根据雷伊（Rey H.，2001）建立的搜寻模型，外汇市场对"媒介货币"的选择主要取决于该货币的市场厚度，即货币的交易规模、可兑换性和汇率稳定性等，如果选择的结算货币拥有良好的深度和流动性，贸易者可以省去使用新货币的转换成本，可灵活将贸易所得的货币用于其他国际经济金融用途，同时高可兑换性和高交易规模也有利于防范汇率风险和对冲风险，提高了货币使用者的实际效用。曲晓翔（2015）构建考虑货币网络外部性情境下不同结算货币选择下国际贸易货币收益模型，从理论上证实了货币网络外部性对贸易成本的影响。他的分析表明，由于货币网络外部性的存在，当大量使用同一种货币进行贸易结算时，能有效提高贸易者的实际货币收益，这实质是降低了国际贸易成本。

3.2.3　国际金融网络关系通过交易成本和信息传导影响贸易伙伴关系

为进一步解释国际金融网络关系是如何影响国际贸易网络关系的，类似吴钢（2013）的做法，我们结合 5 个节点的网络子图进行解释，说明其内在机理。假定有 5 个国家参与国际分工，生产 2 种产品（A 和 B），这 5 个国家参与国际分工模式只可能有 5 种情形：（1）一部分人自给自足且另一部分人专门生产 A 产品，用（O，A）表示；（2）一部分人自给自足且另一部分人专门生产 B 产品，用（O，B）表示；（3）所有人都专门生产 A 产品，用（A，A）表示；（4）所有人都专门生产 B 产品，用（B，B）表示；（5）一部分人专门生产 A 产品且另一部分人专门生产 B 产品。5 个国家的可行贸易关系网络如图 3 - 2（5）所示。同时，假设这 5 个国家之间存在两种类型的金融关系网络，第一种类型的金融关系网络则可以更好地进行便利交易，有助于降低两国间的交易成本和风险（见图 3 - 2（1））；而第二种类型的金融关系网络对减少两国间的交易成本的能力相对较小（见图 3 - 2（2）），由于两种类型的金融关系网络都对国际贸易的交易成本产生影响，将这两种金融关系网络叠加得到如图 3 - 2（3）所示的综合国际金融网络。

结合图 3 - 2（4）中仅考虑国家分工模式的可行贸易网络和图 3 - 2（3）中的金融关系网络，可以得出网络中 5 个国家在选择贸易伙伴时的最佳决策方案：

（1）对国家 G1 而言，分工模式（O，A）决定了其只能与国家 G2 和国家 G4 进行贸易，而其嵌入的金融关系网络决定了其与国家 G2 进行贸易交易成本更低，其次才是国家 G4。为此，国家 G1 将优先选择与国家 G2 进行贸易，在生产存在剩余的情况下再考虑与国家 G4 进行贸易。

（2）对国家 G2 而言，其分工模式（O，B）下可与国家 G1、国家 G3 和国家 G5 都进行贸易，但它与国家 G5 同时存在两种金融关系使得交易成本最小，与国家 G1 存在第一种金融关系，而与国家 G3 仅存在第二种金融关系，为此国家 G2 将优先选择的贸易伙伴为国家 G5，在生产剩余的情况下再选择国家 G1，最后才是国家 G3。

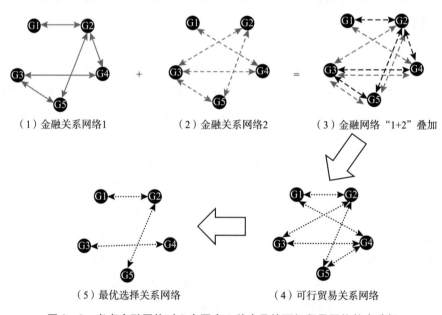

图 3－2　考虑金融网络时 5 个国家 2 种产品的可行贸易网络状态选择

（3）对国家 G3 而言，分工模式（A，A）决定了其只能与国家 G2 和国家 G4 进行贸易；嵌入的金融关系网络决定了其与国家 G4 进行贸易的交易成本会更低，其次才是国家 G2。为此，国家 G3 选择贸易伙伴将优先考虑国家 G4，其次是国家 G2，但不会与国家 G5 发生贸易。

（4）对国家 G4 而言，其分工模式（B，B）下可与国家 G1、国家 G3 和国家 G5 都进行贸易，但它与国家 G3 同时存在两种金融关系，与国家 G1 仅存在第一种金融关系，因此 G4 优先与国家 G3 开展交易的成本最小，G4 将优先选择的贸易伙伴国为国家 G3，在生产剩余的情况下再选择国家 G1，最后才可能考虑国家 G5。

（5）对国家 G5 而言，分工模式（A，A）决定了其只能与国家 G2 和国家 G4 进行贸易，而其嵌入的金融关系网络决定了其与国家 G2 进行贸易的交易成本更低，而它与国家 G4 之间则没有任何金融关系。为此，国家 G5 将优先选择与国家 G2 进行贸易，在生产存在剩余的情况下再考虑与国家 G4 进行贸易。

综合上述各国的贸易伙伴选择方案，可以得出以下两个方面的结论：

各国的分工模式及其嵌入的国际金融关系网络共同决定其最终的国际贸易网络结构。而且两国间必须是分工模式导致其在可产生贸易关系的前提下，国际金融关系网络才会发挥作用。在考虑金融关系网络影响的情况下，各国最优选择的贸易伙伴关系如图 3 - 2（2）所示，表现为 2 个连通片。其中，较大的连通片包含国家 G1、国家 G2 和国家 G5；而较小的联通片包含国家 G3 和国家 G4。

综上所述，考虑金融关系网络对 5 个国家 2 种产品的可行贸易网络状态选择过程可得到以下推论：

推论 1：拥有更强更广金融关系的国家，更容易与其他国家建立紧密的贸易网络关系。

推论 2：国际金融网络外部性有利于国际贸易过程中的成本节省和信息传导，进而影响进出口网络关系的形成。

3.3　本章小结

本部分在对网络（关系）、网络中心性理论以及国际金融网络和国际贸易网络等概念进行界定的基础上，阐述了国际金融网络关系嵌入和网络外部性会通过交易成本和信息传导影响国际贸易关系的形成和变化。上述推论 1 和推论 2 的观点得到了充分论证，这为后文的实证关系的分析提供了理论依据。

第4章

"一带一路"国际金融网络和国际
贸易网络的特征分析

4.1 网络的构建方法

近年来，全球各经济体构成了"你中有我、我中有你"的紧密网络，因此许多学者开始注重使用复杂网络的方法研究国际经济联动性的特点（李岸，2017）。学术界常用阈值法（Tian et al.，2010；Ashadun，2014）、VAR Granger 方法（李敬、陈澎、万广华和付陈梅，2014；黎鹏、杨宏昌和王勇，2017；Gao et al.，2018）、格韦克（Geweke）方法（隋建利、杨庆伟和宋涛，2020）、引力模型法（Duenas and Fagiolo，2013；刘华军、刘传明和孙亚男，2015；邵汉华、周磊和刘耀彬，2018）、方差分解法（Diebold and Yilmaz，2014；王丹，2018；杨子晖和周颖刚，2018）、最小生成树（MST）（Nobi Ashadun，2015；宋宁宁，2017）和平面最大过滤图（PMFG）（黄玮强、庄新田和姚爽，2008；谢邦昌和游涛，2015；Tumminello et al.，2005；Nie Chun－Xiao，2018）等算法构建关系网络矩阵。本书主要采用阈值法构建关系网络，因而后文主要介绍相关阈值法构建网络模型的方法。

阈值法（Threshold Method，TM）是通过选定不同的阈值来构建复杂网络的网络基本构建方法之一（王芮，2018）。利用已知的双边交易关系数据或已求出的相关系数矩阵，对于任意节点 i 和节点 j，若这两个节点之间的交易数据或相关系数 ρ_{ij}（$\rho_{ij} \in [-1, 1]$）比选定的值大或者与它相等，那么根据阈值法的内涵，节点 i 与节点 j 的交易数据或相关系数可以在矩阵中得以保留不被去除，那么就可以参与转化成邻接矩阵 E：

$$E = \begin{cases} e_{ij} = 1, & \rho_{ij} \geqslant \theta \\ e_{ij} = 0, & \rho_{ij} < \theta \end{cases} \quad i \neq j \qquad (4.1)$$

其中，e_{ij} 是邻接矩阵 E 中的第 i 行第 j 列元素。

双边贸易、双边投资、双边货物流通量等数据都是较为常用的构建网络关系的数据。如李（Li，2015），公丕萍、宋周莺和刘卫东（2015），马远和徐莉莉（2015），邹嘉龄和刘卫东（2016），杜秀红（2016），杨文龙、杜德斌、马亚华和焦美琪（2018）关于国家贸易网络的构建；杨文龙、杜德斌、游小珺、史文天和颜子明（2018），杨文龙和杜德斌（2018）关于国际投资关系网络的构建都是以国家间双边贸易数据或双边投资数据为基础得到的。王茂军、田丽英和杨雪春（2011）基于民国时期土货/洋货流通量构建流通网络分析山东省城镇网络结构与城镇网络角色，阈值为土洋货流量的中位数，土洋货物流量大于阈值的赋值为 1，小于中位数的流量赋值为 0。侯传璐和覃成林（2019）采用铁路货运量数据，采用不同分位数作为阈值构建国内省域间的贸易关系网络。

4.2 网络特征描述的一般方法

目前在刻画复杂网络结构的统计性质上存在许多概念和指标，并且这些指标会因为是否考虑网络有向和加权而衍生出许多更为复杂的形式，这些指标可以反映网络不同方面的性质及特征（Albert Reka and Barabasi Albert - Laszlo，2002；Newman，2010；Albert - László Barabási，2016；汪小帆等，2012）。为了简明而系统地对国际贸易网络和国际金融关系网络的发展演化过程进行分析，主要选取反映网络整体特征、网络个体特征和网络结构特征三个方面的指标进行描述（李敬、陈澍、万广华和付陈梅，2014；刘华军、张耀和孙亚男，2015；钟业喜、冯兴华和文玉钊，2016；种照辉和覃成林，2017；邵汉华、周磊和刘耀彬，2018）。

4.2.1 整体网络特征分析指标

在网络整体特征分析中，主要运用的分析指标及计算方法如下：

（1）平均度。度为直接与节点相连的边的数量，而平均度则是网络中所有节点度的平均值，平均度越高说明节点之间的联系数量越多，反之则说明节点联系较少，反映出网络中整体联系的密切程度。计算公式（Freeman，1978）为：

$$\bar{K} = \frac{1}{N} \sum_i^N k_i \qquad (4.2)$$

其中，$\bar{K}$ 为网络的平均度，N 为节点数量，k_i 为节点 i 的度值。

（2）平均加权度。加权度是在节点度的基础上考虑边的权重，平均加权度是网络中所有节点加权度的平均值，平均加权度越高说明节点之间联系的强度越高，反之则说明节点联系强度较低，反映出网络中整体联系的强度特征。计算公式（Garlaschelli and Loffredo，2005）如下：

$$\bar{S} = \frac{1}{N} \sum_i^N w_{ij} \qquad (4.3)$$

式中，$\bar{S}$ 为网络平均加权度，N 为节点数量，w_{ij} 为节点 i、j 之间联系的权重。

（3）网络密度。网络密度（density）表征了网络关系的数量及复杂程度，是对网络完备性的一种测度。网络关系数越多，则网络密度越大，意味着网络对节点成员的属性数据（态度、行为等）产生的影响越大。网络密度根据网络中实际存在的连线数与网络理论上最多可承载的线条数之比进行测度，具体测算方法见式（4.4）：

$$D = \frac{M}{N(N-1)} \qquad (4.4)$$

其中，D 为网络密度，M 表示实际存在的关系数，N 为网络节点数，

$N(N-1)$ 为有向网络图中最大可承载的关系数。

（4）平均聚类系数。聚类系数是网络中特定节点及其邻接节点之间相连的实际数量与这些节点之间理论可实现的最大相连边数的比值，平均聚类系数是网络全部节点聚类系数的平均值，体现了网络中节点之间的集聚程度。有向网络的平均聚类系数具体计算公式（Fisher and Shavit，1995）如下：

$$\bar{C} = \frac{1}{N} \sum_{i}^{N} \frac{n_i}{k_i(k_i - 1)} \tag{4.5}$$

式（4.5）中，$\bar{C}$ 为网络平均聚类系数，N 为节点数量，k_i 为节点 i 的邻接节点数（即度数），n_i 为节点 i 的邻接节点之间实际相连的边数。

（5）平均路径长度。最短路径是两节点之间经过边数最少的路径，而平均路径长度则是网络中任意两个节点之间最短路径距离的平均值，刻画网络的全局效率和节点之间联系的便利程度。有向网络的平均路径长度计算公式（Watts and Strogatz，1998）如下：

$$L = \frac{1}{N(N-1)} \sum_{j}^{N} d_{ij} \tag{4.6}$$

式中，L 为平均路径长度，N 为节点数量，d_{ij} 为节点 i、j 之间的最短路径距离。

4.2.2　网络节点特征描述指标

在节点特征分析中，通常采用加权度中心性、特征向量中心度、接近中心度和中介中心度等指标进行衡量。

（1）（点）度中心性与加权度中心性。度数中心度为网络中与特定节点直接关联的节点数（n）和该网络节点数（N）之比，可表示为：

$$De = \frac{n}{N-1} \tag{4.7}$$

加权度中心性通过计算节点加权度的大小来评价节点的重要程度，为了便于将网络中不同的节点进行比较，通常将网络中节点加权度中心性指标进行归一化处理，具体计算公式如下：

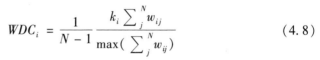

$$WDC_i = \frac{1}{N-1} \frac{k_i \sum_{j}^{N} w_{ij}}{\max(\sum_{j}^{N} w_{ij})} \qquad (4.8)$$

式（4.8）中，WDC_i 为节点 i 的加权度中心性，N 为节点数量，k_i 为节点 i 的邻接节点数（即度数），w_{ij} 为节点 i、j 之间联系的权重。

（2）特征向量中心度。特征向量中心度（eigenvector centrality）主要考虑了邻接节点的重要性程度，通过计算网络的邻接矩阵与特征值对应的特征向量，作为评价节点在网络中重要性的指标。具体计算公式（汪小帆、李翔和陈关荣，2012）为：

$$E_{C_i} = \frac{1}{\gamma} \sum_{j}^{N} a_{ij} E_{C_j} \qquad (4.9)$$

式中，E_{C_i} 为节点 i 的特征向量，γ 为比例常数，N 为节点数量，a_{ij} 为网络的邻接矩阵，E_{C_j} 为节点 j 的特征向量。

（3）接近中心度。接近中心度（closeness centrality）描述的是一个点与网络中其他点的捷径距离之和（Sabidussi，1966）。接近中心度反映网络中的一个节点不受其他节点控制的能力，接近中心度越高，表明该区域的发展越不易受其他（一个或几个）区域影响。接近中心度见式（4.10）：

$$C_C(n_i) = \left[\sum_{j=1}^{g} d(n_i, n_j) \right]^{-1} \qquad (4.10)$$

式中，$d(n_i, n_j)$ 代表 n_i 和 n_j 之间的距离，$C_C(n_i)$ 就是节点 n_i 到其他各点的距离加总再求倒数，其值越小就表示 n_i 与其他各点距离越大，该节点越不重要；反之亦然（罗加德，2010）。

（4）中介中心度。中介中心性（betweenness centrality）是基于最短路径针对网络图中心性的衡量标准之一。针对全连接网络图，其中任意两个节点均至少存在一个最短路径，在无权重网络图中该最短路径是路径包含边的数量求和，加权网络图中最短路径则是路径包含边的权重求和。每个节点的中介数中心性即为这些最短路径穿过该节点的次数。

$$C_B = \sum_{j<k} g_{jk}(n_i)/g_{jk} \qquad (4.11)$$

式（4.11）中，n_i 为第 i 个节点，g_{jk} 是节点 j 达到节点 k 的捷径数，$g_{jk}(n_i)$ 是节点 j 达到节点 k 时经过第 n_i 个节点的次数。

4.3 "一带一路"国际贸易网络的特征描述

4.3.1 样本选取与国际贸易数据说明

本书的样本国家为"一带一路"沿线的 61 个国家（见表 4 - 1）。样本国家进口和出口贸易数据来源于联合国统计署贸易数据库官网（UN-Comtrade）产品类别统计数据库（UNComtrade_SITC）数据集，其中缺少马其顿（北）、黑山、巴勒斯坦和东帝汶 4 个国家。

表 4 - 1   "一带一路"沿线 61 个国家名称及空间分布

地域	国家	数量
东亚	中国	1
东北亚	蒙古国、俄罗斯	2
东南亚	新加坡、印度尼西亚、马来西亚、泰国、越南、菲律宾、柬埔寨、缅甸、老挝、文莱	10
南亚	印度、巴基斯坦、斯里兰卡、孟加拉国、尼泊尔、马尔代夫、不丹	7
西亚和北非	阿联酋、科威特、土耳其、卡塔尔、阿曼、黎巴嫩、沙特阿拉伯、巴林、以色列、也门、埃及、伊朗、约旦、叙利亚、伊拉克、阿富汗、阿塞拜疆、格鲁吉亚、亚美尼亚	19
中东欧	波兰、阿尔巴尼亚、爱沙尼亚、立陶宛、斯洛文尼亚、保加利亚、捷克、匈牙利、塞尔维亚、罗马尼亚、斯洛伐克、克罗地亚、拉脱维亚、波黑、乌克兰、白俄罗斯、摩尔多瓦	17
中亚	哈萨克斯坦、吉尔吉斯斯坦、土库曼斯坦、塔吉克斯坦、乌兹别克斯坦	5

资料来源：Trademap 数据库，https：//www. trademap. org。

4.3.2 "一带一路" 出口贸易网络的特征描述

（1）出口贸易网络整体特征。

2018 年出口贸易网络结构如图 4 - 1 所示。运用 Gephi 软件对 2001 ~ 2018 年 "一带一路" 出口贸易网络逐年分析，测算出各年出口贸易网络整体属性的基本统计指标见表 4 - 2，通过对表 4 - 2 基本统计指标结果进行分析，可以发现 "一带一路" 出口贸易网络整体属性具有如下特征：

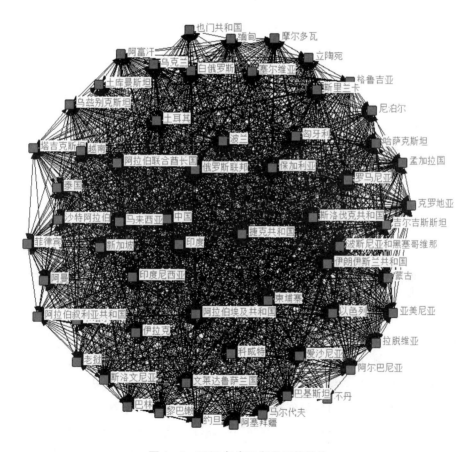

图 4 - 1 2018 年出口贸易网络结构

资料来源：作者采用 Netdraw 软件绘制。

表4-2　　　　　　　"一带一路"出口贸易网络整体特征指标

年份	边数	平均度	平均加权度	网络密度	平均聚类系数	平均路径长度
2001	2134	75.869	5439047.262	0.632	0.754	1.217
2002	2333	76.492	6206760.262	0.637	0.758	1.194
2003	2530	82.951	8121974.361	0.691	0.783	1.215
2004	2581	84.623	10948506.328	0.705	0.788	1.179
2005	2651	86.918	13978834.574	0.724	0.801	1.173
2006	2650	86.885	17169693.672	0.724	0.793	1.172
2007	2704	88.651	22613868.639	0.739	0.810	1.155
2008	2772	90.885	29749658.689	0.757	0.818	1.149
2009	2690	88.197	21732208.820	0.735	0.804	1.138
2010	2901	95.311	28588144.361	0.794	0.836	1.135
2011	2860	93.770	36977617.016	0.781	0.825	1.133
2012	2948	96.656	40208543.115	0.805	0.850	1.123
2013	2932	96.131	40533328.705	0.801	0.851	1.112
2014	2948	96.656	40674127.279	0.805	0.852	1.123
2015	2989	98.000	34359629.689	0.817	0.859	1.110
2016	2866	93.967	32491852.754	0.783	0.841	1.099
2017	2951	96.754	39397342.803	0.806	0.855	1.108
2018	2876	94.295	45088354.115	0.786	0.841	1.115

①"一带一路"的节点国家积极开展区域内的双边贸易,网络规模呈增长趋势。

网络节点和边的数量是衡量网络规模最主要的两个指标。因为本章只考虑了61个"一带一路"发起国,因而假定的节点不变。仅从网络边数来看,2001~2018年出口贸易网络边数从2001年的2134个增加至2015年的2989个,之后下降到2018年的2876个,年几何平均增速为1.77%,表明"一带一路"出口贸易参与主体之间出口贸易往来联系更加频繁;平均度也因此从2001年的75.869提高至2015年(最高)的98.000,再下降为2018

年的 2876，年均增速 1.28%，说明"一带一路"沿线的出口贸易伙伴快速
增加。平均加权度则是在平均度的基础上考虑了各边权重的影响，在"一
带一路"出口贸易网络中便是将各国之间的出口贸易额一并考虑在内，综
合研究各国之间的出口贸易情况，可以看出，平均加权度从 2001 年的
5439047.262 上升到 2018 年的 45088354.115，年均增速为 11.30%，明显快
于边数的增长，也就是说，各节点国家对节点国家贸易伙伴平均出口贸易额
的增加速度要快于出口贸易关系的增加速度，这些国家之间的出口贸易在
2008 年受到一定的影响。随着 2013 年中国"一带一路"倡议的提出，这些
国家之间的出口贸易网络的规模在不断扩大，特别是在 2015 年出现了一个
小高峰。

②"一带一路"的出口贸易网络密度逐渐增加，节点国家间的贸易联
系有待提高。

网络密度是刻画社会网络整体属性特征的重要指标之一，网络密度越大
则各节点之间的联系越紧密，即节点国家之间的出口贸易关系密切，反之则
说明出口贸易仅存在于少数节点国家之间。自 2001 年以来，随着"一带一
路"贸易规模的扩大，这些节点国家之间的网络密度也从 2001 年的 0.632
增长到 2015 年的 0.817，再降为 2018 年的 0.786，网络密度以年均 1.29%
的几何平均速度在增加，这意味着各国之间的出口贸易联系仍然有待加强。
但总体来看，"一带一路"出口贸易网络密度仍然偏低，各国（地区）间参
与国际服务贸易并不充分，相较于欧盟自贸区、北美自贸区之间贸易网络
0.8 以上的网络密度，"一带一路"出口贸易网络密度有待提高。进一步加
强"一带一路"沿线国家贸易仍具有很大的潜力。

③"一带一路"出口贸易"小世界"趋势逐渐凸显，凝聚力不断提高。

"小世界"网络是介于规则网络和随机网络之间的一种网络，"小世界"
特征是复杂网络和社会网络研究中最为普遍的网络整体特征。平均聚类系数
和平均路径长度是衡量"小世界"特征的两个主要指标，如果一个网络在
具有比类似规模的随机网络更短的平均路径长度的同时，也具有更高的平均
聚类系数，则这个网络就是"小世界"网络，"小世界"网络反映出的较高
的网络连通性和网络凝聚力就是"小世界"特征。从表 4 - 2 的统计结果可

以看出，相较于类似规模的随机网络而言，"一带一路"出口贸易网络在测度时间段内的前期平均聚类系数较低，平均路径长度也并不短，未能体现出"小世界"特征。但是在经历十多年的演变发展后，平均聚类系数明显提升，从2001年的0.754提升到2015年的0.859，再下降为2018年的0.841；与此同时，平均路径长度也从2001年的1.217缩短至2018年的1.115，逐渐体现出"小世界"网络特征，具有较高的网络连通性和网络凝聚力。这一变化说明"一带一路"出口贸易网络效率得到了提升，各节点国家的服务贸易伙伴选择也向更高效的方向转变，"一带一路"出口贸易凝聚力提高。

（2）出口贸易网络个体特征。

中心性是评价社会网络节点的联系程度、地位和权力状况的主要依据，是衡量与分析网络节点最主要的个体特征指标。为了进一步探讨"一带一路"节点国家间的贸易联系、地位与权力的时空演变特征，下面围绕出口贸易网络加权度中心性和特征向量中心性进行分析。

①加权度中心性。

度中心性是网络中某一节点与其他节点直接联系的重要程度，它从节点联系的数量角度评价该节点在网络中的地位，而加权度中心性则在度中心性的基础上考虑节点之间联系的权重大小，综合考虑节点之间相互联系的数量及强弱，能够从联系的"量"和"质"两个方面较好地体现网络中节点的重要程度，具有较高加权度中心性的国家在"一带一路"出口贸易网络中居于中心地位。

表4-3根据Arcgis软件将特定年份的加权度中心性按照自然间断点分级法（Jenks）划分为五等，分别对应"一带一路"沿线国家出口贸易网络的强中心、次强中心、一般中心、次弱中心和弱中心五个中心等级，强中心和次强中心国家占据"金字塔"尖部分，是"一带一路"出口贸易的主要核心国家，数量较少；一般中心、次弱中心和弱中心国家占据绝大部分，成为"金字塔"结构的基底，处于外围地位。由表4-3可知，2001年，中国、新加坡、俄罗斯、马来西亚4国处于强中心地位，泰国、印度尼西亚、印度、乌克兰、沙特阿拉伯、波兰、菲律宾、土耳其、捷克9个国家处于次强中心，数量占比呈现较为明显的"金字塔"形；2013年，中国处于强中

心性地位。除了马来西亚、新加坡、俄罗斯联邦退为次强中心外,还有印度、印度尼西亚、泰国、沙特阿拉伯处于次强中心地位;2018 年,仅中国处于强中心地位,印度、俄罗斯、新加坡、马来西亚处于次强中心地位。

表 4 - 3 　　　　　　　　出口贸易网络加权度中心等级结构演化

年份	类型	加权度中心范围	国家
2001	强中心	40400001 ~ 81900000	中国,新加坡,俄罗斯,马来西亚
	次强中心	13900001 ~ 40400000	泰国,印度尼西亚,印度,乌克兰,沙特阿拉伯,波兰,菲律宾,土耳其,捷克
	一般中心	6148455 ~ 13900000	匈牙利,伊朗,白俄罗斯,斯洛伐克,阿联酋,越南,叙利亚,哈萨克斯坦,阿曼,罗马尼亚,以色列
	次弱中心	1584669 ~ 6148454	科威特,埃及,斯洛文尼亚,孟加拉国,保加利亚,立陶宛,克罗地亚,斯里兰卡,黎巴嫩,卡塔尔,约旦,爱沙尼亚,土库曼斯坦,巴林,也门,拉脱维亚,巴勒斯坦
	弱中心	0 ~ 1584668	缅甸,文莱,乌兹别克斯坦,阿塞拜疆,摩尔多瓦,伊拉克,柬埔寨,格鲁吉亚,蒙古国,亚美尼亚,吉尔吉斯斯坦,尼泊尔,马尔代夫,阿尔巴尼亚,塔吉克斯坦,波黑,老挝,塞尔维亚,阿富汗,不丹
2013	强中心	382600453 ~ 972248668	中国
	次强中心	166490942 ~ 382600452	俄罗斯,印度,新加坡,马来西亚,泰国,沙特阿拉伯,阿联酋,印度尼西亚
	一般中心	84177171 ~ 166490941	土耳其,波兰,越南,捷克,乌克兰
	次弱中心	19281662 ~ 84177170	伊朗,匈牙利,斯洛伐克,哈萨克斯坦,菲律宾,科威特,阿曼,白俄罗斯,卡塔尔,罗马尼亚,巴勒斯坦,伊拉克,埃及,立陶宛,以色列,保加利亚,孟加拉国
	弱中心	0 ~ 19281661	巴林,斯洛文尼亚,缅甸,约旦,拉脱维亚,斯里兰卡,克罗地亚,阿塞拜疆,也门,爱沙尼亚,黎巴嫩,土库曼斯坦,柬埔寨,阿富汗,蒙古国,波黑,格鲁吉亚,乌兹别克斯坦,老挝,尼泊尔,吉尔吉斯斯坦,摩尔多瓦,文莱,亚美尼亚,阿尔巴尼亚,马尔代夫,叙利亚,塔吉克斯坦,塞尔维亚,不丹
2018	强中心	383801460 ~ 1239622493	中国
	次强中心	261695779 ~ 383801459	印度,俄罗斯,新加坡,马来西亚

续表

年份	类型	加权度中心范围	国家
2018	一般中心	127563123～261695778	泰国，阿联酋，越南，印度尼西亚，沙特阿拉伯，波兰，土耳其
	次弱中心	30659069～127563122	捷克，菲律宾，匈牙利，伊朗，斯洛伐克，乌克兰，罗马尼亚，科威特，埃及，伊拉克，白俄罗斯，巴勒斯坦，哈萨克斯坦，卡塔尔，阿曼，以色列
	弱中心	0～30659068	立陶宛，保加利亚，斯洛文尼亚，缅甸，巴林，乌兹别克斯坦，克罗地亚，柬埔寨，拉脱维亚，约旦，爱沙尼亚，阿塞拜疆，蒙古国，老挝，黎巴嫩，土库曼斯坦，孟加拉国，波黑，阿富汗，格鲁吉亚，摩尔多瓦，文莱，吉尔吉斯斯坦，亚美尼亚，斯里兰卡，塔吉克斯坦，马尔代夫，阿尔巴尼亚，也门，塞尔维亚，叙利亚，尼泊尔，不丹

　　总之，在2001年、2013年和2018年的三个阶段中，网络核心高度集中在少数国家，等级结构呈现明显的"金字塔"形，并且网络节点集权趋势明显；"一带一路"出口贸易网络的"金字塔"结构在2013年之前有多极化发展迹象，但在2013年以后呈现单极化发展趋势，处于核心圈层的强中心和次强中心国家比例下降明显，而处于外围圈层的一般中心、次弱中心和弱中心国家比例则大幅提升，"金字塔"结构正在向"顶端收窄、基底增大"的方向演变，网络中核心国家集权趋势明显，中国处于强中心地位。

　　由于"一带一路"出口贸易网络是一个有向加权网络，加权度中心性是加权入度和加权出度之和，评价的是一国在"一带一路"出口贸易总体规模上的地位。然而，在出口贸易网络中，出度往往更能反映一国服务参与国际市场竞争的能力与水平，加权出度是"一带一路"出口贸易网络中一国向他国出口贸易的强度，更能刻画该国在出口贸易网络中的出口能力与地位。根据表4-4，从加权入度来看，2001年俄罗斯、马来西亚和中国位列前三位，而到了2010年、2013年和2018年前三位分别为中国、俄罗斯和马来西亚，次序一直没有变化，能够看出中国、俄罗斯和马来西亚是"一带一路"出口贸易网络中的核心国；从加权出度来看，2001年新加坡、中国和马来西亚位列前三位，而2010年、2013年、2016年和2018年中国、印度、新加坡位列前三位，并一直保持，这意味着近年来中国、印度、新加

表4-4 "一带一路"出口贸易网络加权度前20位经济体

排名	2001年 加权入度	2001年 加权出度	2010年 加权入度	2010年 加权出度	2013年 加权入度	2013年 加权出度	2016年 加权入度	2016年 加权出度	2018年 加权入度	2018年 加权出度
1	俄罗斯	新加坡	中国	中国	中国	中国	中国	中国	中国	中国
2	马来西亚	中国	俄罗斯	印度	俄罗斯	印度	俄罗斯	印度	俄罗斯	印度
3	中国	马来西亚	马来西亚	新加坡	马来西亚	新加坡	马来西亚	新加坡	马来西亚	新加坡
4	新加坡	泰国	新加坡	俄罗斯	沙特阿拉伯	俄罗斯	新加坡	泰国	沙特阿拉伯	泰国
5	泰国	俄罗斯	沙特阿拉伯	泰国	阿联酋	泰国	印度	马来西亚	新加坡	俄罗斯
6	沙特阿拉伯	波兰	阿联酋	土耳其	新加坡	土耳其	沙特阿拉伯	俄罗斯	越南	马来西亚
7	印度尼西亚	土耳其	泰国	马来西亚	印度	马来西亚	印度尼西亚	越南	阿联酋	阿联酋
8	印度	印度尼西亚	印度尼西亚	波兰	印度尼西亚	波兰	印度尼西亚	印度尼西亚	印度	越南
9	乌克兰	乌克兰	印度	捷克	波兰	阿联酋	阿联酋	阿联酋	印度尼西亚	印度尼西亚
10	阿联酋	菲律宾	伊朗	乌克兰	阿联酋	越南	阿联酋	波兰	波兰	波兰
11	菲律宾	印度	乌克兰	越南	越南	土耳其	越南	土耳其	土耳其	土耳其
12	捷克	捷克	波兰	沙特阿拉伯	沙特阿拉伯	捷克	土耳其	捷克	伊朗	捷克
13	波兰	匈牙利	土耳其	匈牙利	捷克	乌克兰	捷克	伊朗	伊拉克	沙特阿拉伯
14	土耳其	叙利亚	菲律宾	伊朗	乌克兰	匈牙利	伊朗	匈牙利	捷克	菲律宾
15	伊朗	越南	捷克	菲律宾	科威特	斯洛伐克	菲律宾	科威特	科威特	埃及
16	白俄罗斯	白俄罗斯	匈牙利	巴勒斯坦	伊拉克	哈萨克斯坦	匈牙利	斯洛伐克	菲律宾	匈牙利
17	匈牙利	斯洛伐克	科威特	斯洛伐克	斯洛伐克	伊朗	斯洛伐克	巴勒斯坦	匈牙利	斯洛伐克
18	哈萨克斯坦	沙特阿拉伯	哈萨克斯坦	罗马尼亚	哈萨克斯坦	白俄罗斯	斯洛伐克	匈牙利	卡塔尔	巴勒斯坦
19	阿曼	伊朗	斯洛伐克	白俄罗斯	白俄罗斯	阿曼	伊拉克	罗马尼亚	斯洛伐克	罗马尼亚
20	斯洛伐克	罗马尼亚	越南		巴勒斯坦	匈牙利	卡塔尔	伊朗		乌克兰

坡在"一带一路"出口贸易市场占据重要地位。上述分析表明，中国、俄罗斯、印度和马来西亚在"一带一路"节点国家过程的贸易网络中的核心地位十分稳固。

②特征向量中心性。

由于度中心性是通过与一国出口贸易联系的数量与规模来衡量节点国家在出口贸易网络中的地位，但是并没有考虑到出口贸易对象的属性特征，而出口贸易对象的地位高低往往能体现本国出口贸易的层次与水平。特征向量中心度是从网络中邻接节点的重要程度出发，将所有与该节点相连的节点重要度进行线性相加，并经过矩阵计算，其中邻接矩阵最大特征值所对应的特征向量就是该节点的特征向量中心度。特征向量中心度的算法原理更符合国际贸易领域水平分工与垂直分工之间对产业多样化与技术专业化的能力要求，更能反映"一带一路"出口贸易网络中核心节点国家的实力与水平。

表4-5是根据 Arcgis 软件将不同年份的特征向量中心度按照自然间断点分级法（Jenks）划分为五等，分别对应"一带一路"沿线国家出口贸易网络的强中心、次强中心、一般中心、次弱中心和弱中心五个中心等级。由表4-5可知，在2001年、2013年和2018年的三个阶段中，综合实力较强的国家（地区）基本都是网络中的强中心、次强中心，而实力较弱的小国则成为网络中的弱中心和次弱中心。从时间演变来看，强中心和次强中心国家（地区）占比总体呈现上升趋势，一般中心国家（地区）占比逐渐下降，弱中心和次弱中心国家（地区）占比相对较稳定。随着"一带一路"沿线国家间出口贸易的联系越来越紧密，综合实力较强的节点国家间出口贸易规模远远高于综合实力一般的节点国家间出口贸易，并且综合实力较强的节点国家在出口贸易网络中的等级逐渐提升，逐渐成为出口贸易网络的核心。

表4-5　　　　出口贸易网络特征向量中心度等级结构演化

年份	类型	特征向量中心度范围	国家
2001	强中心	0.952085 ~ 1.000000	阿联酋，中国，印度，马来西亚，泰国，土耳其，匈牙利，捷克，斯里兰卡，埃及，新加坡，印度尼西亚，保加利亚，波兰，俄罗斯，巴勒斯坦，伊朗

续表

年份	类型	特征向量中心度范围	国家
2001	次强中心	0.859949 ~ 0.952084	罗马尼亚, 乌克兰, 沙特阿拉伯, 叙利亚, 斯洛伐克, 约旦, 斯洛文尼亚, 越南, 孟加拉国, 克罗地亚, 黎巴嫩, 菲律宾, 爱沙尼亚
	一般中心	0.664187 ~ 0.859948	哈萨克斯坦, 立陶宛, 白俄罗斯, 科威特, 乌兹别克斯坦, 阿曼, 拉脱维亚, 缅甸, 阿富汗, 尼泊尔, 格鲁吉亚, 以色列, 波黑, 土库曼斯坦, 摩尔多瓦, 塔吉克斯坦, 柬埔寨, 阿塞拜疆, 亚美尼亚, 巴林
	次弱中心	0.000001 ~ 0.664186	老挝, 卡塔尔, 吉尔吉斯斯坦, 也门, 阿尔巴尼亚, 塞尔维亚, 马尔代夫, 伊拉克, 蒙古国, 文莱, 不丹
	弱中心	0	
2013	强中心	0.953661 ~ 1.000000	孟加拉国, 中国, 捷克, 匈牙利, 印度, 印度尼西亚, 马来西亚, 巴勒斯坦, 菲律宾, 波兰, 新加坡, 斯里兰卡, 泰国, 土耳其, 阿联酋, 越南, 俄罗斯, 保加利亚, 埃及, 约旦, 罗马尼亚, 沙特阿拉伯, 立陶宛, 乌克兰, 伊朗
	次强中心	0.848347 ~ 0.953660	黎巴嫩, 斯洛伐克, 阿曼, 柬埔寨, 爱沙尼亚, 克罗地亚, 尼泊尔, 格鲁吉亚, 阿富汗, 卡塔尔, 白俄罗斯, 科威特, 波黑, 哈萨克斯坦, 巴林, 缅甸, 乌兹别克斯坦, 叙利亚
	一般中心	0.658307 ~ 0.848346	摩尔多瓦, 阿塞拜疆, 阿尔巴尼亚, 伊拉克, 吉尔吉斯斯坦, 以色列, 老挝, 亚美尼亚, 蒙古国, 土库曼斯坦, 塔吉克斯坦, 塞尔维亚
	次弱中心	0.000001 ~ 0.658306	马尔代夫, 也门, 文莱, 不丹
	弱中心	0	
2018	强中心	0.926218 ~ 1.000000	孟加拉国, 斯里兰卡, 保加利亚, 中国, 捷克, 埃及, 爱沙尼亚, 匈牙利, 印度, 印度尼西亚, 拉脱维亚, 马来西亚, 巴勒斯坦, 菲律宾, 波兰, 俄罗斯, 新加坡, 泰国, 土耳其, 乌克兰, 越南, 阿联酋, 克罗地亚, 立陶宛, 罗马尼亚, 斯洛伐克, 斯洛文尼亚, 沙特阿拉伯, 约旦, 缅甸, 白俄罗斯
	次强中心	0.806329 ~ 0.926217	伊朗, 黎巴嫩, 柬埔寨, 阿塞拜疆, 波黑, 巴林, 格鲁吉亚, 乌兹别克斯坦, 哈萨克斯坦, 阿尔巴尼亚, 阿富汗, 尼泊尔, 老挝, 阿曼, 卡塔尔, 科威特, 摩尔多瓦, 吉尔吉斯斯坦
	一般中心	0.580987 ~ 0.806328	亚美尼亚, 叙利亚, 以色列, 土库曼斯坦, 蒙古国, 伊拉克, 文莱, 塔吉克斯坦, 塞尔维亚
	次弱中心	0.000001 ~ 0.580986	也门, 马尔代夫, 不丹
	弱中心	0	

4.3.3 "一带一路"进口贸易网络的特征描述

（1）进口网络整体特征。

2018 年进口贸易网络结构见图 4 - 2。类似地，对 2001 ~ 2018 年"一带一路"进口贸易网络逐年分析，测算出各年进口贸易网络整体属性的基本统计指标（见表 4 - 6），通过对基本统计指标结果进行分析，可以发现"一带一路"进口贸易网络整体属性呈现如下特征：

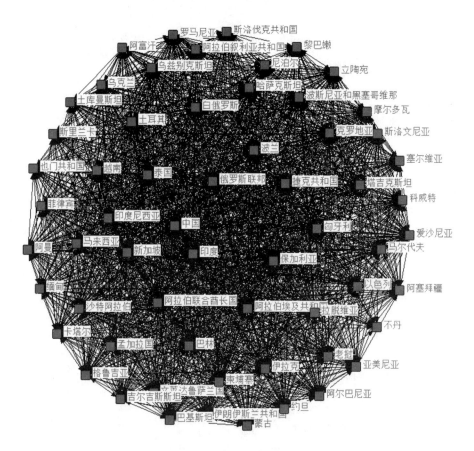

图 4 - 2 2018 年进口贸易网络结构

资料来源：作者采用 Netdraw 软件绘制。

表4-6 "一带一路"进口贸易网络整体特征指标

年份	边数	平均度	平均加权度	网络密度	平均聚类系数	平均路径长度
2001	2196	72.000	5208418.672	0.600	0.738	1.347
2002	2262	74.164	5947097.131	0.618	0.739	1.326
2003	2429	79.639	7633006.567	0.664	0.766	1.308
2004	2477	81.213	10259843.623	0.677	0.769	1.307
2005	2537	83.180	13086754.066	0.693	0.782	1.279
2006	2571	84.295	16033801.574	0.702	0.784	1.276
2007	2649	86.852	20563190.361	0.724	0.804	1.273
2008	2648	86.820	26633020.033	0.723	0.803	1.254
2009	2624	86.033	20449284.03	0.717	0.796	1.263
2010	2812	92.197	26178401.803	0.768	0.819	1.219
2011	2748	90.098	33058908.115	0.751	0.805	1.225
2012	2818	92.393	35845756.541	0.770	0.823	1.219
2013	2838	93.049	37434188.197	0.775	0.829	1.213
2014	2812	92.197	38056126.820	0.768	0.823	1.220
2015	2867	94.000	33533847.197	0.783	0.836	1.204
2016	2751	90.197	31485916.787	0.752	0.811	1.223
2017	2840	93.115	37327285.393	0.776	0.829	1.198
2018	2765	90.656	41480001.574	0.755	0.817	1.205

①"一带一路"的节点国家间积极开展双边进口贸易，网络规模不断扩大。

在网络节点国家一定的情况下，网络边数便是衡量网络规模最主要的指标之一。从网络边数来看，2001~2018年，进口贸易网络边数从2001年的2196个增加至2015年的2867个，之后下降到2018年的2765个，年几何平均增速1.37%，表明"一带一路"进口贸易参与主体之间进口贸易往来联系更加频繁；平均度也因此从2001年的72提高至2015年最高的94，2018年下降为90.656，年几何平均增速1.365%，说明"一带一路"沿线国家间的进口贸易伙伴快速增加。平均加权度则是在平均度的基础上考虑了各边权重的影响,在"一带一路"进口贸易网络中将各国之间的进口贸易额一并考虑在内,综合研究各国之间的进口贸易情况。可以看出,平均加权度从 2001 年的 5208418.672 上升到 2018 年的 41480001.574,年均增速为 12.98%,明显快于边数的增长,也就是说,各节点国家对贸易伙伴平均进口贸易额的增长速度要快于进口贸易关系的增长速度,这些国家之间的进口贸易在 2008 年受到一定影响,但随着全球宽松的货币政策的进一步推进,"一带一路"沿线国家的贸易受到的影响较小。随着 2013 年"一带一路"倡议的提出,这些国家之间的进口贸易网络的规模在不断扩大。

②"一带一路"节点国家间的进口贸易不断加强,进口贸易网络密度逐渐增加。

2001 年以来,"一带一路"沿线国家进口贸易规模扩大,其网络密度也从 2001 年的 0.600 增长到 2015 年的 0.783,后降为 2018 年的 0.755,网络密度以年均 1.36% 的几何平均速度在增加,这意味着各国之间的进口贸易联系仍然有待加强。

③"一带一路"进口贸易"小世界"趋势逐渐凸显,凝聚力不断提高。

从表 4-6 统计结果可以看出,相较于类似规模的随机网络而言,"一带一路"进口贸易网络在测度时间段内的前期平均聚类系数较低,平均路径长度也并不短,未体现"小世界"特征。但是在经历演变发展后,平均聚类系数明显提升,从 2001 年的 0.738 提升到 2015 年的 0.836,在 2018 年下降为 0.817;与此同时,平均路径长度也从 2001 年的 1.347 缩短至 2018 年的 1.205,逐渐体现出"小世界"网络特征,具有较高的网络连通性和网络凝聚力。这意味着"一带一路"进口贸易网络效率和进口贸易凝聚力提高了。

(2) 进口贸易网络个体特征。

为了进一步探讨进口网络中节点国家贸易联系、地位与权力的时空演变特征,下面从进口贸易网络加权度中心性和特征向量中心性进行分析。

①加权度中心性。

表 4-7 是根据 Arcgis 软件将特定年份的加权度中心性按照自然间断点

分级法（Jenks）划分为五等，分别对应"一带一路"沿线国家进口贸易网络的强中心、次强中心、一般中心、次弱中心和弱中心五个中心等级。由表 4 - 7 可知，2001 年中国、新加坡、俄罗斯、马来西亚处于强中心地位，印度、印度尼西亚、泰国处于次强中心，二者数量占比呈现较为明显的"金字塔"形；2013 年，中国处于强中心地位，新加坡、俄罗斯、印度、马来西亚、印度尼西亚、泰国、阿联酋处于次强中心；2018 年，仅中国处于强中心地位，新加坡、俄罗斯、印度、马来西亚、泰国、越南、阿联酋、印度尼西亚处于次强中心。

表 4 - 7　　　　　　　进口贸易网络加权度中心等级结构演化

年份	类型	加权度中心范围	国家
2001	强中心	36479454 ~ 85245749	新加坡，中国，俄罗斯，马来西亚
	次强中心	20084519 ~ 36479453	泰国，印度，印度尼西亚
	一般中心	8293669 ~ 20084518	乌克兰，波兰，土耳其，菲律宾，捷克，阿联酋，白俄罗斯，匈牙利，越南，斯洛伐克，沙特阿拉伯
	次弱中心	1761356 ~ 8293668	以色列，哈萨克斯坦，伊朗，叙利亚，阿曼，罗马尼亚，立陶宛，埃及，斯洛文尼亚，孟加拉国，拉脱维亚，克罗地亚，爱沙尼亚，保加利亚，科威特，斯里兰卡，卡塔尔，约旦，巴勒斯坦，伊拉克，黎巴嫩
	弱中心	0 ~ 1761355	文莱，缅甸，柬埔寨，阿塞拜疆，巴林，波黑，摩尔多瓦，乌兹别克斯坦，也门，格鲁吉亚，蒙古国，老挝，土库曼斯坦，吉尔吉斯斯坦，尼泊尔，亚美尼亚，马尔代夫，塔吉克斯坦，阿尔巴尼亚，阿富汗，塞尔维亚，不丹
2013	强中心	365130446 ~ 846502726	中国
	次强中心	151288290 ~ 365130445	新加坡，俄罗斯，印度，马来西亚，印度尼西亚，泰国，阿联酋
	一般中心	63380858 ~ 151288289	土耳其，波兰，越南，沙特阿拉伯，乌克兰，捷克，斯洛伐克，匈牙利，哈萨克斯坦，伊朗

续表

年份	类型	加权度中心范围	国家
2013	次弱中心	16858586 ~ 63380857	菲律宾，卡塔尔，白俄罗斯，罗马尼亚，埃及，以色列，伊拉克，立陶宛，巴勒斯坦，阿曼，拉脱维亚，孟加拉国，缅甸，保加利亚，阿塞拜疆，柬埔寨，爱沙尼亚，斯洛文尼亚，科威特
	弱中心	0 ~ 16858585	约旦，斯里兰卡，巴林，克罗地亚，也门，黎巴嫩，吉尔吉斯斯坦，阿富汗，格鲁吉亚，乌兹别克斯坦，蒙古国，文莱，老挝，土库曼斯坦，尼泊尔，波黑，摩尔多瓦，叙利亚，塔吉克斯坦，亚美尼亚，阿尔巴尼亚，马尔代夫，不丹，塞尔维亚
2018	强中心	347972093 ~ 1052876511	中国
	次强中心	160298179 ~ 347972092	新加坡，俄罗斯，印度，马来西亚，泰国，越南，阿联酋，印度尼西亚
	一般中心	82726871 ~ 160298178	波兰，土耳其，捷克，沙特阿拉伯，菲律宾
	次弱中心	22968684 ~ 82726870	匈牙利，斯洛伐克，伊朗，乌克兰，罗马尼亚，哈萨克斯坦，白俄罗斯，埃及，卡塔尔，伊拉克，巴勒斯坦，孟加拉国，以色列，立陶宛，缅甸，阿曼，斯洛文尼亚，柬埔寨，保加利亚，科威特
	弱中心	0 ~ 22968683	拉脱维亚，乌兹别克斯坦，克罗地亚，爱沙尼亚，约旦，巴林，斯里兰卡，阿塞拜疆，老挝，吉尔吉斯斯坦，黎巴嫩，蒙古国，阿富汗，格鲁吉亚，尼泊尔，也门，波黑，摩尔多瓦，文莱，叙利亚，塔吉克斯坦，亚美尼亚，土库曼斯坦，阿尔巴尼亚，马尔代夫，不丹，塞尔维亚

　　总之，在 2001 年、2013 年和 2018 年的三个阶段，网络核心高度集中在少数国家，等级结构呈现明显的"金字塔"形，并且网络节点集权趋势明显；"一带一路"进口贸易网络的"金字塔"结构在 2013 年之前有多极化发展迹象，但在 2013 年以后呈现单极化发展趋势，处于核心圈层的强中心和次强中心国家比例下降明显，而处于外围圈层的一般中心、次弱中心和弱中心国家比例则大幅提升，"金字塔"结构正在向"顶端收窄、基底增大"的方向演变，网络中核心国家集权趋势明显，中国已处于网络强中心位置。

　　接下来，我们进一步将进口贸易网络分为进口出度和入度来分析一国在贸易网络中的进口能力与地位。根据表 4-8，从加权入度来看，2001 年新

表 4 – 8　"一带一路"进口贸易网络加权度前 20 位经济体

排名	2001 年 加权出度	2001 年 加权入度	2010 年 加权出度	2010 年 加权入度	2013 年 加权出度	2013 年 加权入度	2016 年 加权出度	2016 年 加权入度	2018 年 加权出度	2018 年 加权入度
1	新加坡	新加坡	中国	新加坡	中国	中国	中国	中国	中国	中国
2	俄罗斯	马来西亚	新加坡	新加坡	新加坡	印度	新加坡	印度	俄罗斯	印度
3	中国	中国	印度	印度	俄罗斯	新加坡	俄罗斯	新加坡	新加坡	新加坡
4	马来西亚	俄罗斯	马来西亚	马来西亚	印度	俄罗斯	印度	阿联酋	印度	越南
5	泰国	泰国	俄罗斯	俄罗斯	马来西亚	马来西亚	马来西亚	越南	马来西亚	马来西亚
6	阿联酋	阿联酋	阿联酋	阿联酋	泰国	印度尼西亚	泰国	马来西亚	泰国	俄罗斯
7	印度	印度	印度尼西亚	印度尼西亚	印度尼西亚	泰国	印度尼西亚	俄罗斯	阿联酋	印度尼西亚
8	波兰	波兰	泰国	泰国	阿联酋	越南	阿联酋	泰国	印度尼西亚	泰国
9	土耳其	土耳其	土耳其	土耳其	土耳其	土耳其	土耳其	印度尼西亚	越南	阿联酋
10	菲律宾	菲律宾	波兰	波兰	波兰	波兰	波兰	土耳其	波兰	波兰
11	匈牙利	匈牙利	越南	越南	捷克	沙特阿拉伯	越南	波兰	土耳其	土耳其
12	白俄罗斯	印度尼西亚	捷克	捷克	卡塔尔	乌克兰	捷克	菲律宾	捷克	菲律宾
13	叙利亚	捷克	乌克兰	斯洛伐克	乌克兰	捷克	伊朗	沙特阿拉伯	沙特阿拉伯	沙特阿拉伯
14	阿曼	斯洛伐克	菲律宾	卡塔尔	越南	菲律宾	匈牙利	捷克	卡塔尔	捷克
15	越南	越南	沙特阿拉伯	沙特阿拉伯	沙特阿拉伯	伊朗	沙特阿拉伯	伊朗	罗马尼亚	伊拉克
16	匈牙利	白俄罗斯	匈牙利	匈牙利	匈牙利	斯洛伐克	斯洛伐克	斯洛伐克	菲律宾	斯洛伐克
17	斯洛伐克	沙特阿拉伯	斯洛伐克	斯洛伐克	斯洛伐克	哈萨克斯坦	罗马尼亚	伊拉克	立陶宛	孟加拉国
18	哈萨克斯坦	以色列	伊朗	伊朗	哈萨克斯坦	伊拉克	斯洛伐克	匈牙利	斯洛文尼亚	埃及
19	沙特阿拉伯	伊朗	白俄罗斯	白俄罗斯	伊拉克	匈牙利	白俄罗斯	埃及	埃及	罗马尼亚
20			哈萨克斯坦	哈萨克斯坦	白俄罗斯	白俄罗斯	菲律宾	孟加拉国	保加利亚	

加坡、马来西亚和中国位列前三位，2010 年中国、新加坡和印度位列前三位，而到了 2013 年、2016 年和 2018 年中国、印度和新加坡分别位列前三位，次序一直没有变化，可以看出，中国、印度和俄罗斯是"一带一路"出口贸易网络中当之无愧的核心国；从加权出度来看，2001 年新加坡、俄罗斯和中国位列前三位，2010 年、2013 年和 2016 年中国、新加坡和俄罗斯位列前三位，并一直保持，而 2018 年排序变为中国、俄罗斯、新加坡，这意味着中国、新加坡和俄罗斯占据"一带一路"进口贸易市场的重要地位。上述分析表明，中国、俄罗斯、印度和新加坡在"一带一路"节点国家进口贸易网络中的核心地位较为稳固。

②特征向量中心性。

表 4 - 9 是根据 Arcgis 软件将不同年份的特征向量中心度依据自然间断点分级法划分为五等，分别对应"一带一路"沿线国家进口贸易网络的强中心、次强中心、一般中心、次弱中心和弱中心五个中心等级。由表 4 - 9 可知，在 2001 年、2013 年和 2018 年的三个阶段中，综合实力较强的国家基本都是网络中的强中心、次强中心，而实力较弱的国家则成为网络中的弱中心或次弱中心。从时间演变来看，强中心和次强中心国家（地区）占比总体呈现上升趋势，一般中心国家（地区）占比逐渐下降，弱中心和次弱中心国家（地区）占比相对较稳定。随着"一带一路"沿线国家间进口贸易的联系越来越紧密，综合实力较强的节点国家间服务贸易规模远远高于综合实力一般的节点国家间贸易规模，而贸易往往能使参与双方发挥各自的比较优势，实现利益最大化，促使综合实力较强的节点国家在进口贸易网络中的等级逐渐提升或长期处于核心地位。

表 4 - 9   进口贸易网络特征向量中心度等级结构演化

年份	类型	特征向量中心度范围	国家
2001	强中心	0.855339 ~ 1.000000	阿联酋，印度，土耳其，新加坡，中国，泰国，伊朗，巴勒斯坦，俄罗斯，黎巴嫩，保加利亚，沙特阿拉伯，约旦，波兰，捷克，乌克兰，越南，斯里兰卡，罗马尼亚，马来西亚，埃及，匈牙利，叙利亚，科威特

年份	类型	特征向量中心度范围	国家
2001	次强中心	0.734761 ~ 0.855338	菲律宾，印度尼西亚，也门，阿曼，乌兹别克斯坦，孟加拉国，克罗地亚，哈萨克斯坦，巴林，阿塞拜疆，拉脱维亚，斯洛伐克，尼泊尔，土库曼斯坦，卡塔尔，摩尔多瓦，立陶宛，阿尔巴尼亚
	一般中心	0.534302 ~ 0.734760	白俄罗斯，以色列，格鲁吉亚，阿富汗，伊拉克，斯洛文尼亚，吉尔吉斯斯坦，波黑，亚美尼亚，爱沙尼亚，蒙古国，塔吉克斯坦，缅甸，柬埔寨，塞尔维亚
	次弱中心	0.000001 ~ 0.534301	文莱，马尔代夫，老挝，不丹
	弱中心	0	
2013	强中心	0.919309 ~ 1.000000	印度，俄罗斯，土耳其，阿联酋，中国，越南，马来西亚，沙特阿拉伯，黎巴嫩，乌克兰，波兰，菲律宾，泰国，新加坡，巴勒斯坦，印度尼西亚，埃及，伊朗，卡塔尔，阿曼，捷克，保加利亚，斯里兰卡
	次强中心	0.825354 ~ 0.919308	匈牙利，哈萨克斯坦，约旦，立陶宛，也门，孟加拉国，科威特，伊拉克，斯洛伐克，克罗地亚，拉脱维亚，阿富汗，格鲁吉亚，巴林，阿曼，尼泊尔，阿塞拜疆，叙利亚，白俄罗斯，爱沙尼亚，塔吉克斯坦，斯洛文尼亚，文莱
	一般中心	0.595903 ~ 0.825353	土库曼斯坦，乌兹别克斯坦，蒙古国，阿尔巴尼亚，摩尔多瓦，亚美尼亚，吉尔吉斯斯坦，柬埔寨，缅甸，波黑，塞尔维亚，以色列，马尔代夫，老挝
	次弱中心	0.000001 ~ 0.595902	不丹
	弱中心	0	
2018	强中心	0.953329 ~ 1.000000	中国，印度，波兰，新加坡，土耳其，越南，阿联酋，俄罗斯，捷克，马来西亚，泰国，乌克兰，匈牙利，印度尼西亚，卡塔尔
	次强中心	0.853165 ~ 0.953328	埃及，孟加拉国，巴勒斯坦，保加利亚，菲律宾，阿塞拜疆，罗马尼亚，科威特，斯里兰卡，约旦，伊拉克，爱沙尼亚，哈萨克斯坦，沙特阿拉伯，立陶宛，克罗地亚，巴林，斯洛伐克，黎巴嫩，阿曼，拉脱维亚，缅甸，伊朗，斯洛文尼亚，白俄罗斯
	一般中心	0.369585 ~ 0.853164	阿富汗，格鲁吉亚，乌兹别克斯坦，尼泊尔，叙利亚，柬埔寨，塔吉克斯坦，也门，亚美尼亚，土库曼斯坦，吉尔吉斯斯坦，阿尔巴尼亚，摩尔多瓦，波黑，蒙古国，马尔代夫，文莱，以色列，塞尔维亚，老挝，不丹

续表

年份	类型	特征向量中心度范围	国家
2018	次弱中心	0. 000001 ~ 0. 369584	
	弱中心	0	

4.4 "一带一路"国际金融网络的特征描述

4.4.1 样本国选取和金融关系数据说明

本书的样本国家为"一带一路"沿线的 61 个国家（见表 4 - 1）。样本国家总投资（total potfolio investment）数据集、股权与基金投资份额（equity and investment fund shares）数据集和债券投资（total debt securities）数据集来源于国际货币基金组织（International Monetary Fund，IMF）发布的国际证券投资调查（Coordinated Portfolio Investment Survey，CPIS）数据集①。

4.4.2 "一带一路"资产组合投资网络特征描述

（1）资产组合投资网络整体特征。

2018 年资产组合投资网络结构见图 4 - 3。运用 Gephi 软件对 2001 ~ 2018 年"一带一路"沿线国家资产组合投资网络逐年分析，测算出各年份资产组合投资网络整体属性的基本统计指标（见表 4 - 10），通过对基本统计指标结果进行分析，可以发现"一带一路"资产组合投资网络整体属性呈现如下特征：

---

① CPIS，https：//data. imf. org/regular. aspx？key = 60587812.

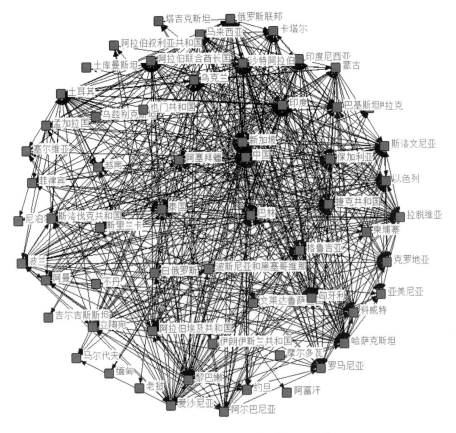

图 4 - 3   2018 年资产组合投资网络结构

资料来源：作者采用 Netdraw 软件绘制。

表 4 - 10   "一带一路"资产组合投资网络整体特征指标

年份	边数	平均度	平均加权度	网络密度	平均聚类系数	平均路径长度
2001	156	5.115	302.822	0.043	0.291	2.661
2002	157	5.148	304.109	0.043	0.261	2.469
2003	183	6.000	443.429	0.050	0.253	2.286
2004	235	7.705	682.042	0.064	0.280	2.185
2005	271	8.885	880.158	0.074	0.282	2.207
2006	308	10.098	1348.662	0.084	0.328	2.180

续表

年份	边数	平均度	平均加权度	网络密度	平均聚类系数	平均路径长度
2007	365	11.967	2283.100	0.100	0.375	1.989
2008	350	11.475	1983.559	0.096	0.409	2.018
2009	428	14.033	2414.963	0.117	0.381	1.934
2010	474	15.541	3113.732	0.130	0.446	1.936
2011	487	15.967	3210.589	0.133	0.440	1.830
2012	516	16.918	4685.742	0.141	0.458	1.751
2013	575	18.852	5188.816	0.157	0.455	1.722
2014	631	20.689	5821.820	0.172	0.490	1.717
2015	666	21.836	5574.33	0.182	0.481	1.732
2016	675	22.131	5183.372	0.184	0.527	1.697
2017	719	23.574	6735.539	0.196	0.525	1.667
2018	726	23.803	6752.920	0.198	0.530	1.674

①"一带一路"沿线国家间资产组合投资关系网络规模在大幅度增长。

网络节点和边的数量是衡量网络规模最主要的两个指标。因为本书只考虑了 61 个"一带一路"发起国，假定的节点不变。仅从网络边数来看，2001～2018 年，资产组合投资网络边数从 2001 年的 156 个增加至 2018 年的 726 个，年几何平均增速 9.47%，表明"一带一路"沿线国家投资参与主体之间投资往来联系更加频繁；平均度也因此从 2001 年的 5.115 提高至 2018 年的 23.803，年均增速 9.466%，说明"一带一路"沿线国家的出口贸易伙伴快速增加。平均加权度是在平均度的基础上考虑了各边权重的影响，在"一带一路"资产组合投资网络中将各国之间的资产组合投资额一并考虑在内，综合研究其资产组合投资情况。可以看出，平均加权度从 2001 年的 302.822 上升到 2018 年的 6752.920，年均增速为 20.036%，明显快于边数的增长，也就是说，各节点国家对投资伙伴的平均资产组合投资额的增加速度要快于投资关系的增加速度，这些国家之间的资产组合投资在 2008 年受到一定影响，但 2009 年影响较小。随着 2013 年中国"一带一路"

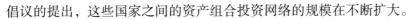

倡议的提出，这些国家之间的资产组合投资网络的规模在不断扩大。

② "一带一路"资产组合投资网络密度逐渐增加。

网络密度是刻画社会网络整体属性特征的重要指标之一，网络密度越大则各节点之间的联系越紧密，即节点国家之间的资产组合投资关系密切，反之则说明节点国家之间资产组合投资仅存在于少数节点国家之间。自 2001 年以来，随着"一带一路"沿线国家资产组合投资规模的扩大，这些节点国家之间的网络密度也从 2001 年的 0.043 增长到 2018 年的 0.198，网络密度以年均 9.398% 的几何平均速度在增加，这意味着各国之间的资产组合投资联系在不断加强。因而，进一步推动"一带一路"沿线国家加强资产组合投资联系，推动该地区投资自由化具有很大的发展潜力。

③ "一带一路"资产组合投资"小世界"网络特征显现。

从表 4 - 10 的统计结果可以看出，相较于类似规模的随机网络，"一带一路"资产组合投资网络在经历十年左右的演变发展后，平均聚类系数明显提升，从 2001 年的 0.291 提升到 2018 年的 0.530；与此同时，平均路径长度也从 2001 年的 2.661 缩短至 2018 年的 1.674，逐渐体现出"小世界"网络特征，具有较高的网络连通性和网络凝聚力。这一变化说明"一带一路"资产组合投资网络效率得到了提升，节点国家的资产组合投资伙伴选择也向更高效的方向转变，"一带一路"资产组合投资凝聚力在不断提高。

（2）资产组合投资网络个体特征。

为了进一步探讨国际网络中节点国家资产组合投资联系、地位与权力的时空演变特征，下面围绕资产组合投资网络加权度中心性和特征向量中心性进行分析。

① 加权度中心性。

表 4 - 11 根据 Arcgis 软件将不同年份的资产组合投资网络加权度中性按照自然间断点分级法划分为五等，分别对应"一带一路"沿线国家资产组合投资网络的强中心、次强中心、一般中心、次弱中心和弱中心五个中心等级，强中心和次强中心国家占据"金字塔尖"部分，是"一带一路"资产组合投资的主要核心国家，数量较少；一般中心、次弱中心和弱中心国家占据绝大部分，成为"金字塔"结构的基底，处于外围地位。由表 4 - 11 可

知，2001 年，马来西亚、新加坡处于强中心地位，中国、巴林、菲律宾和泰国处于次强中心，二者数量占比呈现较为明显的"金字塔"形；2013 年，新加坡处于强中心地位，中国、马来西亚处于次强中心地位；2018 年，仅中国、新加坡处于强中心地位，印度、马来西亚、沙特阿拉伯处于次强中心地位。

表 4–11　　　　资产组合投资网络加权度中心等级结构演化

年份	类型	加权度中心范围	国家
2001	强中心	2589～14478	新加坡，马来西亚
	次强中心	918～2588	泰国，巴林，中国，菲律宾
	一般中心	536～917	沙特阿拉伯，印度尼西亚，印度，捷克
	次弱中心	151～535	俄罗斯，科威特，卡塔尔，土耳其，匈牙利，埃及，乌克兰，波兰
	弱中心	0～150	斯洛伐克，黎巴嫩，摩尔多瓦，阿曼，巴勒斯坦，克罗地亚，斯里兰卡，哈萨克斯坦，越南，爱沙尼亚，柬埔寨，立陶宛，以色列，保加利亚，阿联酋，罗马尼亚，缅甸，拉脱维亚，约旦，格鲁吉亚，马尔代夫，乌兹别克斯坦，阿尔巴尼亚，伊朗，斯洛文尼亚，吉尔吉斯斯坦，白俄罗斯，阿富汗，亚美尼亚，阿塞拜疆，孟加拉国，不丹，波黑，文莱，伊拉克，老挝，蒙古国，尼泊尔，塞尔维亚，叙利亚，塔吉克斯坦，土库曼斯坦，也门
2013	强中心	78104～212264	新加坡
	次强中心	45724～78103	中国，马来西亚
	一般中心	25246～45723	印度，沙特阿拉伯
	次弱中心	3900～25245	巴林，印度尼西亚，泰国，科威特，土耳其，阿联酋，菲律宾，卡塔尔，捷克，俄罗斯，斯洛伐克，波兰
	弱中心	2589～14478	匈牙利，乌克兰，斯洛文尼亚，保加利亚，罗马尼亚，哈萨克斯坦，黎巴嫩，以色列，埃及，立陶宛，约旦，爱沙尼亚，拉脱维亚，克罗地亚，斯里兰卡，越南，巴勒斯坦，格鲁吉亚，阿曼，伊拉克，老挝，叙利亚，吉尔吉斯斯坦，蒙古国，波黑，阿塞拜疆，孟加拉国，伊朗，白俄罗斯，也门，阿尔巴尼亚，柬埔寨，塞尔维亚，亚美尼亚，土库曼斯坦，阿富汗，不丹，文莱，马尔代夫，摩尔多瓦，缅甸，尼泊尔，塔吉克斯坦，乌兹别克斯坦

续表

年份	类型	加权度中心范围	国家
2018	强中心	59232～255260	新加坡，中国
	次强中心	39060～59231	印度，沙特阿拉伯，马来西亚
	一般中心	14618～39059	印度尼西亚，巴林，泰国，阿联酋
	次弱中心	4039～14617	科威特，菲律宾，捷克，波兰，土耳其，斯洛伐克，匈牙利，卡塔尔，俄罗斯，埃及
	弱中心	0～4038	保加利亚，罗马尼亚，立陶宛，斯洛文尼亚，拉脱维亚，哈萨克斯坦，老挝，爱沙尼亚，乌克兰，阿曼，克罗地亚，巴勒斯坦，约旦，马尔代夫，斯里兰卡，黎巴嫩，以色列，孟加拉国，蒙古国，阿尔巴尼亚，越南，阿塞拜疆，白俄罗斯，缅甸，伊朗，格鲁吉亚，伊拉克，叙利亚，波黑，亚美尼亚，文莱，柬埔寨，塞尔维亚，塔吉克斯坦，尼泊尔，土库曼斯坦，也门，阿富汗，不丹，吉尔吉斯斯坦，摩尔多瓦，乌兹别克斯坦

总之，在 2001 年、2013 年和 2018 年的三个阶段中，网络核心高度集中在少数国家，等级结构呈现明显的"金字塔"形，并且网络节点集权趋势明显；"一带一路"资产组合投资网络的金字塔结构在样本期内呈现单极化发展趋势，处于核心圈层的强中心和次强中心国家比例一直比较低，而处于外围圈层的一般中心、次弱中心和弱中心国家比例基本稳定，"金字塔"结构特征明显，中国已经成为"一带一路"资产组合投资网络中的核心国家。

由于"一带一路"资产组合投资网络是一个有向加权网络，加权度中心性是加权入度和加权出度之和，评价的是一国在"一带一路"沿线国家资产组合投资总体规模上的地位。然而，节点国家的出度往往更能反映一国服务参与国际市场竞争的能力与水平，加权出度是"一带一路"沿线国家资产组合投资网络中一国向他国资产组合投资的强度，更能刻画该国在资产组合投资网络中的能力与地位。根据表 4－12，从加权入度来看，2001 年马来西亚、泰国和中国位列前三位，2010 年中国、印度和印度尼西亚位列前三位，而到了 2013 年中国、印度和马来西亚位列前三位，2016 年和 2018 年中国、印度和新加坡保持前三位，中国、印度和新加坡是"一带一路"沿线国家资产组合投资网络中的核心国；从加权出度来看，2001 年新加坡、

表 4-12　"一带一路"资产组合投资网络加权度前 20 位经济体

排名	2001 年		2010 年		2013 年		2016 年		2018 年	
	加权入度	加权出度	加权入度	加权出度	加权入度	加权出度	加权入度	加权出度	加权入度	加权出度
1	马来西亚	新加坡	中国	新加坡	中国	新加坡	中国	新加坡	中国	新加坡
2	泰国	巴林	印度	科威特	印度	沙特阿拉伯	印度	沙特阿拉伯	印度	沙特阿拉伯
3	中国	马来西亚	印度尼西亚	巴林	马来西亚	马来西亚	新加坡	马来西亚	新加坡	马来西亚
4	菲律宾	捷克	马来西亚	马来西亚	新加坡	巴林	印度尼西亚	中国	印度尼西亚	巴林
5	沙特阿拉伯	俄罗斯	新加坡	捷克	印度尼西亚	科威特	马来西亚	科威特	阿联酋	中国
6	印度尼西亚	埃及	泰国	斯洛伐克	泰国	捷克	阿联酋	泰国	马来西亚	泰国
7	新加坡	泰国	巴林	泰国	阿联酋	泰国	泰国	捷克	泰国	科威特
8	印度	匈牙利	土耳其	匈牙利	土耳其	斯洛伐克	卡塔尔	斯洛伐克	土耳其	捷克
9	科威特	菲律宾	阿联酋	波兰	卡塔尔	俄罗斯	菲律宾	波兰	巴林	印度尼西亚
10	卡塔尔	斯洛伐克	沙特阿拉伯	黎巴嫩	菲律宾	波兰	巴林	菲律宾	卡塔尔	菲律宾
11	土耳其	印度尼西亚	卡塔尔	斯洛文尼亚	巴林	印度尼西亚	土耳其	印度尼西亚	菲律宾	斯洛伐克
12	乌克兰	哈萨克斯坦	菲律宾	印度尼西亚	俄罗斯	保加利亚	波兰	保加利亚	波兰	保加利亚
13	匈牙利	爱沙尼亚	波兰	俄罗斯	沙特阿拉伯	黎巴嫩	匈牙利	匈牙利	俄罗斯	波兰
14	波兰	乌克兰	俄罗斯	菲律宾	斯洛伐克	菲律宾	俄罗斯	斯洛文尼亚	匈牙利	匈牙利
15	摩尔多瓦	黎巴嫩	匈牙利	保加利亚	波兰	斯洛文尼亚	捷克	拉脱维亚	沙特阿拉伯	哈萨克斯坦
16	黎巴嫩	波兰	捷克	爱沙尼亚	乌克兰	哈萨克斯坦	斯洛伐克	立陶宛	埃及	斯洛文尼亚
17	阿曼	保加利亚	斯洛伐克	埃及	匈牙利	拉脱维亚	埃及	爱沙尼亚	捷克	拉脱维亚
18	斯洛伐克	土耳其	约旦	哈萨克斯坦	捷克	立陶宛	沙特阿拉伯	黎巴嫩	斯洛伐克	俄罗斯
19	巴勒斯坦	罗马尼亚	埃及	立陶宛	科威特	爱沙尼亚	罗马尼亚	俄罗斯	罗马尼亚	立陶宛
20	俄罗斯	中国	科威特	拉脱维亚	罗马尼亚	匈牙利	越南	哈萨克斯坦	老挝	爱沙尼亚

巴西和马来西亚位列前三位，2010 年新加坡、科威特和巴林位列前三位，2013 年、2016 年和 2018 年新加坡、沙特阿拉伯和马来西亚位列前三位，排序没有变化，这意味着"一带一路"倡议提出后新加坡、沙特阿拉伯和马来西亚在"一带一路"资产组合投资市场占据重要地位。上述分析表明，中国和印度是吸引"一带一路"其他节点国家资产组合投资的目标国家，而新加坡、沙特阿拉伯和马来西亚是资产组合投资的重要投资国。

②特征向量中心性。

表 4－13 根据 Arcgis 软件将不同年份的特征向量中心度依据自然间断点分级法划分为五等，分别对应"一带一路"沿线国家资产组合投资网络的强中心、次强中心、一般中心、次弱中心和弱中心五个中心等级。由表 4－13 可知，在 2001 年、2013 年和 2018 年的三个阶段中，综合实力较强的国家（地区）基本都是网络中的强中心、次强中心，而实力较弱的小国则成为网络中的弱中心和次弱中心。从时间演变来看，强中心和次强中心国家（地区）占比总体呈现上升趋势，一般中心国家（地区）占比逐渐下降，弱中心和次弱中心国家（地区）占比相对较稳定。随着"一带一路"沿线国家间资产组合投资的联系也越来越紧密，综合实力较强的节点国家间资产组合投资规模远远高于综合实力一般的节点国家间贸易规模，而投资往往能使参与双方发挥各自的比较优势，实现各自利益最大化，促使综合实力较强的节点国家在资产组合投资网络中的等级逐渐提升或长期处于核心地位。

表 4－13   资产组合投资网络特征向量中心度等级结构演化

年份	特征向量中心度类型	范围	国家
2001	强中心	0.580998～1.000000	俄罗斯，土耳其，罗马尼亚，新加坡，中国，印度尼西亚，波兰，印度
	次强中心	0.269984～0.580997	乌克兰，泰国，以色列，保加利亚，马来西亚，爱沙尼亚，匈牙利，菲律宾，摩尔多瓦，越南，斯里兰卡
	一般中心	0.163710～0.269983	哈萨克斯坦，克罗地亚，斯洛伐克，捷克，立陶宛，吉尔吉斯斯坦，格鲁吉亚，拉脱维亚，沙特阿拉伯

续表

年份	特征向量中心度类型	范围	国家
2001	次弱中心	0.054534~0.163709	巴林，埃及，卡塔尔，缅甸，巴勒斯坦，白俄罗斯，阿尔巴尼亚，约旦，柬埔寨，马尔代夫，乌兹别克斯坦，黎巴嫩，科威特，阿曼，阿联酋
	弱中心	0.000000~0.054533	斯洛文尼亚，伊朗，阿富汗，亚美尼亚，阿塞拜疆，孟加拉国，不丹，波黑，文莱，伊拉克，老挝，蒙古国，尼泊尔，塞尔维亚，叙利亚，塔吉克斯坦，土库曼斯坦，也门
2013	强中心	0.675014~1.000000	中国，土耳其，印度，新加坡，俄罗斯，波兰，印度尼西亚，阿联酋，匈牙利，马来西亚，哈萨克斯坦
	次强中心	0.430450~0.675013	乌克兰，以色列，埃及，菲律宾，泰国，立陶宛，卡塔尔，罗马尼亚，捷克，克罗地亚，巴林，越南，斯洛文尼亚，保加利亚
	一般中心	0.231860~0.430449	沙特阿拉伯，斯洛伐克，斯里兰卡，科威特，拉脱维亚，孟加拉国，爱沙尼亚，蒙古国，格鲁吉亚，白俄罗斯，阿曼，巴勒斯坦
	次弱中心	0.068956~0.231859	约旦，黎巴嫩，阿尔巴尼亚，阿塞拜疆，柬埔寨，塞尔维亚，也门，波黑，吉尔吉斯斯坦，叙利亚，伊拉克，乌兹别克斯坦，伊朗，土库曼斯坦，缅甸
	弱中心	0.000000~0.068955	亚美尼亚，老挝，阿富汗，不丹，文莱，马尔代夫，摩尔多瓦，尼泊尔，塔吉克斯坦
2018	强中心	0.716490~1.000000	印度，新加坡，中国，阿联酋，印度尼西亚，土耳其，俄罗斯，波兰，巴林，沙特阿拉伯，阿曼，匈牙利
	次强中心	0.489553~0.716489	卡塔尔，克罗地亚，马来西亚，捷克，以色列，哈萨克斯坦，泰国，菲律宾，斯洛文尼亚，乌克兰，罗马尼亚，保加利亚，埃及
	一般中心	0.310965~0.489552	科威特，黎巴嫩，立陶宛，斯里兰卡，巴勒斯坦，拉脱维亚，阿塞拜疆，格鲁吉亚，斯洛伐克，约旦
	次弱中心	0.107927~0.310964	越南，孟加拉国，爱沙尼亚，亚美尼亚，白俄罗斯，蒙古国，塞尔维亚，伊拉克，马尔代夫，阿尔巴尼亚，塔吉克斯坦，缅甸，也门，尼泊尔，叙利亚
	弱中心	0.000000~0.107926	波黑，文莱，柬埔寨，吉尔吉斯斯坦，伊朗，土库曼斯坦，阿富汗，老挝，不丹，摩尔多瓦，乌兹别克斯坦

4.4.3 "一带一路"股权与基金份额投资网络的特征描述

（1）股权与基金份额投资网络整体特征。

2018 年股权与基金投资网络结构见图 4 - 4。运用 Gephi 0.9.1 软件对 2001~2018 年"一带一路"股权与基金投资网络逐年分析，测算出各年股权与基金投资网络整体属性的基本统计指标（见表 4 - 14），通过对基本统计指标结果进行分析，可以发现"一带一路"股权与投资基金网络整体属

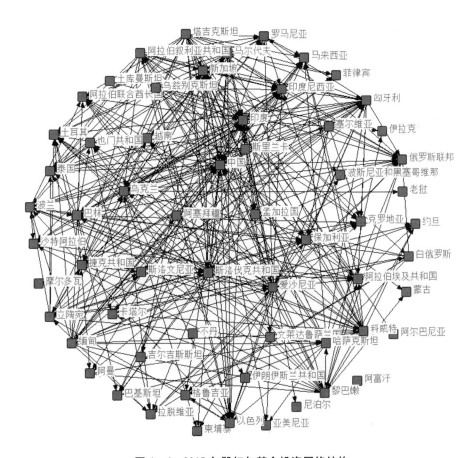

图 4 - 4　2018 年股权与基金投资网络结构

资料来源：作者采用 Netdraw 软件绘制。

性呈现如下特征：

表 4 - 14　　　　　"一带一路"股权与基金投资网络整体特征指标

年份	边数	平均度	平均加权度	网络密度	平均聚类系数	平均路径长度
2001	110	3.607	190.555	0.030	0.157	1.864
2002	99	3.246	187.756	0.027	0.129	2.248
2003	120	3.934	281.463	0.033	0.176	2.232
2004	160	5.246	427.805	0.044	0.200	2.791
2005	181	5.934	623.331	0.049	0.210	2.618
2006	216	7.082	939.423	0.059	0.233	2.559
2007	241	7.902	1417.200	0.066	0.255	2.417
2008	241	7.902	1044.502	0.066	0.269	2.132
2009	297	9.738	1138.914	0.081	0.238	2.171
2010	301	9.869	1295.813	0.082	0.252	2.238
2011	312	10.23	1162.445	0.085	0.249	2.172
2012	304	9.967	1713.597	0.083	0.284	2.072
2013	357	11.705	1792.246	0.098	0.277	2.116
2014	373	12.230	1883.945	0.102	0.269	2.186
2015	387	12.689	1942.130	0.106	0.282	2.095
2016	361	11.836	1895.386	0.099	0.291	2.092
2017	363	11.902	2250.100	0.099	0.278	2.188
2018	380	12.459	2309.813	0.104	0.273	2.127

①"一带一路"沿线国家间股权与基金投资关系网络规模在大幅度增长。

网络节点和边的数量是衡量网络规模最主要的两个指标。本书只考虑了61 个"一带一路"沿线国，因而假定的节点不变。仅从网络边数来看，2001～2018 年，资产组合投资网络边数从 2001 年的 110 个增加至 2018 年的 380 个，年几何平均增速 7.564%，表明"一带一路"股权与投资基金参与主体之间相互投资往来联系更加频繁；平均度也因此从 2001 年的 3.607 提高至 2018 年的 12.459,年均增速 7.5639%,说明 "一带一路" 沿线国家间的股权与投资基金伙伴快速增加。平均加权度是在平均度的基础上考虑了各边权重的影响,在 "一带一路" 资产组合投资网络中将各国之间的资产组合投资额一并考虑在内,综合研究各国之间的股权与投资基金情况。可以看出,平均加权度从 2001 年的 190.555 上升到 2018 年的 2309.813,年均增速为 15.808%,明显快于边数的增长,也就是说,各节点国家对投资伙伴平均股权与投资基金投资额的增加速度要快于投资关系的增加速度,这些国家之间的股权与投资基金在 2008 年受到一定的影响,但 2009 年 "一带一路" 沿线国家的股权与投资基金受影响较小。随着 2013 年中国 "一带一路" 倡议的提出,这些国家之间的股权与投资基金网络的规模在不断扩大。

②"一带一路" 股权与基金投资网络密度逐渐增加。

网络密度是刻画社会网络整体属性特征的重要指标之一,网络密度越大则各节点之间的联系越紧密,即节点国家之间的股权与投资基金关系密切,反之则说明节点国家之间股权与投资基金投资仅存在于少数节点国家之间。自 2001 年以来,随着 "一带一路" 沿线国家股权与投资基金规模的扩大,这些节点国家之间的网络密度也从 2001 年的 0.030 增长到 2018 年的 0.104,网络密度以年均 7.58% 的几何平均速度在增加,这意味着各国之间的股权与投资基金联系在不断加强。因而,进一步推动 "一带一路" 沿线国家加强股权与投资基金投资联系,推动该地区投资自由化具有很大的发展潜力。

③"一带一路" 股权与基金投资 "小世界" 网络特征不显著。

从表 4-14 的统计结果可以看出,相较于类似规模的随机网络,"一带一路" 沿线国家股权与基金投资网络在经历演变发展后,平均聚类系数明显提升,从 2001 年的 0.157 提升到 2018 年的 0.273;这一变化说明 "一带一路" 沿线国家股权与基金投资网络效率得到了提升,节点国家的股权与投资基金伙伴选择也向更高效的方向转变。与此同时,平均路径长度也从 2001 年的 1.864 缩短至 2018 年的 2.127,这意味着 "一带一路" 沿线国家股权与基金投资凝聚力并没有得到提升,因而其 "小世界" 网络特征不明显。

（2）股权与基金投资网络个体特征。

为了进一步探讨股权与基金投资网络中节点国家投资联系、地位与权力的时空演变特征，下面围绕股权与基金投资网络加权度中心性和特征值中心性特征进行分析。

①加权度中心性。

表4-15是根据Arcgis软件将不同年份的加权度中心性按照自然间断点分级法划分为五等，分别对应"一带一路"沿线国家股权与基金投资网络的强中心、次强中心、一般中心、次弱中心和弱中心五个中心等级，强中心和次强中心国家占据金字塔尖部分，是"一带一路"股权与基金投资的主要核心国家，数量较少；一般中心、次弱中心和弱中心国家占据绝大部分，成为"金字塔"结构的基底，处于外围地位。根据表4-15，2001年斯里兰卡处于强中心地位，中国、马来西亚处于次强中心，二者数量占比呈现较为明显的"金字塔"形；2013年，斯里兰卡处于强中心地位，印度、中国、马尔代夫、新加坡、科威特处于次强中心地位；2018年，仅斯里兰卡处于强中心地位，中国和印度处于次强中心地位。

表4-15　　　　　　股权与基金投资网络加权度中心等级结构演化

年份	类型	加权度中心范围	国家
2001	强中心	4671~10292	斯里兰卡
	次强中心	1543~4670	马来西亚，中国
	一般中心	689~1542	泰国
	次弱中心	188~688	马尔代夫，新加坡，菲律宾，印度尼西亚，沙特阿拉伯，埃及，印度
	弱中心	0~187	巴林，捷克，乌克兰，斯洛伐克，越南，柬埔寨，匈牙利，科威特，俄罗斯，阿曼，波兰，以色列，叙利亚，也门，爱沙尼亚，黎巴嫩，阿联酋，立陶宛，缅甸，罗马尼亚，约旦，卡塔尔，乌兹别克斯坦，克罗地亚，哈萨克斯坦，拉脱维亚，巴勒斯坦，阿尔巴尼亚，伊朗，摩尔多瓦，塞尔维亚，阿富汗，亚美尼亚，阿塞拜疆，孟加拉国，白俄罗斯，不丹，波黑，文莱，保加利亚，格鲁吉亚，伊拉克，吉尔吉斯斯坦，老挝，蒙古国，尼泊尔，斯洛文尼亚，塔吉克斯坦，土耳其，土库曼斯坦

续表

年份	类型	加权度中心范围	国家
2013	强中心	20008～56768	斯里兰卡
	次强中心	11235～20007	印度，中国，马尔代夫，新加坡，科威特
	一般中心	3651～11234	斯洛伐克，马来西亚，泰国，印度尼西亚，巴林
	次弱中心	870～3650	沙特阿拉伯，菲律宾，阿联酋，土耳其，俄罗斯，卡塔尔，捷克，以色列，匈牙利，乌克兰
	弱中心	0～869	埃及，约旦，波兰，叙利亚，黎巴嫩，爱沙尼亚，哈萨克斯坦，塔吉克斯坦，格鲁吉亚，缅甸，立陶宛，越南，阿曼，伊拉克，拉脱维亚，孟加拉国，罗马尼亚，吉尔吉斯斯坦，塞尔维亚，克罗地亚，保加利亚，老挝，斯洛文尼亚，波黑，乌兹别克斯坦，也门，巴勒斯坦，柬埔寨，阿富汗，阿尔巴尼亚，亚美尼亚，阿塞拜疆，白俄罗斯，不丹，文莱，伊朗，摩尔多瓦，蒙古国，尼泊尔，土库曼斯坦
2018	强中心	35727～78862	斯里兰卡
	次强中心	22526～35726	印度，中国
	一般中心	11646～22525	马尔代夫，新加坡，印度尼西亚
	次弱中心	3130～11645	斯洛伐克，泰国，巴林，科威特，马来西亚，乌克兰
	弱中心	0～3129	菲律宾，俄罗斯，越南，沙特阿拉伯，匈牙利，阿联酋，捷克，波兰，以色列，卡塔尔，爱沙尼亚，叙利亚，土耳其，约旦，蒙古国，罗马尼亚，拉脱维亚，黎巴嫩，立陶宛，埃及，缅甸，哈萨克斯坦，塔吉克斯坦，孟加拉国，巴勒斯坦，阿曼，伊朗，克罗地亚，斯洛文尼亚，乌兹别克斯坦，塞尔维亚，老挝，保加利亚，白俄罗斯，波黑，土库曼斯坦，也门，柬埔寨，伊拉克，格鲁吉亚，亚美尼亚，文莱，阿富汗，阿尔巴尼亚，阿塞拜疆，不丹，吉尔吉斯斯坦，摩尔多瓦，尼泊尔

综上所述，在 2001 年、2013 年和 2018 年的三个阶段中，网络核心高度集中在少数国家，等级结构呈现明显的"金字塔"形，并且网络节点集权趋势明显；"一带一路"沿线国家股权与基金投资网络的"金字塔"结构在样本期内呈现单极化发展趋势，处于核心圈层的强中心和次强中心国家比例一直比较低，而处于外围圈层的一般中心、次弱中心和弱中心国家比例基本稳定，"金字塔"结构特征明显，中国已经成为"一带一路"沿线国家股权与基金投资网络中的核心国家。

由于"一带一路"沿线国家股权与基金投资网络是一个有向加权网络，加权度中心性是加权入度和加权出度之和，评价的是一国在"一带一路"沿线国家股权与基金投资总体规模上的地位。然而，在国际金融中，对外投资往往更能反映一国股权与基金投资参与国际市场竞争的能力与水平，为此我们将进一步从加权出度的角度分析"一带一路"沿线国家股权与基金投资核心国家。加权出度是"一带一路"沿线国家股权与基金投资网络中一国向他国股权与基金投资的强度，更能刻画该国在网络中股权与基金投资的能力与地位。

　　根据表 4 - 16，从加权入度来看，2001 年马来西亚、中国和泰国位列前三位，2010 年印度、中国和马来西亚位列前三位，而到了 2013 年、2016 年和 2018 年印度、中国和新加坡分别位列前三位，并且排序没有变化，中国、印度和新加坡是"一带一路"资产组合投资网络中的吸收投资国；从加权出度来看，2001 年斯里兰卡、马尔代夫和埃及位列前三位，2010 年斯里兰卡、科威特和马尔代夫位列前三位，2013 年和 2016 年斯里兰卡、马尔代夫和科威特位列前三位，2018 年斯里兰卡、马尔代夫和斯洛伐克位列前三位，这意味着斯里兰卡、马尔代夫在"一带一路"资产组合投资市场占据重要地位。上述分析表明，印度、中国和新加坡是吸引"一带一路"其他节点国家资产组合投资的目标国家，而斯里兰卡、马尔代夫是资产组合投资重要的投资国。

　　②特征向量中心。

　　表 4 - 17 是根据 Arcgis 软件将不同年份的特征向量中心度依据自然间断点分级法划分为五等，分别对应"一带一路"沿线国家股权与基金投资网络的强中心、次强中心、一般中心、次弱中心和弱中心五个中心等级。由表 4 - 17 可知，在 2001 年、2013 年和 2018 年的三个阶段中，综合实力较强的国家基本都是网络中的强中心、次强中心，而实力较弱的国家则成为网络中的弱中心和次弱中心。从时间演变来看，强中心和次强中心国家占比总体呈现上升趋势，一般中心国家占比逐渐下降，弱中心和次弱中心国家占比相对较稳定。随着"一带一路"的推进，国家间股权与基金投资的联系也越来越紧密，综合实力较强的节点国家间股权与基金投资规模远远高于综合实力一般的节点国家间股权与基金投资规模，而股权与基金投资往往能使参与双

表 4－16 "一带一路"股权与基金投资网络加权度前 20 位经济体

排名	2001 年 加权入度	2001 年 加权出度	2010 年 加权入度	2010 年 加权出度	2013 年 加权入度	2013 年 加权出度	2016 年 加权入度	2016 年 加权出度	2018 年 加权入度	2018 年 加权出度
1	马来西亚	斯里兰卡	印度	斯里兰卡	印度	斯里兰卡	印度	斯里兰卡	印度	斯里兰卡
2	中国	马尔代夫	中国	科威特	中国	马尔代夫	中国	马尔代夫	中国	马尔代夫
3	泰国	埃及	马来西亚	马尔代夫	新加坡	科威特	新加坡	科威特	新加坡	斯洛伐克
4	新加坡	巴林	新加坡	匈牙利	马来西亚	斯洛伐克	印度尼西亚	斯洛伐克	印度尼西亚	科威特
5	菲律宾	捷克	巴林	捷克	泰国	巴林	泰国	巴林	泰国	印度尼西亚
6	印度尼西亚	乌克兰	印度尼西亚	乌克兰	印度尼西亚	捷克	马来西亚	乌克兰	马来西亚	乌克兰
7	沙特阿拉伯	新加坡	沙特阿拉伯	塔吉克斯坦	巴林	乌克兰	菲律宾	捷克	巴林	中国
8	印度	匈牙利	泰国	埃及	沙特阿拉伯	印度尼西亚	巴林	匈牙利	菲律宾	巴林
9	斯洛伐克	叙利亚	阿联酋	黎巴嫩	菲律宾	叙利亚	俄罗斯	黎巴嫩	俄罗斯	捷克
10	越南	印度尼西亚	俄罗斯	爱沙尼亚	阿联酋	黎巴嫩	阿联酋	埃及	越南	以色列
11	乌克兰	也门	卡塔尔	以色列	土耳其	以色列	沙特阿拉伯	爱沙尼亚	沙特阿拉伯	叙利亚
12	柬埔寨	爱沙尼亚	菲律宾	哈萨克斯坦	俄罗斯	匈牙利	越南	叙利亚	阿联酋	黎巴嫩
13	科威特	以色列	波兰	叙利亚	卡塔尔	爱沙尼亚	匈牙利	印度尼西亚	匈牙利	爱沙尼亚
14	俄罗斯	罗马尼亚	土耳其	缅甸	科威特	埃及	土耳其	塔吉克斯坦	波兰	立陶宛
15	阿曼	乌兹别克斯坦	约旦	立陶宛	约旦	塔吉克斯坦	蒙古国	哈萨克斯坦	卡塔尔	哈萨克斯坦
16	巴林	以色列	埃及	孟加拉国	以色列	哈萨克斯坦	以色列	立陶宛	捷克	塔吉克斯坦
17	波兰	塞尔维亚	捷克	印度	波兰	立陶宛	波兰	缅甸	土耳其	缅甸
18	捷克	哈萨克斯坦	科威特	波兰	匈牙利	缅甸	缅甸	以色列	斯洛伐克	孟加拉国
19	以色列	马来西亚	斯洛伐克	塞尔维亚	埃及	波兰	巴勒斯坦	拉脱维亚	约旦	新加坡
20	匈牙利	中国	越南		捷克	拉脱维亚	斯洛伐克	新加坡	蒙古国	拉脱维亚

方发挥各自的比较优势，实现利益最大化，促使综合实力较强的节点国家在股权与基金投资网络中的等级逐渐提升或长期处于核心地位。

表 4 – 17　　　　股权与基金投资网络特征向量中心度等级结构演化表

年份	类型	特征向量中心度范围	国家
2001	强中心	0.608303 ~ 1.000000	中国，新加坡
	次强中心	0.274746 ~ 0.608302	波兰，乌克兰，泰国，印度尼西亚，以色列，印度，菲律宾，越南，阿尔巴尼亚
	一般中心	0.103419 ~ 0.274745	沙特阿拉伯，约旦，俄罗斯，罗马尼亚，巴林，埃及，科威特，阿曼，阿联酋，斯洛伐克，马来西亚，巴勒斯坦
	次弱中心	0.035063 ~ 0.103418	卡塔尔，黎巴嫩，捷克，匈牙利，克罗地亚，斯洛文尼亚，斯里兰卡，伊朗，缅甸
	弱中心	0.000000 ~ 0.035062	吉尔吉斯斯坦，保加利亚，哈萨克斯坦，拉脱维亚，立陶宛，白俄罗斯，柬埔寨，摩尔多瓦，乌兹别克斯坦，阿富汗，亚美尼亚，阿塞拜疆，孟加拉国，不丹，波黑，文莱，爱沙尼亚，格鲁吉亚，伊拉克，老挝，马尔代夫，蒙古国，尼泊尔，塞尔维亚，叙利亚，塔吉克斯坦，土耳其，土库曼斯坦，也门
2013	强中心	0.668153 ~ 1.000000	中国，新加坡，土耳其
	次强中心	0.446877 ~ 0.668152	波兰，埃及，以色列，俄罗斯，阿联酋，马来西亚，印度，沙特阿拉伯，印度尼西亚，巴林，匈牙利
	一般中心	0.260902 ~ 0.446876	乌克兰，哈萨克斯坦，泰国，科威特，菲律宾，卡塔尔，阿曼，约旦，格鲁吉亚
	次弱中心	0.086295 ~ 0.260901	罗马尼亚，保加利亚，克罗地亚，捷克，叙利亚，爱沙尼亚，越南，巴勒斯坦，黎巴嫩，斯洛伐克，斯洛文尼亚，立陶宛，拉脱维亚，伊拉克，斯里兰卡，乌兹别克斯坦，孟加拉国，柬埔寨，也门
	弱中心	0.000000 ~ 0.086294	缅甸，阿塞拜疆，白俄罗斯，老挝，吉尔吉斯斯坦，蒙古国，波黑，土库曼斯坦，塔吉克斯坦，塞尔维亚，尼泊尔，摩尔多瓦，马尔代夫，伊朗，文莱，不丹，亚美尼亚，阿尔巴尼亚，阿富汗
2018	强中心	0.523890 ~ 1.000000	中国，新加坡，印度，以色列，土耳其，俄罗斯，阿联酋，印度尼西亚，波兰，马来西亚，泰国，沙特阿拉伯

续表

年份	类型	特征向量中心度范围	国家
2018	次强中心	0.326119 ~ 0.523889	哈萨克斯坦,菲律宾,卡塔尔,埃及,巴林,罗马尼亚,匈牙利,格鲁吉亚,斯洛伐克,捷克
	一般中心	0.191280 ~ 0.326118	斯洛文尼亚,巴勒斯坦,阿曼,科威特,亚美尼亚,约旦,克罗地亚,乌克兰
	次弱中心	0.032236 ~ 0.191279	保加利亚,立陶宛,爱沙尼亚,拉脱维亚,白俄罗斯,叙利亚,蒙古国,吉尔吉斯斯坦,也门,黎巴嫩,缅甸,斯里兰卡,越南,马尔代夫,孟加拉国,阿尔巴尼亚,尼泊尔,土库曼斯坦,柬埔寨
	弱中心	0.000000 ~ 0.032235	伊朗,老挝,塞尔维亚,波黑,伊拉克,文莱,阿塞拜疆,阿富汗,不丹,摩尔多瓦,塔吉克斯坦,乌兹别克斯坦

4.4.4 "一带一路"债券投资网络的特征描述

(1) 债券投资网络整体特征。

2018 年股权与基金投资网络结构见图 4 – 5。运用 Gephi 软件对 2001 ~ 2019 年"一带一路"债券投资网络逐年分析,测算出各年债券投资网络整体属性的基本统计指标(见表 4 – 18),通过对基本统计指标结果进行分析,可以发现"一带一路"债券投资网络整体属性呈现如下特征:

① "一带一路"沿线国家间债券投资关系网络规模在大幅度增长。

网络节点和边的数量是衡量网络规模最主要的两个指标。因为本书只考虑了 61 个"一带一路"沿线国家,因而假定的节点不变。仅从网络边数来看,2001 ~ 2018 年,债券投资网络边数从 2001 年的 91 个增加至 2018 年的 615 个,年几何平均增速 11.895%,表明"一带一路"债券投资参与主体之间相互投资往来联系更加频繁;平均度也从 2001 年的 2.984 提高至 2018 年的 20.164,年均增速 11.894%,说明"一带一路"沿线国家间的债券投资伙伴快速增加。平均加权度则在平均度的基础上考虑了各边权重的影响,在"一带一路"债券投资网络中将各国之间的债券投资额一并考虑在内,综合研究各国之间的债券投资情况。可以看出,平均加权度从 2001 年的

146.465 上升到 2018 年的 3495.785，年均增速为 20.5168%，明显快于边数的增长，也就是说，各节点国家对投资伙伴平均债券投资额的增加速度要快于投资关系的增加速度，这些国家之间的资产组合投资在 2008 年受到一定影响，但 2009 年 "一带一路" 沿线国家的债券投资影响较小。随着 2013 年中国 "一带一路" 的提出，这些国家之间的债券投资网络的规模在不断扩大。

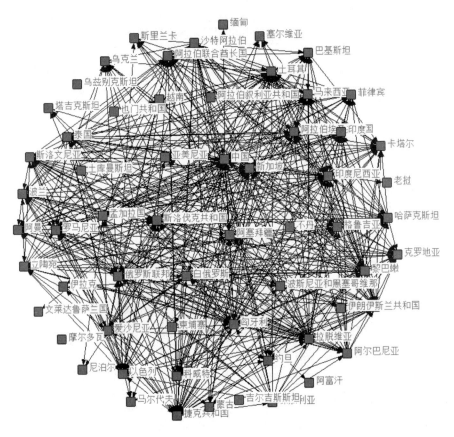

图 4-5　2018 年债券投资网络结构

资料来源：作者采用 Netdraw 软件绘制。

表 4-18　　　　　　　　"一带一路"债券投资网络整体特征指标

年份	边数	平均度	平均加权度	网络密度	平均聚类系数	平均路径长度
2001	91	2.984	146.465	0.025	0.146	3.516
2002	104	3.410	140.226	0.028	0.159	3.255
2003	118	3.869	193.034	0.032	0.158	2.437
2004	151	4.951	310.651	0.041	0.201	2.330
2005	184	6.033	366.477	0.050	0.223	2.518
2006	209	6.852	550.267	0.057	0.255	2.553
2007	244	8.000	835.950	0.067	0.262	2.243
2008	252	8.262	721.552	0.069	0.290	2.249
2009	311	10.197	913.698	0.085	0.347	2.204
2010	369	12.098	1376.47	0.101	0.374	2.014
2011	368	12.066	1530.501	0.101	0.328	1.965
2012	410	13.443	2321.965	0.112	0.359	1.870
2013	457	14.984	2730.978	0.125	0.359	1.781
2014	496	16.262	3193.918	0.136	0.375	1.821
2015	525	17.213	2686.660	0.143	0.399	1.822
2016	555	18.197	2480.065	0.152	0.397	1.779
2017	613	20.098	3414.978	0.167	0.453	1.721
2018	615	20.164	3495.785	0.168	0.434	1.749

② "一带一路"债券投资网络密度逐渐增加。

网络密度是刻画社会网络整体属性特征的重要指标之一,网络密度越大则各节点之间的联系越紧密,即节点国家之间的债券投资关系密切,反之则说明节点国家之间债券投资仅存在于少数节点国家之间。自 2001 年以来,随着"一带一路"沿线国家债券投资规模的扩大,这些节点国家之间的网络密度也从 2001 年的 0.025 增长到 2018 年的 0.168,网络密度以年均11.858% 的几何平均速度在增加,这意味着各国之间的债券投资联系在不断加强。因而,进一步推动"一带一路"沿线国家加强债券投资联系,推动该地区投资自由化具有很大的发展潜力。

③"一带一路"债券投资"小世界"网络特征显现。

从表 4 - 18 的统计结果可以看出，相较于类似规模的随机网络而言，"一带一路"债券投资网络在经历演变发展后，平均聚类系数明显提升，从 2001 年的 0.146 提升到 2018 年的 0.434；与此同时，平均路径长度也从 2001 年的 3.516 缩短至 2018 年的 1.749，逐渐体现出"小世界"网络特征，具有较高的网络连通性和网络凝聚力。这一变化说明"一带一路"债券投资网络效率得到了提升，节点国家的债券投资伙伴选择也向更高效的方向转变，"一带一路"债券投资凝聚力在不断提高。

（2）债券投资关系网络个体特征。

为了进一步探讨国际网络中节点国家债券投资联系、地位与权力的时空演变特征，下面围绕债券投资网络加权度中心性和特征向量中心性进行分析。

①加权度中心性。

表 4 - 19 是根据 Arcgis 软件将不同年份的加权度中心性按照自然间断点分级法划分为五等，分别对应"一带一路"沿线国家债券投资网络的强中心、次强中心、一般中心、次弱中心和弱中心五个中心等级，强中心和次强中心国家占据"金字塔"尖部分，是"一带一路"债券投资的主要核心国家，数量较少；一般中心、次弱中心和弱中心国家占据绝大部分，成为"金字塔"结构的基底，处于外围地位。由表 4 - 19 可知，2001 年，新加坡、马来西亚、巴林处于强中心地位，菲律宾处于次强中心，数量占比呈现较为明显的"金字塔"形；2013 年，新加坡处于强中心地位，中国、马来西亚、印度、沙特阿拉伯、巴林处于次强中心地位；2018 年，仅新加坡处于强中心地位，中国、沙特阿拉伯、马来西亚、阿联酋、印度、印度尼西亚、巴林、泰国处于次强中心地位。总之，在 2001 年、2013 年和 2018 年的三个阶段中，网络核心高度集中在少数国家，等级结构呈现明显的"金字塔"形，并且网络节点集权趋势明显；"一带一路"债券投资网络的"金字塔"结构在 2013 年之前有多极化发展迹象，但在 2013 年以后呈现单极化发展趋势，处于核心圈层的强中心和次强中心国家比例下降明显，而处于外

围圈层的一般中心、次弱中心和弱中心国家比例则大幅提升，"金字塔"结构正在向"顶端收窄、基底增大"的方向演变，网络中核心国家集权趋势明显。

表 4 - 19　　　　　　　　债券投资网络加权度中心等级结构演化

年份	类型	范围	国家
2001	强中心	2319 ~ 5717	新加坡，马来西亚，巴林
	次强中心	1081 ~ 2318	菲律宾
	一般中心	629 ~ 1080	泰国
	次弱中心	191 ~ 628	沙特阿拉伯，中国，印度尼西亚，印度，捷克，俄罗斯，科威特，卡塔尔，土耳其，匈牙利，乌克兰
	弱中心	0 ~ 190	波兰，摩尔多瓦，黎巴嫩，巴勒斯坦，阿曼，斯洛伐克，克罗地亚，哈萨克斯坦，斯里兰卡，埃及，爱沙尼亚，保加利亚，立陶宛，罗马尼亚，格鲁吉亚，拉脱维亚，也门，越南，乌兹别克斯坦，阿联酋，土库曼斯坦，塔吉克斯坦，叙利亚，斯洛文尼亚，塞尔维亚，尼泊尔，缅甸，蒙古国，马尔代夫，老挝，吉尔吉斯斯坦，约旦，以色列，伊拉克，伊朗，柬埔寨，文莱，波黑，不丹，白俄罗斯，孟加拉国，阿塞拜疆，亚美尼亚，阿尔巴尼亚，阿富汗
2013	强中心	38031 ~ 98586	新加坡
	次强中心	12834 ~ 38030	马来西亚，印度，沙特阿拉伯，巴林，中国
	一般中心	4710 ~ 12833	印度尼西亚，阿联酋，土耳其，菲律宾，卡塔尔，俄罗斯，泰国，斯洛伐克，捷克
	次弱中心	1267 ~ 4709	波兰，乌克兰，科威特，匈牙利，斯洛文尼亚，保加利亚，罗马尼亚，哈萨克斯坦
	弱中心	0 ~ 1266	立陶宛，黎巴嫩，拉脱维亚，埃及，克罗地亚，斯里兰卡，以色列，爱沙尼亚，约旦，越南，巴勒斯坦，格鲁吉亚，阿曼，老挝，阿塞拜疆，蒙古国，伊拉克，波黑，伊朗，白俄罗斯，孟加拉国，阿尔巴尼亚，亚美尼亚，吉尔吉斯斯坦，塞尔维亚，土库曼斯坦，阿富汗，不丹，文莱，柬埔寨，马尔代夫，摩尔多瓦，缅甸，尼泊尔，叙利亚，塔吉克斯坦，乌兹别克斯坦，也门
2018	强中心	55101 ~ 104133	新加坡
	次强中心	8551 ~ 55100	中国，沙特阿拉伯，马来西亚，阿联酋，印度，印度尼西亚，巴林，泰国
	一般中心	4685 ~ 8550	捷克，土耳其，菲律宾，科威特，波兰，卡塔尔，斯洛伐克

年份	类型	范围	国家
2018	次弱中心	1536～4684	埃及，匈牙利，俄罗斯，保加利亚，罗马尼亚，立陶宛，哈萨克斯坦，斯洛文尼亚，拉脱维亚，老挝，阿曼
	弱中心	0～1535	爱沙尼亚，克罗地亚，巴勒斯坦，马尔代夫，约旦，以色列，孟加拉国，斯里兰卡，黎巴嫩，阿尔巴尼亚，阿塞拜疆，乌克兰，白俄罗斯，蒙古国，格鲁吉亚，伊拉克，越南，亚美尼亚，文莱，波黑，塔吉克斯坦，柬埔寨，尼泊尔，伊朗，塞尔维亚，阿富汗，不丹，吉尔吉斯斯坦，摩尔多瓦，缅甸，叙利亚，土库曼斯坦，乌兹别克斯坦，也门

由于"一带一路"债券投资网络是一个有向加权网络，加权度中心性是加权入度和加权出度之和，评价的是一国在"一带一路"债券投资总体规模上的地位。然而，在国际金融中，债券投资往往更能反映一国服务参与国际市场竞争的能力与水平，为此我们将进一步从加权出度的角度分析"一带一路"沿线债券投资核心国家。加权出度是"一带一路"沿线国家债券投资贸易网络中一国向他国债券投资的强度，更能刻画该国在网络中的债券投资能力与地位。

根据表4-20，从加权入度来看，2001年马来西亚、菲律宾和泰国位列前三位，2010年印度尼西亚、印度和马来西亚位列前三位，2013年马来西亚、印度和中国位列前三位，2016年中国、新加坡和印度尼西亚位列前三位，2018年中国、阿联酋和印度位列前三位，中国是"一带一路"沿线国家债券投资网络中理想吸收投资国；从加权出度来看，2001年新加坡、巴林和捷克位列前三位，2010年新加坡、巴林和马来西亚位列前三位，2013年和2018年新加坡、沙特阿拉伯和巴林位列前三位，2016年新加坡、沙特阿拉伯和马来西亚位列前三位，这意味着近年来，新加坡在"一带一路"沿线国家债券投资市场占据重要地位。上述分析表明，中国是吸引"一带一路"其他节点国家债券投资的目标国家，而新加坡是债券投资的重要投资国。

②特征向量中心性。

表4-21是根据Arcgis软件将不同年份的特征向量中心度依据自然间断点分级法划分为五等，分别对应"一带一路"沿线国家债券投资网络的强

表 4 - 20 "一带一路"债券投资网络加权度前 20 位经济体

排名	2001 年 加权入度	2001 年 加权出度	2010 年 加权入度	2010 年 加权出度	2013 年 加权入度	2013 年 加权出度	2016 年 加权入度	2016 年 加权出度	2018 年 加权入度	2018 年 加权出度
1	马来西亚	新加坡	印度尼西亚	新加坡	马来西亚	新加坡	中国	新加坡	中国	新加坡
2	菲律宾	巴林	印度	巴林	印度	沙特阿拉伯	新加坡	沙特阿拉伯	阿联酋	沙特阿拉伯
3	泰国	捷克	马来西亚	马来西亚	中国	巴林	印度尼西亚	马来西亚	印度	巴林
4	沙特阿拉伯	俄罗斯	土耳其	斯洛伐克	印度尼西亚	马来西亚	马来西亚	泰国	印度尼西亚	马来西亚
5	中国	马来西亚	阿联酋	捷克	阿联酋	捷克	印度	中国	新加坡	中国
6	印度尼西亚	泰国	泰国	科威特	土耳其	斯洛伐克	阿联酋	捷克	马来西亚	泰国
7	印度	菲律宾	菲律宾	泰国	卡塔尔	俄罗斯	卡塔尔	科威特	土耳其	科威特
8	科威特	匈牙利	新加坡	印度尼西亚	菲律宾	科威特	波兰	斯洛伐克	泰国	捷克
9	卡塔尔	印度尼西亚	波兰	俄罗斯	新加坡	泰国	土耳其	菲律宾	卡塔尔	斯洛伐克
10	土耳其	哈萨克斯坦	卡塔尔	菲律宾	俄罗斯	保加利亚	泰国	印度尼西亚	波兰	保加利亚
11	新加坡	斯洛伐克	匈牙利	黎巴嫩	泰国	菲律宾	菲律宾	保加利亚	埃及	哈萨克斯坦
12	乌克兰	爱沙尼亚	沙特阿拉伯	保加利亚	印度尼西亚	印度尼西亚	埃及	波兰	巴林	斯洛文尼亚
13	匈牙利	波兰	中国	斯洛文尼亚	波兰	波兰	斯洛伐克	拉脱维亚	菲律宾	印度尼西亚
14	波兰	黎巴嫩	捷克	爱沙尼亚	乌克兰	哈萨克斯坦	巴林	斯洛文尼亚	捷克	拉脱维亚
15	摩尔多瓦	保加利亚	斯洛伐克	拉脱维亚	匈牙利	匈牙利	捷克	立陶宛	匈牙利	俄罗斯
16	黎巴嫩	乌克兰	巴林	立陶宛	巴林	斯洛文尼亚	匈牙利	匈牙利	斯洛伐克	波兰
17	巴勒斯坦	埃及	俄罗斯	波兰	捷克	拉脱维亚	罗马尼亚	爱沙尼亚	罗马尼亚	匈牙利
18	阿曼	土耳其	斯洛文尼亚	匈牙利	罗马尼亚	立陶宛	俄罗斯	哈萨克斯坦	沙特阿拉伯	罗马尼亚
19	斯洛伐克	沙特阿拉伯	科威特	哈萨克斯坦	斯洛文尼亚	爱沙尼亚	老挝	罗马尼亚	老挝	立陶宛
20	俄罗斯	中国	哈萨克斯坦	埃及	沙特阿拉伯	罗马尼亚	立陶宛	孟加拉国	科威特	爱沙尼亚

中心、次强中心、一般中心、次弱中心和弱中心五个中心等级。由表4-21可知，在2001年、2013年和2018年的三个阶段中，综合实力较强的国家（地区）基本都是网络中的强中心、次强中心，而实力较弱的国家则成为网络中的弱中心和次弱中心。从时间演变来看，强中心和次强中心国家（地区）占比总体呈现上升趋势，一般中心国家（地区）占比逐渐下降，弱中心和次弱中心国家（地区）占比相对较稳定。随着"一带一路"沿线国家间债券投资的联系越来越紧密，综合实力较强的节点国家间债券投资规模远远高于综合实力一般的节点国家间债券投资规模，而贸易往往能使参与双方发挥各自的比较优势，实现利益最大化，促使综合实力较强的节点国家在债券投资网络中的等级逐渐提升或长期处于核心地位。

表4-21 债券投资网络特征向量中心度等级结构演化

年份	类型	范围	国家
2001	强中心	0.600471~1.000000	俄罗斯
	次强中心	0.366696~0.600470	土耳其，波兰，爱沙尼亚，乌克兰
	一般中心	0.192567~0.366695	新加坡，匈牙利，保加利亚，马来西亚，格鲁吉亚，摩尔多瓦，印度尼西亚，立陶宛，克罗地亚，斯洛伐克，菲律宾，印度，罗马尼亚，泰国
	次弱中心	0.052090~0.192566	捷克，拉脱维亚，埃及，卡塔尔，中国，斯里兰卡，哈萨克斯坦
	弱中心	0.000000~0.052089	黎巴嫩，巴林，阿联酋，科威特，阿曼，巴勒斯坦，沙特阿拉伯，阿富汗，阿尔巴尼亚，亚美尼亚，阿塞拜疆，孟加拉国，白俄罗斯，不丹，波黑，文莱，柬埔寨，伊朗，伊拉克，以色列，约旦，吉尔吉斯斯坦，老挝，马尔代夫，蒙古国，缅甸，尼泊尔，塞尔维亚，斯洛文尼亚，叙利亚，塔吉克斯坦，土库曼斯坦，乌兹别克斯坦，越南，也门
2013	强中心	0.728196~1.000000	土耳其，波兰，阿联酋，匈牙利，俄罗斯，印度
	次强中心	0.441256~0.728195	中国，马来西亚，乌克兰，新加坡，哈萨克斯坦，克罗地亚，印度尼西亚，罗马尼亚，斯洛文尼亚，立陶宛，捷克，菲律宾，保加利亚，斯洛伐克，以色列
	一般中心	0.257129~0.441255	越南，卡塔尔，泰国，拉脱维亚，斯里兰卡，白俄罗斯，巴林，爱沙尼亚，蒙古国，沙特阿拉伯，阿尔巴尼亚，巴勒斯坦

续表

年份	类型	范围	国家
2013	次弱中心	0.081528 ~ 0.257128	科威特,埃及,格鲁吉亚,孟加拉国,黎巴嫩,塞尔维亚,阿曼,阿塞拜疆,波黑,亚美尼亚,伊朗,伊拉克,约旦
	弱中心	0.000000 ~ 0.081527	也门,吉尔吉斯斯坦,柬埔寨,土库曼斯坦,老挝,阿富汗,不丹,文莱,马尔代夫,摩尔多瓦,缅甸,尼泊尔,叙利亚,塔吉克斯坦,乌兹别克斯坦
2018	强中心	0.735266 ~ 1.000000	阿联酋,土耳其,印度,印度尼西亚,阿曼,沙特阿拉伯,中国,新加坡,俄罗斯,卡塔尔,匈牙利,巴林,波兰,克罗地亚
	次强中心	0.529211 ~ 0.735265	哈萨克斯坦,捷克,菲律宾,罗马尼亚,埃及,马来西亚,乌克兰,科威特,巴勒斯坦
	一般中心	0.285639 ~ 0.529210	泰国,斯洛文尼亚,黎巴嫩,以色列,阿塞拜疆,斯里兰卡,斯洛伐克,格鲁吉亚,立陶宛,约旦,保加利亚
	次弱中心	0.101489 ~ 0.285638	白俄罗斯,拉脱维亚,孟加拉国,越南,蒙古国,塞尔维亚,马尔代夫,伊拉克,塔吉克斯坦,亚美尼亚,爱沙尼亚
	弱中心	0.000000 ~ 0.101488	波黑,阿尔巴尼亚,尼泊尔,伊朗,缅甸,文莱,柬埔寨,阿富汗,老挝,不丹,吉尔吉斯斯坦,摩尔多瓦,叙利亚,土库曼斯坦,乌兹别克斯坦,也门

4.5 本章小结

本章以"一带一路"沿线国家为例,结合进出口数据、组合投资数据、股权与基金投资份额和债券投资数据集,采用 Gephi 软件逐年计算了样本国家 2001 ~ 2018 年出口贸易网络、组合投资、股权与基金投资份额和债券投资的整体网络特征,并结合地理可视化软件 Arcgis 对样本国家的个体网络特征的时空演化特征进行了展示。结果表明,"一带一路"的节点国家积极开展区域内的双边出口(进口)贸易,网络规模呈增长趋势;"一带一路"的出口（进口）贸易网络密度逐渐增加，节点国家间的出口（进口）贸易联系有待提高；"一带一路"出口贸易"小世界"趋势逐渐凸显，凝聚力不断提高；按照自然间断点分级法分别对"一带一路"沿线国家出口（进口）贸易网络加权度中心性和特征值中心性的等级结构划分，结果发现中国、印度、新加坡处于"一带一路"出口（进口）贸易网络的强中心和次强中心，一般中心、次弱中心和弱中心国家占据绝大部分。此外，我们还发现，"一带一路"沿线国家间资产组合投资关系（股权与基金投资/债券投资）网络规模在大幅度增长；"一带一路"沿线国家资产组合投资（股权与基金投资/债券投资）网络密度逐渐增加；"一带一路"沿线国家资产组合投资和债券投资"小世界"网络特征显现，而股权与基金投资网络的"小世界"网络特征不显著；按照自然间断点分级法对"一带一路"沿线国家组合投资网络、股权与基金投资网络和债券投资网络加权度中心性和特征值中心性的等级结构划分，结果表明在 2001 年、2013 年和 2018 年的三个阶段中，网络核心高度集中在少数国家，等级结构呈现明显的"金字塔"形，网络中核心国家集权趋势明显，中国正成为最大赢家。

第 5 章

"一带一路"国际金融对国际贸易网络的影响：指数随机图模型分析

5.1 引言

本章引入网络关系分析的先进工具——指数随机图模型（Exponential Random Graph Models，ERGM），就"一带一路"沿线国家金融关系网络对国际贸易网络的影响进行实证检验，以期为深入认识国际金融关系在"一带一路"国际贸易网络发展中的重要作用提供经验证据。指数随机图模型是社会网络分析中新兴的发展和推广的关系数据计量模型。ERGM 不同于传统的计量模型（如 Logistic 模型等），它更强调网络中关系与关系之间的依赖性，即一条关系出现的概率取决于其他关系是否出现。因此，ERGM 的目的并非仅是预测一条关系出现的概率，而是在给定网络中其他关系时一条关系出现的条件概率；而且，ERGM 不同于网络统计指标仅分析和描述某方面的网络结构特征，也不同于块模型和核心——边缘模型等仅针对单一网络结构进行分析的网络模型，而是同时考虑多个层次的网络结构变量来探究网络结构及其形成过程（吴钢，2013）。

5.2 研究设计

5.2.1　指数随机图模型的构建方法

假定一个国际贸易网络有 n 个节（顶）点：$V = \{1, \cdots, n\}$，M 条可能边；$M = \{(i, j): i, j \in V, i \neq j\}$。$G = (V, E)$ 表示真实的国际贸易网络，E 为国际贸易网络中真实存在的边，则 E 为 M 中的一个子集。首先针对集合 M 中的元素 (i, j) 来建立一个随机变量 Y_{ij}，当 $(i, j) \in E$，令 $y_{ij} = 1$；如果 $(i, j) \notin E$，则令 $y_{ij} = 0$。以上关系变量可统一归置到随机的邻接矩阵中，所有邻接矩阵的可能集表示为 Y，而其中一个随机邻接矩阵可表示为 $y = [y_{ij}]$，可用 $\Pr(Y = y | \theta)$ 来表示在 θ 条件下 y 在可能集 Y 中出现的概率。根据罗宾斯等（Robins et al., 2007）和吴钢（2013）等的成果，假设所观测国际贸易网络 y 的概率取决于不同种类的网络结构统计量，ERGM 模型的一般形式可表达为：

$$\Pr(Y = y | \theta) \equiv P_\theta(y) = \frac{1}{\kappa} \exp\{\theta^T z(y) + \theta_a^T z_a(y, x) + \theta_b^T z_b(y, g)\}$$

$$(5.1)$$

其中，$z(y)$ 表示一系列可能影响国际贸易网络关系形成的内生网络结构变量，$z_a(y, x)$ 表示一系列影响网络结构的节点属性变量，$z_b(y, g)$ 则表示一系列影响网络结构的外生网络协变量。与之相应，θ、θ_a 和 θ_b 分别表示纯网络结构变量、节点属性变量以及与其他外生网络协变量的估计参数向量，这些估计参数如果能够满足统计学意义的显著性检验，则表明该变量对国际贸易网络关系的形成和组织构建具有重要影响。估计参数的正负性表明了在控制其他条件的情况下，网络中该种结构出现的概率比随机预期更多或更少。而 $k(\theta)$ 是一个分布的标准化常量，该参数主要用于确保模型具有适当的概率分布。在 R 软件中通过 Statnet 软件包进行 ERGM 参数模拟与估计时，可供选择的网络结构统计量多达 118 种，具体用法参见 ERGM 程序包的使用说明。我们根据研究的需要和反复调试，最终选择内生纯结构变量、属性变量和网络协变量，见表 5 - 1。

表 5 - 1　　　　　　　有向网络 ERGM 的内生和外生网络结构变量

类别	变量	作用	结构示意图	统计量计算公式	假设检验
内生网络结构变量	Edges	截距效应	○ ⟶ ○	$\sum_{ij} y_{ij}$	类似回归模型中常数项
	Mutual	互惠效应	○ ⟷ ○	$\sum_{ij} y_{ij} y_{ji}$	是否会增加双边互惠性贸易的概率
个体属性协变量	Main（x）	主效应	○ ⟶ ○	$\sum_{ij} y_{ij}(x_i + x_j)$	带有 x 属性的节点是否具有较高的贸易网络扩张性
	Diff（x）	差值效应	● ⟶ ●	$\sum_{ij} y_{ij} \lvert x_i - x_j \rvert$	x 属性差别大的国家是否更倾向于贸易
	Homp（x）	同配效应	● ⟷ ●	$\sum_{ij} y_{ij} x_i x_j$	具有相同 x 属性的国家是否更易发生贸易关系
	Send（x）	发出效应	● ⟶ ○	$\sum_{ij} x_i y_{ij}$	具有 x 属性的国家是否更为活跃而拥有更多的出连接
	Recv（x）	接收效应	○ ⟶ ●	$\sum_{ij} x_j y_{ji}$	具有 x 属性的国家是否更受欢迎而拥有更多的入链接
外生网络协变量	Netc（x）	协同效应	● ⇢ ●	$\sum_{ij} y_{ij} g_{ij}$	具有某种关系的国家是否会增大贸易关系发生的概率

注：结构示意图和统计量根据 Lusher et al.（2013）和杨冠灿等（2018）整理得到。

（1）ERGM 内生网络结构变量。

纯网络结构变量主要用于检验和控制网络内生的自组织特征（即纯网络效应）。本书选择有向边数（Edges）、互惠边数（Mutual）两个内生网络结构变量进入模型[1]。如果 ERGMs 中的网络结构统计量仅考虑该边数（ed-

---

[1]　由于交互 K 三角（alternating k - stringles）和交互 K - 2 路（multiple 2 - paths）等内生结构变量的参数估计过程中不收敛，本书没有阐述相关变量的含义以及相应的估计结果。

ges）作为解释变量，这样的 ERGMs 模型也称为贝努力模型（Bernoulli model）；在有向网络的 ERGMs 中互惠性（Mutual）参数估计值显著为正，表明有向网络中的节点间存在互惠关系。

（2）ERGM 外生节点属性变量。

节点属性变量可用来考察节点属性的主效应、差值效应、同质效应、发送和接收效应等。其中，主效应（main effects）主要是用来测量节点连续型属性特征汇总对网络关系形成的影响，本章主要关注样本国家的贸易自由化 ［Main（tradefree）］、投资自由化 ［Main（invfree）］ 和金融自由化 ［Main（finfree）］ 水平对国际贸易网络形成的影响。

差值效应（absolute difference effects）主要用来测度不同节点对所对应的连续型属性值的差异特征对网络关系形成产生影响。本章主要关注样本国家人口差异 ［Diff（pop）］、经济发展水平差异 ［Diff（gdp）］ 和国土面积差异 ［Diff（area）］ 对国际贸易网络形成的影响。

同配效应（homophily）主要用来测度不同节点的属性同质性是否会对网络关系的形成产生影响。本章中，我们按照经济发展水平（gdp）和人口规模（pop）进行排序，各取 1/3 样本，分为高（high）、中（mid）、低（low）三类，考察这些属性接近的样本国家之间是否更倾向于群组间出口或是进口。

发送效应（sender effects）测量网络中具有某种特殊属性的行为者相比其他行为者发送出更多关系的程度，接收效应（recviver effects）测量具有特定属性的行为者拥有接收关系倾向的程度。本章主要考虑样本国家的经济发展水平（gdp）、人口规模（pop）和国土面积（area）3 种属性变量的发出效应和接收效应。

（3）ERGM 外生网络协变量。

网络协变量（covariate network）统计量主要检验外部网络关系对于国际贸易网络关系形成的解释力和推动作用。本章同时考虑区域贸易协定关系网络 ［Netc（rtawto）］、地理距离网络 ［Netc（distw）］、资产组合投资 ［Netc（TPI）］ 股权与基金份额 ［Netc（EIFS）］、和债券投资 ［Netc（TDS）］ 3 种国际金融关系对国际贸易网络的影响。

5.2.2　指数随机图模型的参数模拟与诊断方法

指数随机图模型的参数估计方法主要有两种，一种是采用极大伪似然估计（Maximum Pseudo Likelihood Estimation，MPLE），该方法的缺陷在于它违背了关系数据变量之间的依赖性假设，导致估计结果可能有偏（Carrington et al.，2005）；另外一种方法是马尔可夫链蒙特卡罗极大似然估计法（Markov Chain Monte Carlo Maximum Likelihood Estimation，MCMC MLE），该方法的一个特点是通过不断对模型进行模拟和参数修正使得模型参数的估计值最终趋于稳定。综合权衡，本章选择后一种方法进行参数估计。

对于 ERGM 模型的拟合效果进行评估也有两大类方法：一种方式通过拟合优度（Goodness of Fit，GOF）进行检验；另外一种方式是根据赤池信息准则（Akaike Information Criterion，AIC）和贝叶斯信息准则（Bayesian Information Criterion，BIC）的最小化择优选取 ERGM 模型的具体形式（Hunter et al.，2008）。其中，$AIC = 2k - 2\ln(L)$，$BIC = \ln(n) \times k - 2\ln(L)$，$L$ 为模型的对数似然值，n 为样本量，k 为模型的变量个数。AIC 和 BIC 准则在评价模型的过程中可兼顾其简洁性和精确性，避免模型包含的解释变量过多而出现的过度拟合问题（吴钢，2013）。

5.2.3　变量说明与数据来源

本章研究的样本国家为"一带一路"沿线 61 个国家（见表 4 - 1）。样本国家进口和出口贸易数据来源于联合国统计署发布的 UNComtrade_SITC 数据集；样本国家资产组合投资（total potfolio investment）数据集、股权与基金份额投资（equity and investment fund shares）数据集和债券投资（total debt securities）数据集来源于国际货币基金组织（IMF）发布的（Coordinated Portfolio Investment Survey，CPIS）数据集①；地理距离数据、区域贸易协

---

①　CPIS 网址为：https：//data. imf. org/regular. aspx？key = 60587812。

定（RTA）数据均来源于法国世界经济研究中心（CEPII）的 Gravdata 数据集；GDP、人口和国土面积等基础数据均来源于世界银行数据库；贸易自由化、投资自由化和金融自由化衡量数据来源于全球遗产基金会（Global Heritage Fund）提供的数据库。

5.3　实证结果与解释

5.3.1　基于完全流量贸易网络的实证分析

（1）完全贸易网络的 ERGM 估计（2018 年）。

为了揭示"一带一路"国际金融关系协变量（即国际金融网络）对国际贸易网络的影响效果，我们采用逐步回归的策略寻求最佳的 ERGM 估计模型。表 5 - 2 中 M（1a）是在互惠 p＊模型[①]的基础上，逐步增加节点属性协变量、外生网络协变量的基础上考察不同的金融关系网络对出口完全网络的影响。我们以 2018 年为例，首先，结果显示，包含节点属性特征模型的赤池信息准则值（Akaike Information Criterion，AIC）和施瓦茨或贝叶斯信息准则值（Bayesian Information Criterion，BIC）仅考虑网络内生结构变量和网络外生变量，然后增加网络节点属性变量进行回归要比不包含属性特征的模型得到的对应的 AIC 值和 BIC 值都要低，这表明同时考虑节点属性变量、网络内生结构变量和外生网络协变量的估计模型是最优选择。根据这一策略，结合 R 软件可得到对三个国际金融关系网络分别影响样本国家出口贸易网络的估计，见表 5 - 2 中 M（1a）~ M（3a），三个金融关系影响进口网络的估计结果见表 5 - 2 中 M（1b）~ M（3b）。

---

① 如果 ERGM 中的网络结构统计量仅考虑 Edges 和 Mutual，则这样的模型被认为是二元独立模型（dyadic independence model）的最简单形式，也称为互惠 p＊模型。

表 5 - 2　基于完全贸易网络的 ERGM 估计结果（2018 年）

变量	出口完全网络						进口完全网络					
	M（1a）		M（2a）		M（3a）		M（1b）		M（2b）		M（3b）	
	系数	P 值	系数	P 值	系数	P 值	系数	P 值	系数	P 值	系数	P 值
Edges	-3.4409***	0.0326	-3.4900***	0.0322	-3.3314***	0.0333	-3.2954***	0.0356	-3.3980***	0.0359	-3.2499***	0.0352
Mutual	1.2720***	0.0057	1.2525***	0.0056	1.2626***	0.0057	1.1743***	0.0062	1.1817***	0.0064	1.1722***	0.0063
Main（tradefree）	0.0196***	0.0002	0.0195***	0.0002	0.0192***	0.0002	0.0179***	0.0003	0.0186***	0.0003	0.0182***	0.0003
Main（invfree）	0.0055***	0.0002	0.0064***	0.0002	0.0059***	0.0002	0.0107***	0.0002	0.0116***	0.0002	0.0109***	0.0002
Main（finfree）	0.0144***	0.0002	0.0140***	0.0002	0.0135***	0.0002	0.0083***	0.0002	0.0073***	0.0002	0.0073***	0.0002
Diff（pop）	0.0009**	0.0000	0.0009*	0.0000	0.0008	0.0000	0.0017	0.0000	0.0017	0.0000	0.0016	0.0000
Diff（gdp）	0.0000**	0.0000	0.0000**	0.0000	0.0000**	0.0000	0.0000***	0.0000	0.0000***	0.0000	0.0000***	0.0000
Diff（area）	0.0000***	0.0000	0.0000***	0.0000	0.0000***	0.0000	0.0000***	0.0000	0.0000***	0.0000	0.0000***	0.0000
Homp（gdphigh）	-0.5167***	0.0086	-0.4864***	0.0086	-0.5314***	0.0085	-0.5701***	0.0085	-0.5355***	0.0083	-0.6050***	0.0085
Homp（gdplow）	-0.0438***	0.0054	-0.0176***	0.0056	-0.0434***	0.0055	0.0384***	0.0059	0.0295***	0.0058	0.0289***	0.0059
Homp（pophigh）	0.1669***	0.0075	0.1736***	0.0074	0.1698***	0.0075	0.1429***	0.0075	0.1534***	0.0074	0.1551***	0.0076
Homp（poplow）	0.0265***	0.0056	0.0186***	0.0055	0.0319***	0.0055	0.0674***	0.0060	0.0798***	0.0061	0.0701***	0.0061
Send（gdphigh）	-0.0064	0.0104	0.0835***	0.0104	-0.0375***	0.0105	0.1617***	0.0109	0.2367***	0.0107	0.1128***	0.0107
Send（pophigh）	0.8453***	0.0112	0.8522***	0.0112	0.8597***	0.0114	1.3900***	0.0114	1.3768***	0.0111	1.4178***	0.0115
Send（areahigh）	0.0849***	0.0085	0.0938***	0.0087	0.0881***	0.0088	-0.7731***	0.0088	-0.7579***	0.0086	-0.7880***	0.0089
Recv（gdplow）	-1.0292***	0.0066	-1.0330***	0.0064	-1.0154***	0.0064	-0.5627***	0.0069	-0.5755***	0.0070	-0.5480***	0.0068

续表

变量	出口完全网络						进口完全网络					
	M(1a)		M(2a)		M(3a)		M(1b)		M(2b)		M(3b)	
	系数	P值	系数	P值	系数	P值	系数	P值	系数	P值	系数	P值
Recv（poplow）	-0.1533***	0.0087	-0.1690***	0.0088	-0.1599***	0.0087	0.3156***	0.0095	0.3382***	0.0097	0.3352***	0.0095
Recv（arealow）	-0.3403***	0.0080	-0.3304***	0.0084	-0.3330***	0.0084	-0.2819***	0.0090	-0.3006***	0.0091	-0.2794***	0.0091
Netc（rtawto）	1.2960***	0.0135	1.3203***	0.0140	1.3084***	0.0137	0.8820***	0.0125	0.9037***	0.0131	0.8510***	0.0130
Netc（distw）	-0.0001***	0.0000	-0.0001***	0.0000	-0.0001***	0.0000	-0.0001***	0.0000	-0.0001***	0.0000	-0.0001***	0.0000
Netc（TPI）	0.0188***	0.0003					0.0229***	0.0004				
Netc（EIFS）			0.0127***	0.0004					0.0096***	0.0004		
Netc（TDS）					0.1041***	0.0028					0.1167***	0.0046
AIC	2284		2290		2281		2136		2144		2134	
BIC	2415		2420		2411		2266		2274		2265	

注：*** 、 ** 、 * 分别表示1%、5%、10%的显著性水平。

首先，从表 5 -2 中内生网络结构变量来看，变量 Edges 的估计参数在模型 M（1a）~ M（3a）和 M（1b）~ M（3b）均为负数，证实了出口网络和进口网络关系不是随机形成的，因此，进一步分析各种网络关系形成的影响因素是有意义的（盛科荣等，2019）；变量 Mutual 的估计系数在 M（1a）~ M（3a）和 M（1b）~ M（3b）中均显著为正，表明样本国家之间出口贸易行为和进口贸易行为均是相互的，不同样本国家在对外出口商品的同时，也会从其他国家进口商品，符合"一带一路"经贸实情。

其次，从外生网络协变量来看，M（1a）~ M（3a）和 M（1b）~ M（3b）中变量 Netc（rtawto）的估计参数为正数，这表明签订地区贸易协定有助于这些样本国家建立起更紧密的出口贸易关联和进口贸易关联；而相反，M（1a）~ M（3a）和 M（1b）~ M（3b）中变量 Netc（distw）的估计参数均为负，这表明空间地理距离越远越不利于样本国家结成紧密的出口网络或进口网络。不过本书的实证结果表明，该估计参数非常小，若是省略到小数点后 3 位，则接近于 0；若是省略到小数点后 4 位，也是接近于 - 0.0001，这意味着地理距离已经不再是阻止跨国或跨区域进出口贸易的主要因素了。进一步观察我们感兴趣的变量，变量 Netc（TPI）的估计参数分别为 0.0188 和 0.0229，且在 1% 的显著性水平下通过了 Z 检验，这表明资产组合投资网络的发展有助于"一带一路"出口和进口贸易完全网络的发展。进一步细分，可知变量 Netc（EIFS）和变量 Netc（TDS）的估计参数均为正数，且都在 1% 的显著性水平下通过了 Z 检验，这表明股权和基金份额投资网络和债券投资网络均有助于"一带一路"沿线国家出口贸易网络和进口贸易网络的发展。

最后，从个体属性协变量来看，在主效应方面，M（1a）~ M（3a）和 M（1b）~ M（3b）中变量 Main（tradefree）、变量 Main（invfree）和变量 Main（finfree）的估计参数均在 1% 的显著性水平下为正数，这表明贸易自由化、投资自由化和金融自由化发展水平对"一带一路"沿线国家的出口和进口网络的形成具有显著的促进作用，这里结论与许和连等（2016）关于高端制造业出口网络的研究结果具有一致性。在差值效应方面，M（1a）~ M（3a）和 M（1b）~ M（3b）中变量 Diff（gdp）、Diff（pop）和 Diff（area）的估计系数显著，但接近于0[①]，这表明样本国家的国内生产总值、人口规模和国土面积的差异对样本国家双边出口和进口贸易关系形成的影响较为微弱。在同配效应方面，M（1a）～M（3a）和 M（1b）～M（3b）中变量 Homp（gdphigh）估计系数为负，表明"一带一路"GDP 大国之间的出口和进口倾向均较低；M（1a）～M（3a）中变量 Homp（gdplow）估计参数为负值，而M（1b）～M（3b）中变量 Homp（gdplow）的估计系数显著为正值，表明GDP 小国之间出口倾向较小，而进口倾向较大；M（1a）～M（3a）和 M（1b）～M（3b）中变量 Homp（pophigh）和变量 Homp（gdplow）的估计系数均为正，一定程度上表明，人口大国之间相互出口和相互进口的倾向均较大；人口小国之间也有类似特征。在发送效应方面，M（2a）和 M（1b）～M（3b）中变量 Send（gdphigh）的估计参数均为正，一定程度上表明 GDP 大国在出口和进口中表现得较受欢迎、出链接较多；M（1a）～M（3a）和 M（1b）～M（3b）中变量 Send（pophigh）的大多数估计参数均为正，表明人口大国在出口和进口中表现得较受欢迎、出链接较多；M（1a）～M（3a）中变量 Send（areahigh）的估计参数为正，而在 M（1b）～M（3b）中变量 Send（areahigh）的估计参数均为负，这表明国土面积大国在出口中较为活跃，但其在进口中则刚好相反。在接收效应方面，在 M（1a）～M（3a）和 M（1b）～M（3b）中变量 Recv（gdplow）和 Recv（arealow）的估计参数均为负数，这表明 GDP 小国和面积小国在出口和进口中均表现得不够活跃、入链接较少；在 M（1a）～M（3a）中变量 Recv（poplow）的估计参数均为负数，在 M（1b）～M（3b）中变量 Recv（poplow）的估计参数均为正数，这表明人口小国在出口中均表现得不够活跃、入链接较少，而在进口中均表现得较为活跃而拥有较多的入链接。

（2）不同时期的完全贸易网络的 ERGM 估计比较。

为了比较不同样本时期结果的差异，我们进一步采用类似的策略，构建2001 年和 2013 年的完全贸易网络，并进一步比较 2001 年、2013 年和 2018年的参数结果，核心结果见表 5 - 3。根据表 5 - 3 可知，2001 年、2013 年

---

① 表5 - 2 中 Diff（pop）、Diff（area）和 Diff（area）部分参数在保留 4 位数时为零，实际结果为比 0 大的非常小的正数。

表5-3 不同年份完全贸易网络的ERGM估计结果

年份	变量	出口完全网络 M(1a) 参数	P值	M(2a) 参数	P值	M(3a) 参数	P值	进口完全网络 M(1b) 参数	P值	M(2b) 参数	P值	M(3b) 参数	P值
2001	…	…	…	…	…	…	…	…	…	…	…	…	…
	Netc (rtawto)	0.8206 ***	0.0095	0.8243 ***	0.0094	0.8111 ***	0.0095	0.7592 ***	0.0080	0.7645 ***	0.0081	0.7665 ***	0.0080
	Netc (distw)	-0.00003 **	0.00001	-0.00003 **	0.00001	-0.00003 **	0.00001	-0.00002	0.00001	-0.00002	0.00001	-0.00002	0.00001
	Netc (TPI)	0.0003	0.0011					0.0009	0.0016				
	Netc (EIFS)			0.0601	0.0373					0.0101	0.0082		
	Netc (TDS)					0.0008	0.0024					0.0016	0.0028
	AIC	3535		3527		3536		3974		3970		3972	
	BIC	3585		3576		3585		4024		4020		4022	
2013	…	…	…	…	…	…	…	…	…	…	…	…	…
	Netc (rtawto)	1.1559 ***	0.0347	1.2200 ***	0.0351	1.1609 ***	0.0345	0.8823 ***	0.0149	0.9921 ***	0.0135	0.9665 ***	0.0143
	Netc (distw)	-0.0002 ***	0.0000	-0.0002 ***	0.0000	-0.0002 ***	0.0000	-0.0001 ***	0.0000	-0.0001 ***	0.0000	-0.0001 ***	0.0000
	Netc (TPI)	0.0995 ***	0.0114					2.8483 ***	0.0008				
	Netc (EIFS)			0.0913 ***	0.0089					0.0185 ***	0.0008		
	Netc (TDS)					0.6688 ***	0.0600					2.3766 ***	0.0786
	AIC	1554		1553		1548		2014		2037		2020	
	BIC	1681		1681		1676		2145		2168		2151	

续表

年份	变量	出口完全网络						进口完全网络					
		M（1a）		M（2a）		M（3a）		M（1b）		M（2b）		M（3b）	
		参数	P值	参数	P值	参数	P值	参数	P值	参数	P值	参数	P值
2018	…	…	…	…	…	…	…	…	…	…	…	…	…
	Netc（rtawto）	1.2960***	0.0135	1.3203***	0.0140	1.3084***	0.0137	0.8820***	0.0125	0.9037***	0.0131	0.8510***	0.0130
	Netc（distw）	-0.0001***	0.0000	-0.0001***	0.0000	-0.0001***	0.0000	-0.0001***	0.0000	-0.0001***	0.0000	-0.0001***	0.0000
	Netc（TPI）	0.0188***	0.0003					0.0229***	0.0004				
	Netc（EIFS）			0.0127***	0.0004					0.0096***	0.0004		
	Netc（TDS）					0.1041***	0.0028					0.1167***	0.0046
	AIC	2284		2290		2281		2136		2144		2134	
	BIC	2415		2420		2411		2266		2274		2265	

注：***、**、*分别表示1%、5%、10%的显著性水平。

和 2018 年的估计模型中，变量 Netc（rtawto）的估计参数均显著为正数，而变量 Netc（distw）的估计参数均显著为负数，这意味着不同时间维度下加入世界贸易组织有助于"一带一路"沿线形成更加紧密的关系网络；而其中的空间地理距离的阻隔也对"一带一路"沿线国家结成更加紧密的出口和进口贸易网络有着一定程度的阻隔作用，但这种作用程度其实都非常微小。进一步分析三个金融网络关系变量可知，2001 年的估计模型中变量 Netc（TPI）、Netc（EIFS）和 Netc（TDS）的估计参数均为正，但不满足统计显著性检验，因此资产组合投资网络、股权与投资基金网络和债券网络对国际出口贸易网络和进口贸易网络的作用没有得到完全证实。随着时间的推移，我们以 2013 年的样本数据进行回归，结果发现，在 2013 年的估计模型中变量 Netc（TPI）、变量 Netc（EIFS）和变量 Netc（TDS）的估计参数均为正，且满足统计显著性检验，因而证实了资产组合投资网络、股权与投资基金网络和债券网络同时有助于国际出口贸易网络和进口贸易网络的发展。进一步，在 2018 年的估计模型中变量 Netc（TPI）、变量 Netc（EIFS）和变量 Netc（TDS）的估计参数也均为正，且满足统计显著性检验，进一步证实了资产组合投资网络、股权与投资基金投资网络和债券投资网络同时有助于国际出口贸易网络和进口贸易网络的发展。

5.3.2 基于分位流量等级贸易网络的实证分析

为进一步比较分析国际金融关系网络对不同流量等级贸易网络形成的影响，我们首先将 2018 年的样本按照 1/4 分位数 Q1（V < 59 千美元）和 3/4 分位数 Q3（V ≥ 103735 千美元）作为门限值分别构建新的低流量出口贸易网络和高流量出口贸易网络，按照 1/4 分位数 Q1（V = 100.25 千美元）和 3/4 分位数 Q3（V = 11356.5 千美元）作为门限值分别构建新的低流量（用 low 的首字母 l 表示）进口贸易网络和高流量（用 hgih 的首字母 h 表示）进口贸易网络，表 5 - 4 是低流量贸易网络的 ERGM 的估计结果；表 5 - 5 是高流量的贸易网络的 ERGM 估计结果。

表 5 - 4　低流量等级贸易网络的 ERGM 估计结果（2018 年）

变量	出口贸易网络						进口贸易网络					
	M(4a-1)		M(5a-1)		M(6a-1)		M(4b-1)		M(5b-1)		M(6b-1)	
	参数	P值	参数	P值	参数	P值	参数	P值	参数	P值	参数	P值
Edges	-4.1858***	0.0298	-4.2148***	0.0308	-4.0886***	0.0317	-5.1575***	0.0301	-5.2985***	0.0304	-5.1124***	0.0303
Mutual	1.4838***	0.0050	1.4868***	0.0050	1.5037***	0.0051	0.9794***	0.0049	0.9841***	0.0048	0.9788***	0.0049
Main（tradefree）	0.0245***	0.0002	0.0243***	0.0002	0.0237***	0.0002	0.0337***	0.0002	0.0340***	0.0002	0.0335***	0.0002
Main（invfree）	0.0085***	0.0002	0.0085***	0.0002	0.0087***	0.0002	0.0086***	0.0001	0.0090***	0.0002	0.0087***	0.0001
Main（finfree）	0.0050***	0.0002	0.0056***	0.0002	0.0049***	0.0002	0.0008***	0.0002	0.0010***	0.0002	0.0006***	0.0002
Diff（pop）	0.0004***	0.0000	0.0004***	0.0000	0.0004***	0.0000	0.0012***	0.0000	0.0013***	0.0000	0.0013***	0.0000
Diff（gdp）	0.0000**	0.0000	0.0000**	0.0000	0.0000**	0.0000	0.0000	0.0000	0.0000	0.0000	0.0000	0.0000
Diff（area）	0.0000**	0.0000	0.0000***	0.0000	0.0000***	0.0000	0.0000**	0.0000	0.0000***	0.0000	0.0000**	0.0000
Homp（gdphigh）	-0.6004***	0.0075	-0.5797***	0.0075	-0.6019***	0.0075	-0.5836***	0.0068	-0.5421***	0.0068	-0.5816***	0.0070
Homp（gdplow）	0.1059***	0.0050	0.1142***	0.0050	0.1210***	0.0051	0.2533***	0.0046	0.2541***	0.0045	0.2466***	0.0047
Homp（pophigh）	0.0397***	0.0067	0.0404***	0.0066	0.0599***	0.0066	-0.0816***	0.0060	-0.0785***	0.0062	-0.0783***	0.0060
Homp（poplow）	0.0970***	0.0049	0.0985***	0.0050	0.0827***	0.0049	0.0409***	0.0047	0.0474***	0.0047	0.0485***	0.0046
Send（gdphigh）	0.1447***	0.0093	0.1862***	0.0091	0.1452***	0.0092	0.9878***	0.0090	1.0789***	0.0089	0.9389***	0.0092
Send（pophigh）	0.6214***	0.0098	0.6151***	0.0101	0.6231***	0.0103	1.3003***	0.0094	1.2873***	0.0096	1.3496***	0.0095
Send（areahigh）	0.2929***	0.0077	0.3062***	0.0077	0.3056***	0.0079	-0.7116***	0.0073	-0.7019***	0.0074	-0.7328***	0.0073
Recv（gdplow）	-1.3119***	0.0056	-1.3330***	0.0056	-1.3098***	0.0057	-0.4647***	0.0054	-0.4884***	0.0054	-0.4508***	0.0055

续表

变量	出口贸易网络						进口贸易网络					
	M(4a-1)		M(5a-1)		M(6a-1)		M(4b-1)		M(5b-1)		M(6b-1)	
	参数	P 值	参数	P 值	参数	P 值	参数	P 值	参数	P 值	参数	P 值
Recv (poplow)	-0.2281***	0.0077	-0.2119	0.0076	-0.2319***	0.0077	-0.1262***	0.0070	-0.1055***	0.0073	-0.1318***	0.0073
Recv (arealow)	-0.1890***	0.0071	-0.2020***	0.0072	-0.1869***	0.0071	-0.3031***	0.0066	-0.3130***	0.0068	-0.2982***	0.0065
Netc (rtawto)	1.3438***	0.0109	1.3613***	0.0109	1.2967***	0.0109	1.0481***	0.0099	1.1022***	0.0099	1.0172***	0.0101
Netc (distw)	-0.0001***	0.0000	-0.0001***	0.0000	-0.0001***	0.0000	-0.0001***	0.0000	-0.0001***	0.0000	-0.0001***	0.0000
Netc (TPI)	0.0052***	0.0002					0.0168***	0.0003				
Netc (EIFS)			0.0012***	0.0001					0.0037***	0.0001		
Netc (TDS)					0.0053***	0.0002					0.0522***	0.0014
AIC	2616		2621		2619		2779		2790		2776	
BIC	2746		2752		2750		2909		2920		2907	

注：***、**、* 分别表示 1%、5%、10% 的显著性水平。

（1）同一时期低流量贸易网络的实证分析（2018年）。

首先，从表5－4中内生网络结构变量来看，M（4a－1）～M（6a－1）和M（4b－1）～M（6b－1）中变量 Edges 的估计参数均为负数，进一步证实了国际贸易网络关系形成的非随机性；M（4a－1）～M（6a－1）和 M（4b－1）～M（6b－1）中变量 Mutual 的估计系数均显著为正，进一步证实了低流量等级样本国家之间的出口和进口贸易关系是相互依存的。

其次，从表5－4中外生网络协变量来看，M（4a－1）～M（6a－1）、M（4b－1）～M（4b－1）中变量 Netc（rtawto）的估计参数为正数，而变量 Netc（distw）的估计参数为负数，这表明签订有地区贸易协定有助于这些样本国家建立起更紧密的出口贸易关联和进口贸易关联；而相反，空间地理距离与样本国家的低流量的出口网络和进口网络的形成和发展负相关。M（4a－1）～M（6a－1）和 M（4b－1）～M（4b－1）中资产组合投资网络 Netc（TPI）有助于低流量的出口和进口贸易网络的发展，股权与投资基金投资网络 Netc（EIFS）和债券投资网络 Netc（TDS）均有助于低流量的出口贸易网络和进口贸易网络的发展。

最后，从表5－4中个体属性变量来看，在主效应方面，M（4a－1）～M（6a－1）和 M（4b－1）～M（6b－1）中变量 Main（tradefree）、Main（invfree）和 Main（finfree）的估计参数均显著为正，表明样本国家贸易自由化、投资自由化和金融自由化对低流量的出口和进口贸易均具有显著的促进作用；在差值效应方面，变量 Diff（gdp）、Diff（pop）和 Diff（area）在 M（4a－1）～M（6a－1）和 M（4b－1）～M（6b－1）中的估计系数显著为正值，这表明样本国家 GDP、人口数量和国土面积的差异有利于样本国家建立低流量的双边出口和进口贸易关系。在同配效应方面，变量 Homp（gdphigh）在 M（4a－1）～M（6a－1）和 M（4b－1）～M（6b－1）中的估计系数为负，变量 Homp（gdplow）在 M（4a－1）～M（6a－1）和 M（4b－1）～M（6b－1）中的估计系数均为正，表明 GDP 大国之间低流量的出口和进口倾向较小，而 GDP 小国之间低流量的出口和进口倾向较大；变量 Homp（pophigh）和 Homp（poplow）在 M（4a－1）～M（6a－1）中的影响系数均为正，变量 Homp（pophigh）和 Homp（poplow）在 M（4b－1）～M（6b－1）中的影响系数分别为负数或正数，一定程度上表明，人口大国之间低流量进口贸易倾向较小、人口小国之间低流量进口贸易倾向较大。在发送效应方面，变量 Send（gdphigh）和 Send（pophigh）在 M(4a－l)～M(6a－l)、M(4b－l)～M(6b－l) 中均为正，这表明，GDP 大国和人口大国在低流量的出口和进口贸易中均为受欢迎，而拥有更多的出链接；变量 Send（areahigh）在 M(4a－l)～M(6a－l) 中均显著为正，而在 M(4b－l)～M(6b－l) 中显著为负，表明面积大国在低流量出口贸易中很受欢迎，而在低流量的进口贸易中表现得不够活跃。在接收效应方面，变量 Recv（gdplow）、变量 Recv(poplow) 和变量 Rec（arealow）在 M(4a－l)～M(6a－l)、M(4b－l)～M(6b－l) 中均为负数，这表明 GDP 小国、人口小国和面积小国在低流量的出口贸易和进口贸易中均表现得不够活跃。

（2）同一时期高流量贸易网络的实证分析（2018 年）。

首先，从表 5－5 中内生网络结构变量来看，从主效应方面，M(4a－h)～M(6a－h) 和 M(4b－h)～M(6b－h) 中变量 Edges 的估计参数均为负数，进一步证实了高流量的出口和进口贸易网络关系形成的非随机性；M(4a－h)～M(6a－h) 和 M(4b－h)～M(6b－h) 中变量 Mutual 的估计系数均显著为正，进一步证实了样本国家之间高流量出口贸易和进口贸易关系是相互依存的。

其次，从表 5－5 中外生网络协变量来看，M(4a－h)～M(6a－h) 和 M(4b－h)～M(6b－h) 中变量 Netc（rtawto）的估计参数为正数，而变量 Netc（distw）的估计参数为负数，这表明签订地区贸易协定有助于这些样本国家建立起更紧密的出口贸易关联和进口贸易关联；相反，空间地理距离与样本国家的出口网络和进口网络的形成和发展负相关。M(4a－h)～M(6a－h) 和 M(4b－l)～M(6b－l) 中资产组合投资网络 Netc（TPI）、股权与基金份额投资网络 Netc（EIFS）和债券投资网络 Netc（TDS）均有助于 "一带一路" 高流量的出口和进口贸易网络的发展。

最后，从表 5－5 中个体属性变量来看，在主效应方面，M(4a－h)～M(6a－h) 和 M(4b－h)～M(6b－h) 中变量 Main（tradefree）和 Main（finfree）的估计参数均显著为正，表明样本国家贸易自由化和金融自由化对高

表 5 - 5　　高流量等级贸易网络的 ERGM 估计结果 (2018 年)

变量	出口贸易网络						进口贸易网络					
	M (4a - h)		M (5a - h)		M (6a - h)		M (4b - h)		M (5b - h)		M (6b - h)	
	参数	P 值	参数	P 值	参数	P 值	参数	P 值	参数	P 值	参数	P 值
Edges	-6.8927 ***	0.0006	-7.3398 ***	0.0008	-6.9208 ***	0.0005	-9.4645 ***	0.0015	-9.5991 ***	0.0013	-9.5540 ***	0.0007
Mutual	1.9259 ***	0.0092	1.9873 ***	0.0095	1.9139 ***	0.0090	2.0400 ***	0.0093	2.1103 ***	0.0094	2.0464 ***	0.0093
Main（tradefree）	0.0282 ***	0.0002	0.0300 ***	0.0002	0.0284 ***	0.0002	0.0417 ***	0.0002	0.0406 ***	0.0002	0.0424 ***	0.0002
Main（invfree）	-0.0073 ***	0.0002	-0.0084 ***	0.0002	-0.0077 ***	0.0002	-0.0073 ***	0.0003	-0.0087 ***	0.0003	-0.0076 ***	0.0003
Main（finfree）	0.0130 ***	0.0003	0.0153 ***	0.0003	0.0133 ***	0.0003	0.0071 ***	0.0003	0.0128 ***	0.0003	0.0072 ***	0.0003
Diff（pop）	0.0002 ***	0.0000	0.0002 ***	0.0000	0.0002 ***	0.0000	0.0002 ***	0.0000	0.0002 ***	0.0000	0.0002 ***	0.0000
Diff（gdp）	0.0000 ***	0.0000	0.0000 ***	0.0000	0.0000 ***	0.0000	0.0000 ***	0.0000	0.0000 ***	0.0000	0.0000 ***	0.0000
Diff（area）	0.0000 ***	0.0000	0.0000 ***	0.0000	0.0000 ***	0.0000	0.0000 ***	0.0000	0.0000 ***	0.0000	0.0000 ***	0.0000
Homp（gdphigh）	-0.1526 ***	0.0079	-0.0931 ***	0.0084	-0.1515 ***	0.0081	-0.1201 ***	0.0090	-0.0840 ***	0.0094	-0.1235 ***	0.0093
Homp（gdplow）	0.5084 ***	0.0095	0.4635 ***	0.0095	0.5037 ***	0.0091	0.9256 ***	0.0095	0.8489 ***	0.0093	0.9283 ***	0.0095
Homp（pophigh）	-0.0378 ***	0.0079	-0.0301 ***	0.0086	-0.0386 ***	0.0081	-0.0332 ***	0.0093	-0.0264 ***	0.0087	-0.0395 ***	0.0091
Homp（poplow）	0.1623 ***	0.0085	0.1624 ***	0.0092	0.1792 ***	0.0087	-0.0512 ***	0.0095	0.0191 ***	0.0090	-0.0443 ***	0.0094
Send（gdphigh）	0.4123 ***	0.0108	0.4616 ***	0.0108	0.3931 ***	0.0108	1.1493 ***	0.0104	1.1141 ***	0.0105	1.1244 ***	0.0106
Send（pophigh）	0.6314 ***	0.0134	0.6607 ***	0.0139	0.6535 ***	0.0134	0.5036 ***	0.0133	0.5185 ***	0.0128	0.5295 ***	0.0132
Send（areahigh）	-0.0154 ***	0.0125	0.0296 ***	0.0124	-0.0112 ***	0.0117	0.5061 ***	0.0119	0.5374 ***	0.0120	0.5150 ***	0.0118
Recv（gdplow）	-1.4793 ***	0.0124	-1.5357 ***	0.0124	-1.4590 ***	0.0121	-0.2198 ***	0.0114	-0.3445 ***	0.0113	-0.2078 ***	0.0109

续表

变量	出口贸易网络						进口贸易网络					
	M(4a-h)		M(5a-h)		M(6a-h)		M(4b-h)		M(5b-h)		M(6b-h)	
	参数	P值	参数	P值	参数	P值	参数	P值	参数	P值	参数	P值
Recv (poplow)	-0.4658***	0.0125	-0.4357***	0.0128	-0.4827***	0.0122	-0.8412***	0.0129	-0.7411***	0.0124	-0.8688***	0.0125
Recv (arealow)	-0.5278***	0.0107	-0.5673***	0.0102	-0.5080***	0.0107	0.0628***	0.0107	0.0242***	0.0100	0.0932***	0.0104
Netc (rtawto)	1.0648***	0.0109	1.1310***	0.0108	1.0582***	0.0116	1.0182***	0.0108	1.0843***	0.0109	1.0109***	0.0109
Netc (distw)	-0.0002***	0.0000	-0.0002***	0.0000	-0.0002***	0.0000	-0.0001***	0.0000	-0.0002***	0.0000	-0.0001***	0.0000
Netc (TPI)	0.0022***	0.0001					0.0062***	0.0001				
Netc (EIFS)			0.0010***	0.0000					0.0000***	0.0001		
Netc (TDS)					0.0039***	0.0001					0.0079***	0.0001
AIC	2376		2402		2370		2307		2397		2312	
BIC	2506		2532		2500		2438		2528		2442	

注：***、**、* 分别表示1%、5%、10%的显著性水平。

流量的出口贸易和进口贸易均具有显著的促进作用；M（4a - h）~ M（6a - h）和 M（4b - h）~ M（6b - h）中变量 Main（invfree）的估计参数中均显著为负，表明投资自由化不利于高流量的出口链接，也不利于高流量的进口链接。在差值效应方面，M（4a - h）~ M（6a - h）和 M（4b - h）~ M（6b - h）中变量 Diff（pop）的估计系数显著为正值，这表明样本国家人口数量的差异有利于样本国家高流量双边出口和进口贸易关系的建立；Diff（gdp）和 Diff（area）的估计系数显著接近于零，这表明样本国家 GDP 和国土面积的差异对样本国家高流量双边出口和进口贸易关系形成的影响十分微弱；在同配效应方面，M（4a - h）~ M（6a - h）和 M（4b - h）~ M（6b - h）中变量 Homp（gdphigh）、Homp（pophigh）均为负，表明 GDP 大国、人口大国之间高流量的出口和进口倾向较小；M（4a - h）~ M（6a - h）和 M（4b - h）~ M（6b - h）中变量 Homp（gdplow）的影响系数均为正数，表明 GDP 小国之间出口和进口贸易倾向较大，有利于这类样本国家之间形成更紧密的贸易关系；M（4a - h）~ M（6a - h）中变量 Homp（poplow）的估计参数为正数，M（4b - h）~ M（6b - h）中变量 Homp（poplow）的估计参数为负数，一定程度上表明，GDP 小国之间出口贸易倾向较大，而进口贸易关系较小。在发送效应方面，M（4a - h）~ M（6a - h）和 M（4b - h）~ M（6b - h）中变量 Send（gdphigh）和 Send（pophigh）的估计参数均为正，这表明，GDP 大国和人口大国在出口和进口贸易中均为受欢迎，拥有更多的出链接，这与在高流量等级的样本国家中得到的结论是一致的；除了 M（4a - h）和 M（6b - h）中变量 Send（areahigh）均显著为负数外，M（5a - h）中变量 Send（areahigh）显著为正数，不能完全确定国土面积大国在高流量的出口贸易中很受欢迎，M（4b - h）~ M（6b - h）中变量 Send（areahigh）均显著为正值，表明面积大国在高流量的进口贸易中很受欢迎。在接收效应方面，M（4a - h）~ M（6a - h）和 M（4b - h）~ M（6b - h）中变量 Recv（gdplow）、Recv（poplow）和 Rec（arealow）均为负数，这表明 GDP 小国、人口小国和面积小国在高流量的出口贸易中均表现得不够活跃。

（3）不同时期低流量等级贸易网络的 ERGM 估计结果比较。

为了得到更加稳固的结论，首先以 2001 年样本期内出口贸易流量的 1/4

分位数（Q1≤10 千美元）和 3/4 分位数（Q3 > 17994 千美元）作为门限分别构建低流量和高流量出口贸易网络，进口贸易流量的 1/4 分位数 Q1（Q1 ≤ 10 千美元）和 3/4 分位数（Q3 > 15571 千美元）作为门限构建低流量和高流量进口贸易网络。类似地，为以 2013 年的样本期内出口贸易流量的 1/4 分位数（Q1≤39 千美元）和 3/4 分位数（Q3≥96640 千美元）作为门限分别构建低流量和高流量出口贸易网络，样本期内出口贸易流量的 1/4 分位数（Q1≤77 千美元）和 3/4 分位数（Q3≥99406 千美元）作为门限分别构建低流量和高流量进口贸易网络，2001 年、2013 年和 2018 年相应的 ERGM 的估计结果见表 5 - 6。

由表 5 - 6 可知，2001 年、2013 年和 2018 年中的 M(4a - h) ~ M(6a - h) 和 M(4b - h) ~ M(6b - h) 中变量 Netc（rtawto）的估计参数均为正数，而变量 Netc（distw）的估计参数为负数，这表明签订地区贸易协定有助于这些样本国家建立起更紧密的、低流量的出口贸易关联和进口贸易关联；而相反，空间地理距离与样本国家的低流量出口网络和进口网络的形成和发展负相关。2001 年的 M(4a - h) ~ M(6a - h) 和 M(4b - h) ~ M(6b - h) 中变量 Netc（TPI）、Netc（EIFS）和 Netc（TDS）的估计参数均为正数，但只有 M(5a_l) 中 Netc（TPI）的估计参数通过了显著性检验，这表明在 2001 年仅能证实资产组合投资网络一定程度上有助于低流量的出口贸易网络的发展；而就 2013 年和 2018 年的 M(4a - h) ~ M(6a - h) 和 M(4b - h) ~ M(6b - h) 中 Netc（TPI）、Netc（EIFS）和 Netc（TDS）均显著为正数，证实了资产组合投资网络 Netc（TPI）、股权与基金份额投资网络 Netc（EIFS）和债券投资网络 Netc（TDS）均有助于"一带一路"低流量的出口和进口贸易网络的发展。

（4）不同时期高流量等级贸易网络的 ERGM 估计结果比较。

由表 5 - 7 可知，2001 年、2013 年和 2018 年的 M(4a - h) ~ M(6a - h) 和 M(4b - h) ~ M(6b - h) 中变量 Netc（rtawto）的估计参数均为正数，而变量 Netc（distw）的估计参数为负数，这表明签订地区贸易协定有助于这些样本国家建立起更紧密的、高流量的出口贸易关联和进口贸易关联；而相反，空间地理距离与样本国家的高流量出口网络和进口网络的形成和发展负

表 5 - 6　不同时期低流量等级贸易网络的 ERGM 估计结果比较

年份	变量	Q1 分位出口完全网络						Q1 分位进口完全网络					
		M(4a-1) 参数	P值	M(5a-1) 参数	P值	M(6a-1) 参数	P值	M(4b-1) 参数	P值	M(5b-1) 参数	P值	M(6b-1) 参数	P值
	…	…	…	…	…	…	…	…	…	…	…	…	…
2001	Netc (rtawto)	0.9183 ***	0.0091	0.9167 ***	0.0088	0.9022	0.0089 ***	0.8019 ***	0.0078	0.8124 ***	0.0079	0.8007 ***	0.0079
	Netc (distw)	0.0000 ***	0.0000	0.0000 **	0.0000	0.0000	0.0000 ***	0.0000 ***	0.0000	0.0000 ***	0.0000	0.0000 **	0.0000
	Netc (TPI)	0.0007	0.0013					0.0011	0.0014				
	Netc (EIFS)			0.0854 **	0.0388					0.0073	0.0050		
	Netc (TDS)					0.0013	0.0021					0.0022	0.0026
	AIC	3875		3862		3874		4104		4100		4105	
	BIC	3925		3912		3924		4154		4149		4155	
	…	…	…	…	…	…	…	…	…	…	…	…	…
2013	Netc (rtawto)	1.2772 ***	0.0113	1.2674 ***	0.0112	1.2704 ***	0.0110	0.9254 ***	0.0100	1.0317 ***	0.0104	0.9447 ***	0.0104
	Netc (distw)	-0.0001 ***	0.0000	-0.0001 ***	0.0000	-0.0001 ***	0.0000	-0.0001 ***	0.0000	-0.0001 ***	0.0000	-0.0001 ***	0.0000
	Netc (TPI)	0.0042 ***	0.0003					0.0476 ***	0.0015				
	Netc (EIFS)			0.0171 ***	0.0008					0.0017 ***	0.0001		
	Netc (TDS)					0.0053 ***	0.0002					0.8939 ***	0.0250
	AIC	2536		2531		2536		2728		2745		2708	
	BIC	2666		2661		2666		2858		2875		2839	

续表

年份	变量	Q1分位出口完全网络						Q1分位进口完全网络					
		M(4a-1)		M(5a-1)		M(6a-1)		M(4b-1)		M(5b-1)		M(6b-1)	
		参数	P值	参数	P值	参数	P值	参数	P值	参数	P值	参数	P值
2018	...	...	...	...	...	...	...	...	...	...	...	...	...
	Netc (rtawto)	1.3438***	0.0109	1.3613***	0.0109	1.2967***	0.0109	1.0481***	0.0099	1.1022***	0.0099	1.0172***	0.0101
	Netc (distw)	-0.0001***	0.0000	-0.0001***	0.0000	-0.0001***	0.0000	-0.0001***	0.0000	-0.0001***	0.0000	-0.0001***	0.0000
	Netc (TPI)	0.0052***	0.0002					0.0168***	0.0003				
	Netc (EIFS)			0.0012***	0.0001					0.0037***	0.0001		
	Netc (TDS)					0.0053***	0.0002					0.0522***	0.0014
	AIC	2616		2621		2619		2779		2790		2776	
	BIC	2746		2752		2750		2909		2920		2907	

注：***、**、* 分别表示1%、5%、10%的显著性水平。

表 5-7   不同时期高流量等级贸易网络的 ERGM 估计结果

年份	变量	Q3 分位出口完全网络						Q3 分位进口完全网络					
		M(4a-h)		M(5a-h)		M(6a-h)		M(4b-h)		M(5b-h)		M(6b-h)	
		参数	P值	参数	P值	参数	P值	参数	P值	参数	P值	参数	P值
	…	…	…	…	…	…	…	…	…	…	…	…	…
2001	Netc(rtawto)	0.8517 ***	0.0058	0.8696 ***	0.0058	0.8358 ***	0.0058	0.7521 ***	0.0055	0.7966 ***	0.0055	0.7691 ***	0.0055
	Netc(distw)	0.0000 ***	0.0000	0.0000 ***	0.0000	0.0000 ***	0.0000	-0.0001 ***	0.0000	-0.0001 ***	0.0000	-0.0001 ***	0.0000
	Netc(TPI)	0.0021 **	0.0009					0.0038 **	0.0019				
	Netc(EIFS)			0.0067 *	0.0037					0.0000	0.0004		
	Netc(TDS)					0.0033 **	0.0014					0.0050 **	0.0022
	AIC	3327		3318		3328		3409		3419		3408	
	BIC	3376		3368		3378		3459		3468		3458	
	…	…	…	…	…	…	…	…	…	…	…	…	…
2013	Netc(rtawto)	0.7969 ***	0.0052	0.8712 ***	0.0054	0.8307 ***	0.0053	0.7939 ***	0.0055	0.8717 ***	0.0055	0.8650 ***	0.0108
	Netc(distw)	-0.0002 ***	0.0000	-0.0002 ***	0.0000	-0.0002 ***	0.0000	-0.0001 ***	0.0000	-0.0001 ***	0.0000	-0.0001 ***	0.0000
	Netc(TPI)	0.0024 ***	0.00001					0.0061 ***	0.0001				
	Netc(EIFS)			0.0011 ***	0.0000					0.00005 ***	0.0000		
	Netc(TDS)					0.0034 ***	0.0000					0.0050 ***	0.0001
	AIC	2435		2454		2442		2396		2464		2432	
	BIC	2566		2584		2573		2527		2595		2562	

续表

年份	变量	Q3 分位出口完全网络						Q3 分位进口完全网络					
		M(4a－h)		M(5a－h)		M(6a－h)		M(4b－h)		M(5b－h)		M(6b－h)	
		参数	P 值	参数	P 值	参数	P 值	参数	P 值	参数	P 值	参数	P 值
2018	…	…	…	…	…	…	…	…	…	…	…	…	…
	Netc（rtawto）	1.0648 ***	0.0109	1.1310 ***	0.0108	1.0582 ***	0.0116	1.0182 ***	0.0108	1.0843 ***	0.0109	1.0109 ***	0.0109
	Netc（distw）	－0.0002 ***	0.0000	－0.0002 ***	0.0000	－0.0002 ***	0.0000	－0.0001 ***	0.0000	－0.0002 ***	0.0000	－0.0001 ***	0.0000
	Netc（TPI）	0.0022 ***	0.0001					0.0062 ***	0.0001				
	Netc（EIFS）			0.0010 ***	0.0000					0.0000 ***	0.0001		
	Netc（TDS）					0.0039 ***	0.0001					0.0079 ***	0.0001
	AIC	2376		2402		2370		2307		2397		2312	
	BIC	2506		2532		2500		2438		2528		2442	

注：***、**、* 分别表示 1%、5%、10% 的显著性水平。

相关。就 2001 年的 $M(4a-h) \sim M(6a-h)$ 和 $M(4b-h) \sim M(6b-h)$ 中变量 Netc（TPI）、变量 Netc（EIFS）和变量 Netc（TDS）的估计参数均为正数，但 $M(5b-h)$ 中变量 Netc（EIFS）的估计参数没有通过显著性 Z 检验，这表明在 2001 年仅能证实资产组合投资网络一定程度上有助于高流量的出口和进口贸易网络的发展，并且股权与基金投资网络能促进出口贸易网络的发展，而债券投资网络不仅能促进出口贸易网络的发展，也能促进进口贸易网络的发展；而就 2013 年和 2018 年的 $M(4a-h) \sim M(6a-h)$ 和 $M(4b-h) \sim M(6b-h)$ 中变量 Netc（TPI）、变量 Netc（EIFS）和变量 Netc（TDS）均显著为正数，证实了资产组合投资网络 Netc（TPI）、股权与基金份额投资网络 Netc（EIFS）和债券投资网络 Netc（TDS）均有助于"一带一路"高流量的出口和进口贸易网络的发展。

5.4　本章小结

本章把"一带一路"国际贸易网络的结构特征、国家节点属性和三种金融关系构成的外生网络协变量置于一个统一的分析框架下，引入指数随机图模型（ERGM），证实了"一带一路"沿线国家三种金融网络对国际贸易网络的影响。结果表明，在中国推出"一带一路"倡议后的 2013 年和 2018 年，资产组合投资网络、股权与投资基金网络和债券网络同时有助于国际出口贸易网络和进口贸易网络的发展；而且资产组合投资网络、股权与投资基金网络和债券网络不仅有助于低流量的出口贸易网络和进口贸易网络的发展，同时也有助于高流量的出口贸易网络和进口贸易网络的发展。但 2001 年三种金融关系对低流量的出口和进口贸易网络的影响没有 2013 年和 2018 年的影响显著。高流量的出口和进口贸易网络的实证结论与低流量的出口贸易网络和进口贸易网络的实证结论具有一致性。此外，我们的实证还表明：签订地区贸易协定有助于这些样本国家建立起更紧密的出口贸易关联和进口贸易关联；而空间地理距离越远越不利于样本国家结成紧密的出口网络或进口网络；贸易自由化、投资自由化和金融自由化的发展水平对"一带一路"沿线国家的出口和进口网络的形成具有显著的促进作用。

第6章

"一带一路"国际金融对国际贸易网络的影响：二次指派程序分析

6.1　二次指派程序分析方法

　　为检验国际金融网络外部性是否对国际贸易网络产生了溢出效应，本章进一步以"一带一路"沿线国家为例引入二次指派程序（Quadratic Assignment Procedure，QAP）进行分析。QAP分析方法被称为"测量关系之间关系的方法"（刘军，2007）。QAP方法是一种非参数估计方法，以重新抽样为基础，能够有效地解决传统计量方法在关系型数据处理上存在的多重共线性及虚假相关等问题。

　　QAP分析包括QAP相关分析与QAP回归分析。QAP相关分析主要用于分析两种"关系矩阵"间是否显著相关，从而说明一种关系的建立对于另一种关系实现的影响。QAP回归分析主要是考察多个关系矩阵与一个关系矩阵间的关系。与QAP相关分析的计算方法相似，QAP回归分析通过将矩阵转换为长向量进行多元回归分析。通过将因变量矩阵中的行与相应的列进行随机转置，再进行回归分析，多次重复这一过程，从而对系数的显著性以及判定系数进行估计，该方法能解决自变量矩阵数据存在的内部结构性自相关问题，产生相对无偏的统计结果（王楠，2020）。

QAP 回归方程的一般表达形式如式（6.1）所示。

$$Y = \beta_0 + \beta_1 X^{(1)} + \cdots + \beta_n X^{(n)} + \varepsilon \qquad (6.1)$$

其中，Y 是 $n \times n$ 阶、对角线元素为 0 的关系型数据矩阵，$X^{(n)}$ 为 $n \times n$ 阶、对角线元素为 0 的关系型数据矩阵，β_0，β_1，$\cdots$，β_n 为回归系数，ε 为相应的残差矩阵。

由于网络关系型数据矩阵行列元素往往并不独立，关系数据通常会存在内部结构性自相关的问题（具体表现为残差矩阵 ε 的元素间的相关系数不等于 0），这使得基于传统的普通最小二乘法（Ordinary Least Squares，OLS）统计检验方法（如 t 检验、F 检验）对变量回归系数的显著性检验变得不可靠（Krackhardt，1988）。为了解决关系数据内部存在的结构性自相关与多重共线性的问题，克拉克哈特（Krackhardt，1988）提出利用 QAP 回归分析方法来研究关系型数据之间的关系并证明该方法对参数显著性的检验结果相对无偏，而基于传统的 OLS 检验结果相对有偏，OAP 优于 OLS。QAP 回归的基本步骤可参见王楠（2020）的总结。

6.2　变量选择与数据来源

6.2.1　变量说明

（1）被解释变量。本章将分析出口贸易网络和进口贸易网络，并进一步按照贸易流量等级将其分为低流量等级贸易网络和高流量等级贸易网络。

（2）主要解释变量。本章主要考察不同金融网络关系的网络外部性或网络效应对"一带一路"国际贸易网络的形成和发展是否起到了积极的促进作用。为此，我们主要考察样本国家资产组合投资网络、股权与基金份额投资网络和债券投资网络 3 种金融网络的网络效应和空间溢出效应对"一带一路"贸易网络产生了怎样的影响。凯文和格林纳维（Kevin and Greena-way，1993）、钦和弗兰克尔（Chinn and Frankel，2007）、弗兰德罗和乔布斯特（Flandreau and Jobst，2009）、马丹和陈志昂（2010）、钟阳和丁一兵（2012）、杨胜刚和李欢（2018）、雷达和马俊（2019）关于货币网络外部性的实证变量过程中采用滞后一期的货币使用规模作为其外部性的替代变量。陈夙（2019）采用境外投资者投资一国债券市场份额的滞后一期数据来衡量网络效应。根据金融网络外部性的内涵，并参考现有文献关于货币网络外部性的实证变量处理方法，本章也采用滞后一期的金融网络变量衡量金融网络的网络效应，分别用资产组合投资网络（TPI_{t-1}）、股权与基金份额投资网络（$EIFS_{t-1}$）和债券投资网络（TDS_{t-1}）表示。

此外，从空间地域视角来看，自变量对因变量的影响可分解为直接影响和间接影响，后者即所谓的空间溢出效应（赵彦云、王康和邢炜，2017）。因此，国际金融网络对国际贸易网络的影响可分解为直接效应和空间溢出效应，两种效应同时存在且相辅相成。为了捕捉国际金融网络的空间溢出效应，基于安瑟林（Anselin L.，1988），保罗·埃尔霍斯特（Paul Elhorst，2014），张卫平、新田庄和杨路（Weiping Zhang, Xintian Zhuang and Yang Lu，2020）等空间计量经济学的分析思路，本章用地理加权后的国际金融网络关系变量衡量国际金融网络的空间溢出效用，分别用加权后的资产组合投资网络（WTPI）、股权与投资基金网络（WEIFS）和债券网络（WTDS）表示。其中，W表示空间权重。这里的空间权重W采用0-1邻接空间权重矩阵表示，其中组成元素的定义方法为：当i与j相邻则$w_{ij}=1$，否则令$w_{ij}=0$，"一带一路"61个沿线国家的邻接关系均来源于CEPII的Gravdata数据集。

（3）控制变量。根据现有文献，进一步考虑如下控制因素对国际贸易网络的影响：

①空间邻近关系（Contig）。国家间的空间邻近关系是影响国际贸易规模的重要因素。这里的空间邻近关系采用0-1邻接空间权重矩阵表示。

②地理距离网络（Distw）。地理距离对于国际贸易的运输成本产生重要影响，这无疑会影响到国家间进出口数量，进而形成不同等级流量的贸易网

络群。国家间的距离越近则贸易的交通成本越低，贸易的可能性也就越大
（Chaney，2014）。地理距离网络矩阵的组成元素根据两个地区之间空间距离的倒数来设定，若地区 i 与地区 j 不同，则 $w_{ij} = 1/d_{ij}$，否则令 $w_{ij} = 0$，这意味着：两个地区之间的距离越近，赋予的权重越大；距离越远，赋予的权重越小。这里的 d_{ij} 是指 i 国与 j 国之间的最大圆周距离。

③地区贸易协定（Rta_wto）。"一带一路"倡议下的沿线国家各自又有着独立的贸易协定，比如以东南亚国家为主的区域全面经济伙伴关系协定（Regional Comprehensive Economic Partnership，RCEP）、跨太平洋伙伴关系协定（Trans-Pacific Partnership Agreement，TPP）、联合国亚洲及太平洋经济社会委员会（U. N. Economic and Social Commission for Asia and the Pacific，ESCAP）等区域贸易协定及以俄罗斯为主导、其周边国家参与的欧亚经济联盟（European Economic Union，EEU）。这些组织有利于组织内各国之间基于贸易问题的沟通与协商，由此推测，国家间的贸易协定对于稳固贸易关系、强化网络联系有着重要影响。

④国家间的人口、面积和经济发展水平差异。参考巴腾和博伊斯（2001）所使用的指标，我们使用人口（Pop）、面积（Area）、经济差距（Gdp）来检验经济发展水平差异对于贸易关系的影响；基于巴腾和博伊斯（2001）所使用的重力模型，我们用式（6.3）来构建经济距离指标 DE_{ij}。

$$DE_{ij} = \frac{(PGDP_i - PGDP_j)^2}{PGDP_i \times PGDP_j} \qquad (6.2)$$

其中，DE_{ij} 表示国家 i 与国家 j 之间的经济距离，PGDP 和 GDP 代表对应国家的人均 GDP 和 GDP。

⑤各种人文关系。理论分析表明，各种人文关系网络，包括共同官方语言网络（Comlang_off）、共同口语关系网络（Comlang_ethno）、共同宗教信仰网络（Comrelig）、共同法律制度起源网络（Comleg_posttrans）、拥有共同殖民关系网络（Curcol）可以通过减少交易成本和信息级联作用促进国家贸易网络的连接密度和网络强度的改变，并且"各国的分工模式及其嵌入的人文关系网络将影响着国际贸易网络结构的形成与演化"（吴钢，2013；Xu and Cheng，2019）。

6.2.2　样本选择与数据来源

本章研究的样本国家为"一带一路"沿线 61 个国家。样本国家进口和出口贸易数据来源于联合国统计署发布的 UNComtrade_SITC 数据集；样本国家资产组合投资（total potfolio investment）数据集、股权与基金投资份额（equity and investment fund shares）数据集和债券投资（total debt securities）数据集来源于国际货币基金组织（IMF）发布的 CPIS 数据集；共同官方语言数据、9% 的人口拥有共同口语数据、拥有共同法律起源数据、拥有共同殖民关系数据、区域贸易协定（RTA）数据均来源于 CEPII 的 Gravdata 数据集；共同宗教信仰数据来源于美国中央情报局（Central Intelligence Agency，CIA）出版的世界概况年鉴（CIA Factbook）数据库；国内生产总值（GDP）、人口和国土面积等基础数据均来源于世界银行数据库；贸易自由化、投资自由化和金融自由化衡量数据来源于全球遗产基金会（Global Heritage Fund）提供的数据库。

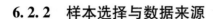

6.3　实证分析结果与解释

6.3.1　二次指派程序相关分析

使用 Ucinet 软件，选择 5000 次随机置换，得到 2002 年出口贸易网络和进口贸易网络分别与其影响因素的 QAP 相关分析结果见表 6 - 1 和表 6 - 2；2013 年出口贸易网络和进口贸易网络分别与它的影响因素的相关分析结果见表 6 - 3 和表 6 - 4；2018 年出口贸易网络和进口贸易网络分别与其影响因素的 QAP 相关分析结果见表 6 - 5 和表 6 - 6。表 6 - 1 至表 6 - 6 中的实际相关系数是基于贸易网络矩阵和其他变量的矩阵一一对应计算得来的，最小值、最大值分别为随机置换计算结果中所得到相关系数的最小值和最大值，显著性检验反映了实际相关系数的显著性水平。

表 6 - 1　出口贸易网络与其他影响因素的 QAP 相关分析结果（2002 年）

变量	实际相关系数	显著性水平	相关系数均值	标准差	最小值	最大值
Comcol	0.0188	0.2308	-0.0005	0.0311	-0.0553	0.1534
Comcur	0.2863 ***	0.0006	0.0000	0.0207	-0.0078	0.3502
Comlang_ethno	0.1416 ***	0.0038	0.0003	0.0321	-0.0445	0.1973
Comlang_off	0.1392 ***	0.0028	-0.0005	0.0292	-0.0378	0.1995
Comleg_posttrans	0.0198	0.2166	0.0001	0.0277	-0.0638	0.1111
Comleg_pretrans	0.0551 **	0.0476	0.0009	0.0275	-0.0565	0.1119
Comrelig	-0.0364	0.1914	-0.0001	0.0404	-0.0819	0.1697
Contig	0.1457 ***	0.0002	-0.0001	0.0227	-0.0364	0.1348
Distw	-0.0697 **	0.0180	-0.0002	0.0337	-0.1002	0.1054
Rta_wto	0.1515 ***	0.0002	0.0002	0.0259	-0.0497	0.1371
Gdp_2001	0.2253 ***	0.0008	0.0011	0.0518	-0.0626	0.2332
Pop_2001	0.1894 ***	0.0026	0.0004	0.0509	-0.0572	0.2432
TPI_2001	0.6341 ***	0.0002	0.0001	0.0188	-0.0066	0.5180
TPI_2002	0.6199 ***	0.0002	-0.0003	0.0177	-0.0061	0.5195
WTPI_2002	0.1111 ***	0.0046	0.0001	0.0213	-0.0188	0.2260
EIFS_2001	0.0065 *	0.0922	0.0000	0.0191	-0.0055	0.4746
EIFS_2002	0.0075 *	0.0990	-0.0001	0.0156	-0.0059	0.2705
WEIFS_2002	0.0123 *	0.0948	0.0001	0.0192	-0.0101	0.4864
TDS_2001	0.5703 ***	0.0002	-0.0003	0.0182	-0.0087	0.4769
TDS_2002	0.604 ***	0.0002	-0.0002	0.0156	-0.0066	0.2234
WTDS_2002	0.0565 **	0.0360	-0.0001	0.0224	-0.0183	0.3044

注：***、**、*分别表示1%、5%、10%的显著性水平。

表 6 - 2　进口贸易网络与其他影响因素的 QAP 相关分析结果（2002 年）

变量	实际相关系数	显著性水平	相关系数均值	标准差	最小值	最大值
Comcol	0.0344	0.1402	0.0005	0.0314	-0.0520	0.1907
Comcur	0.3522***	0.0002	0.0003	0.0217	-0.0075	0.3497
Comlang_ethno	0.1504***	0.0012	-0.0001	0.0308	-0.0437	0.2543
Comlang_off	0.1471***	0.0028	-0.0004	0.0289	-0.0359	0.2022
Comleg_posttrans	0.0319	0.1304	-0.0006	0.0275	-0.0678	0.1149
Comleg_pretrans	0.0676**	0.018	0.0001	0.0265	-0.0541	0.1241
Comrelig	-0.0313	0.234	-0.0011	0.0381	-0.0703	0.2158
Contig	0.1523***	0.0002	0.0006	0.0241	-0.0345	0.1362
Distw	-0.0888***	0.0010	0.0004	0.0326	-0.0928	0.0965
Pop_2001	0.1633***	0.0044	0.0001	0.0484	-0.0532	0.2389
Gdp_2001	0.1881***	0.0032	0.0004	0.048	-0.0611	0.2182
Rta_wto	0.166***	0.0004	0.0008	0.0262	-0.0479	0.1868
TPI_2001	0.6554***	0.0002	0.0000	0.0177	-0.0063	0.5445
TPI_2002	0.6388***	0.0002	-0.0001	0.0172	-0.0058	0.5305
WTPI_2002	0.1452***	0.0026	-0.0002	0.0199	-0.0177	0.2530
EIFS_2001	-0.0032	0.6659	-0.0002	0.0181	-0.0052	0.4682
EIFS_2002	-0.0029	0.7011	-0.0002	0.0186	-0.0056	0.4592
WEIFS_2002	0.0131*	0.0828	0.0002	0.0174	-0.0096	0.3629
TDS_2001	0.5912***	0.0002	0.0004	0.0209	-0.0083	0.4589
TDS_2002	0.6234***	0.0002	-0.0005	0.0143	-0.0063	0.1988
WTDS_2002	0.0667**	0.0168	-0.0001	0.0200	-0.0174	0.3638

注：***、**、*分别表示1%、5%、10%的显著性水平。

　　由表 6 - 1 和表 6 - 2 可知，2002 年，当期的、滞后一期的和相邻国家的资产组合投资（分别用 TPI_2002、TPI_2001 和 WTPI_2002 表示）与当期的、滞后一期的和相邻国家的债券总投资（分别用 TDS_2002、TDS_2001 和 WTDS_2002 表示）分别与出口贸易网络和进口贸易网络呈显著的相关关系。

当期的、滞后一期的和相邻国家的股权与基金投资因素（分别用 EIFS_2002、EIFS_2001 和 WEIFS_2002）因素是影响"一带一路"出口贸易网络发展的显著因素，相邻地区的股权与基金投资因素（WEIFS_2002）的空间溢出效应与进口贸易网络正相关，但当期的股权与基金投资因素（EIFS_2002）、滞后一期的股权与基金投资因素（EIFS_2001）与进口贸易网络呈现不显著的负向相关关系。共同的语言［包括口语（Comlang_ethno）和官方语言（Comlang_off）］、过渡之前有共通的法律制度（Comleg_pretrans）、是否邻接（Contig）、人口差距（Pop）、经济差距（Gdp）、是否加入签署共同的地区贸易协定（Rtawto）等因素是影响"一带一路"出口（进口）贸易关系网络发展的显著促进影响因素；而国家间的距离（Distw）则是影响"一带一路"出口（进口）贸易关系网络发展的显著阻碍因素，这也验证了交通成本因素对于国际贸易的重要作用。此外，表6-1和表6-2的结果还表明，国家共同的殖民关系（Comcol）、共同的法律起源（Comleg_posttrans）和共同的宗教信仰（Comrelig）关系矩阵与出口（进口）贸易关系矩阵的相关系数并不显著，这表明，这三个因素并不是影响"一带一路"出口（进口）贸易关系网络发展的显著影响因素。

表6-3　出口贸易网络与其他影响因素的 QAP 相关分析结果（2013 年）

变量	实际相关系数	显著性水平	相关系数均值	标准差	最小值	最大值
Comcol	0.0091	0.3565	0.0004	0.0378	−0.0662	0.1937
Comcur	0.0861 **	0.0188	0.0000	0.0222	−0.0113	0.2450
Comlang_ethno	0.106 **	0.0170	−0.0001	0.037	−0.0527	0.1928
Comlang_off	0.0923 **	0.0242	−0.0003	0.0345	−0.0446	0.221
Comleg_posttrans	−0.0088	0.4423	0.0007	0.0322	−0.0896	0.1363
Comleg_pretrans	0.0401#	0.1150	−0.0003	0.0301	−0.0651	0.1393
Comrelig	−0.0376	0.2609	0.0002	0.0509	−0.0967	0.2142
Contig	0.1770 ***	0.0002	−0.0002	0.0242	−0.0450	0.1474
Distw	−0.0453#	0.1212	0.0007	0.0401	−0.1116	0.1361
Gdp_2013	0.3981 ***	0.0006	0.0004	0.0663	−0.0545	0.3994

续表

变量	实际相关系数	显著性水平	相关系数均值	标准差	最小值	最大值
Pop_2013	0.3400 ***	0.0004	0.0001	0.0665	−0.0642	0.3413
Rta_wto	0.1357 ***	0.0004	0.0002	0.0282	−0.0673	0.1510
TPI_2012	0.2776 ***	0.0002	0.0000	0.0198	−0.0098	0.2275
TPI_2013	0.3091 ***	0.0004	−0.0002	0.0201	−0.0105	0.4661
WTPI_2013	0.1251 ***	0.0030	−0.0002	0.0234	−0.0291	0.1876
EIFS_2012	0.0143 *	0.1020	0.0000	0.0191	−0.0102	0.2512
EIFS_2013	0.0187 *	0.0852	−0.0002	0.0184	−0.0115	0.2053
WEIFS_2013	0.1232 ***	0.0024	−0.0003	0.0224	−0.0241	0.1858
TDS_2012	0.2022 ***	0.0010	0.0001	0.0196	−0.0102	0.2219
TDS_2013	0.2867 ***	0.0002	−0.0003	0.0193	−0.0122	0.2306
WTDS_2013	0.0859 **	0.0150	0.0005	0.0263	−0.0308	0.2059

注：***、**、*、#分别表示1%、5%、10%、15%的显著性水平。

表6-4　进口贸易网络与其他影响因素的 QAP 相关分析结果（2013 年）

变量	实际相关系数	显著性水平	相关系数均值	标准差	最小值	最大值
Comcol	0.0152	0.2983	−0.0007	0.036	−0.0628	0.1699
Comcur	0.1272 ***	0.0052	0.0002	0.0232	−0.0112	0.2423
Comlang_ethno	0.1296 ***	0.0066	0.0002	0.0354	−0.0533	0.1864
Comlang_off	0.1168 ***	0.0088	−0.0006	0.0332	−0.0439	0.2071
Comleg_posttrans	−0.0066	0.4841	0.0002	0.0324	−0.0818	0.1461
Comleg_pretrans	0.0497 *	0.0730	0.0004	0.0303	−0.0614	0.1309
Comrelig	−0.0330	0.2903	−0.0006	0.0478	−0.0900	0.2509
Contig	0.2159 ***	0.0002	0.0003	0.0242	−0.0434	0.1499
Distw	−0.0782 ***	0.0162	−0.0008	0.0389	−0.1149	0.1383
Gdp_2013	0.3685 ***	0.0014	−0.0006	0.0632	−0.055	0.3722
Pop_2013	0.3067 ***	0.0004	−0.0011	0.06	−0.0619	0.3071
Rta_wto	0.1761 ***	0.0002	−0.0003	0.0275	−0.0665	0.1318

续表

变量	实际相关系数	显著性水平	相关系数均值	标准差	最小值	最大值
TPI_2012	0.3851***	0.0002	0.0004	0.0216	−0.0098	0.2636
TPI_2013	0.4072***	0.0002	0.0002	0.0223	−0.0104	0.3064
WTPI_2013	0.1190***	0.0028	0.0006	0.0229	−0.0274	0.2115
EIFS_2012	−0.0025	0.7027	0.0000	0.0205	−0.0102	0.2369
EIFS_2013	−0.0009	0.7313	−0.0004	0.0200	−0.0115	0.2721
WEIFS_2013	0.0519**	0.0442	0.0002	0.0233	−0.0235	0.1573
TDS_2012	0.2950***	0.0002	0.0004	0.0216	−0.0101	0.2680
TDS_2013	0.3928***	0.0002	−0.0001	0.0221	−0.0120	0.3003
WTDS_2013	0.0900***	0.0086	0.0003	0.0237	−0.0306	0.1675

注：***、**、*分别表示1%、5%、10%的显著性水平。

由表6-3和表6-4可知，2013年，当期的、滞后一期的和相邻国家的资产组合投资（分别用TPI_2013、TPI_2012和WTPI_2013表示）与当期的、滞后一期的和相邻国家的债券总投资（分别用TDS_2013、TDS_2012和WTDS_2013表示）分别与出口贸易网络和进口贸易网络的相关关系显著因素。股权与基金投资因素（EIFS_2013）与出口贸易网络关系显著，相邻国家股权与基金投资因素（WEIFS_2013）与进口贸易网络呈现显著的正相关关系，当期及后一期的股权与基金投资因素（分别用EIFS_2013和EIFS_2012）与进口贸易网络的负向相关关系不显著。共同的语言（包括口语（Comlang_ethno）和官方语言（Comlang_off））、是否邻接（Contig）、人口差距（Pop_2013）、经济差距（Gdp_2013）、是否加入签署共同的地区贸易协定（Rta_wto）等因素是影响"一带一路"出口（进口）贸易关系网络发展的显著促进影响因素；过渡之前有共同的法律制度（Comleg_pretrans）与进口贸易网络呈显著正相关关系，但与出口贸易网络的相关关系不显著；国家间的距离（Distw）与出口贸易网络的相关关系不显著，但与进口贸易网络关系显著。此外，表6-3和表6-4的结果还表明，国家共同的殖民关系（Comcol）、过渡之后有共同的法律起源（Comleg_posttrans）和共同的宗教信仰（Comrelig）关系矩阵与出口（进口）贸易关系矩阵的相关系数均不显著。

表6-5　出口贸易网络与其他影响因素的 QAP 相关分析结果（2018 年）

变量	实际相关系数	显著性水平	相关系数均值	标准差	最小值	最大值
Comcol	-0.0056	0.5279	-0.0003	0.0385	-0.0641	0.1815
Comcur	0.0723 **	0.0274	0.0000	0.0231	-0.0107	0.2673
Comlang_ethno	0.0885 **	0.0400	0.0001	0.0386	-0.0503	0.2789
Comlang_off	0.0851 **	0.0344	-0.0006	0.0352	-0.0415	0.2358
Comleg_posttrans	-0.0203	0.3067	0.0006	0.0335	-0.0819	0.1300
Comleg_pretrans	0.0341	0.1590	0.0000	0.0317	-0.0651	0.1255
Comrelig	-0.0431	0.2390	-0.0013	0.0513	-0.0899	0.1768
Contig	0.1731 ***	0.0002	0.0002	0.0250	-0.0409	0.1402
Distw	-0.0382	0.1650	0.0010	0.0410	-0.1201	0.1411
Gdp_2018	0.4329 ***	0.0008	0.0011	0.0704	-0.0511	0.4337
Pop_2018	0.3438 ***	0.0006	0.0001	0.0666	-0.0623	0.3510
Rta_wto	0.1438 ***	0.0006	0.0006	0.0318	-0.0741	0.1518
TPI_2017	0.2802 ***	0.0002	0.0001	0.0200	-0.0091	0.2731
TPI_2018	0.2862 ***	0.0002	-0.0006	0.0178	-0.0096	0.2780
WTPI_2018	0.1476 ***	0.0042	-0.0001	0.0286	-0.0324	0.2441
EIFS_2017	0.0235 *	0.0592	0.0003	0.0201	-0.0099	0.3100
EIFS_2018	0.0183 *	0.0704	0.0001	0.0198	-0.0102	0.2741
WEIFS_2018	0.2497 ***	0.0018	0.0005	0.0287	-0.0126	0.3035
TDS_2017	0.3034 ***	0.0004	0.0002	0.0227	-0.0124	0.3479
TDS_2018	0.3152 ***	0.0002	-0.0001	0.0213	-0.0137	0.2697
WTDS_2018	0.1202 ***	0.0150	0.0005	0.0314	-0.0345	0.2403

注：***、**、*分别表示1%、5%、10%的显著性水平。

表 6-6　进口贸易网络与其他影响因素的 QAP 相关分析结果（2018 年）

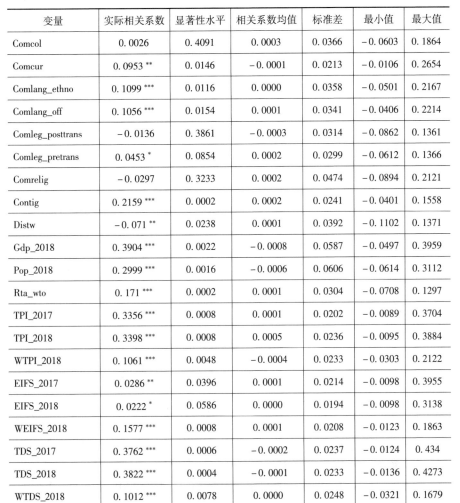

变量	实际相关系数	显著性水平	相关系数均值	标准差	最小值	最大值
Comcol	0.0026	0.4091	0.0003	0.0366	-0.0603	0.1864
Comcur	0.0953 **	0.0146	-0.0001	0.0213	-0.0106	0.2654
Comlang_ethno	0.1099 ***	0.0116	0.0000	0.0358	-0.0501	0.2167
Comlang_off	0.1056 ***	0.0154	0.0001	0.0341	-0.0406	0.2214
Comleg_posttrans	-0.0136	0.3861	-0.0003	0.0314	-0.0862	0.1361
Comleg_pretrans	0.0453 *	0.0854	0.0002	0.0299	-0.0612	0.1366
Comrelig	-0.0297	0.3233	0.0002	0.0474	-0.0894	0.2121
Contig	0.2159 ***	0.0002	0.0002	0.0241	-0.0401	0.1558
Distw	-0.071 **	0.0238	0.0001	0.0392	-0.1102	0.1371
Gdp_2018	0.3904 ***	0.0022	-0.0008	0.0587	-0.0497	0.3959
Pop_2018	0.2999 ***	0.0016	-0.0006	0.0606	-0.0614	0.3112
Rta_wto	0.171 ***	0.0002	0.0001	0.0304	-0.0708	0.1297
TPI_2017	0.3356 ***	0.0008	0.0001	0.0202	-0.0089	0.3704
TPI_2018	0.3398 ***	0.0008	0.0005	0.0236	-0.0095	0.3884
WTPI_2018	0.1061 ***	0.0048	-0.0004	0.0233	-0.0303	0.2122
EIFS_2017	0.0286 **	0.0396	0.0001	0.0214	-0.0098	0.3955
EIFS_2018	0.0222 *	0.0586	0.0000	0.0194	-0.0098	0.3138
WEIFS_2018	0.1577 ***	0.0008	0.0001	0.0208	-0.0123	0.1863
TDS_2017	0.3762 ***	0.0006	-0.0002	0.0237	-0.0124	0.434
TDS_2018	0.3822 ***	0.0004	-0.0001	0.0233	-0.0136	0.4273
WTDS_2018	0.1012 ***	0.0078	0.0000	0.0248	-0.0321	0.1679

注：***、**、*分别表示 1%、5%、10% 的显著性水平。

由表 6-5 和表 6-6 可知，2018 年，当期的、滞后一期的和相邻国家的资产组合投资（分别用 TPI_2018、TPI_2017 和 WTPI_2018 表示），当期的、滞后一期的和相邻国家的股权与基金投资因素（分别用 EIFS_2018、EIFS_2017 和 WEIFS_2018 表示）与当期的、滞后一期的和相邻国家的债券总投资（分别用 TDS_2018、TDS_2017 和 WTDS_2018 表示）分别与出口贸易网络和进口贸易关系网络显著正相关。共同的语言［包括口语（Com-lang_ethno）和官方语言（Comlang_off）］、是否邻接（Contig）、人口差距（Pop_2018）、经济差距（Gdp_2018）、是否加入签署有共同的地区贸易协定（Rta_wto）等因素分别与出口和进口贸易网络呈显著的正相关关系；过渡之后有共同的法律起源（Comleg_posttrans）与出口（进口）贸易网络的相关关系均不显著，但过渡之后有共通的法律起源（Comleg_posttrans）与进口贸易网络呈显著的正相关关系；国家间的距离（Distw）与出口贸易网络的相关关系不显著，但与进口贸易网络呈显著的负相关关系。此外，表6－5和表6－6的结果还表明，国家共同的殖民关系（Comcol）、共同的宗教信仰（Comrelig）关系矩阵分别与出口贸易矩阵和进口贸易网络的相关系数并不显著。

6.3.2　二次指派程序回归分析

（1）基于2002年数据的QAP回归分析。

按照前述二次指派程序（QAP）回归分析方法，基于2002年和2001年的基础数据，选择2000次随机置换，在控制人文、制度、距离、收入和人口差距等因素的前提下，对当期的金融网络、滞后一期的金融网络与相邻国家的金融网络分别与出口贸易网络和进口贸易网络的关系进行回归分析，结果见表6－7、表6－8和表6－9所示，R^2均比较低（肖群鹰和刘慧君，2007；刘法建、张捷和陈冬冬，2010）。

表6－7中回归分析的结果显示，TPI_2002、TPI_2001和WTPI_2002对出口贸易网络的标准化回归系数分别为0.6073、0.6227和0.0864，并且在通过了1%的显著性检验；TPI_2002、TPI_2001和WTPI_2002对进口贸易网络的标准化回归系数分别为0.6255、0.6434和0.1195，并且通过了1%的显著性检验，这表明在考虑了其他影响因素的作用时，资产组合投资网络对于出口贸易网络和进口贸易网络的影响依然显著，验证了资产组合投资网络对于"一带一路"沿线国家贸易网络的直接影响、网络外部性和空间溢出效应的存在。这也给我们启示，"一带一路"经济带的建设需要我国关注各个

表 6 – 7　TPI 网络影响贸易网络的 QAP 回归分析结果（2002 年）

变量	出口贸易网络						进口贸易网络					
	M(1a)		M(2a)		M(3a)		M(1b)		M(2b)		M(3b)	
	标准系数	P 值	标准系数	P 值	标准系数	P 值	标准系数	P 值	标准系数	P 值	标准系数	P 值
Intercept	0.0000***	0.0000	0.0000***	0.0000	0.0000***	0.0000	0.0000***	0.0000	0.0000***	0.0000	0.0000***	0.0000
Comlang_ethno	0.0295#	0.1139	0.0443*	0.0695	0.0457*	0.0945	0.0307*	0.1050	0.0459*	0.0710	0.0442*	0.0870
Comlang_off	0.0179	0.2039	-0.0085	0.3348	0.0599**	0.0495	0.0162	0.2274	-0.0111	0.2859	0.0654**	0.0305
Comleg_pretrans	0.0029	0.3923	0.0028	0.4178	-0.0009	0.5377	0.0124	0.2044	0.0122	0.2169	0.0059	0.3683
Contig	0.0813***	0.0005	0.0855***	0.0010	0.0563**	0.0190	0.0896***	0.0005	0.0941***	0.0005	0.0633**	0.0270
Distw	-0.0082	0.3523	-0.0071	0.3683	-0.0119	0.3583	-0.0176	0.1969	-0.0165	0.2154	-0.0200	0.2674
Gdp_2002	0.2202***	0.0010	0.2173***	0.0005	0.2190***	0.0065	0.1615***	0.0035	0.1585***	0.0035	0.1591**	0.0445
Pop_2002	-0.0102	0.4468	-0.0076	0.4693	0.0034	0.4053	0.0142	0.2914	0.0169	0.2764	0.0285	0.2114
Rta_wto	0.0659***	0.0045	0.0659***	0.0040	0.0884***	0.0085	0.0700***	0.0010	0.0699***	0.0025	0.0884***	0.0075
TPI_2002	0.6073***	0.0005					0.6255***	0.0005				
TPI_2001			0.6227***	0.0005					0.6434***	0.0005		
WTPI_2002					0.0864***	0.0090					0.1195***	0.0020
R²	0.4520		0.4690		0.0970		0.4671		0.4880		0.0950	
Obs	3660		3660		3660		3660		3660		3660	

注：标准系数为标准化系数；P 值为概率值；***、**、*、#分别表示 1%、5%、10%、15%的显著性水平。

表6-8　EIFS网络影响贸易网络的QAP回归分析结果（2002年）

变量	出口贸易网络						进口贸易网络					
	M（4a）		M（5a）		M（6a）		M（4b）		M（5b）		M（6b）	
	标准系数	P值	标准系数	P值	标准系数	P值	标准系数	P值	标准系数	P值	标准系数	P值
Intercept	0.0000***	0.0000	0.0000***	0.0000	0.0000***	0.0000	0.0000***	0.0000	0.0000***	0.0000	0.0000***	0.0000
Comlang_ethno	0.0544*	0.0750	0.0544*	0.0740	0.0545*	0.0800	0.0563*	0.0760	0.0564*	0.0645	0.0563*	0.0660
Comlang_off	0.0433*	0.0810	0.0433*	0.1005	0.0434*	0.0815	0.0424*	0.0850	0.0424*	0.0790	0.0425*	0.0775
Comleg_pretrans	0.0061	0.3453	0.0061	0.3653	0.0060	0.3488	0.0158	0.2334	0.0158	0.2444	0.0155	0.2654
Contig	0.0581**	0.0185	0.0581**	0.0170	0.0580**	0.0180	0.0656**	0.0280	0.0656**	0.0270	0.0657**	0.0235
Distw	-0.0162	0.3203	-0.0162	0.3203	-0.0160	0.3009	-0.0261	0.2264	-0.0261	0.2054	-0.0258	0.2034
Gdp_2002	0.2222***	0.0065	0.2223***	0.0105	0.2220***	0.0055	0.1640**	0.0475	0.1641**	0.0435	0.1634**	0.0355
Pop_2002	0.0025	0.4298	0.0025	0.4308	0.0028	0.4163	0.0273	0.2384	0.0272	0.2239	0.0276	0.2189
Rta_wto	0.1021***	0.0080	0.1021***	0.0070	0.1020***	0.0045	0.1072***	0.0045	0.1072***	0.0035	0.1072***	0.0075
EIFS_2002	-0.00001	0.6307					-0.0091*	0.0960				
EIFS_2001			-0.0015	0.4748					-0.0098	0.0800		
WEIFS_2002					0.0048	0.1444					0.0048	0.1614
R²	0.0900		0.0900		0.0900		0.0810		0.0810		0.0810	
Obs	3660		3660		3660		3660		3660		3660	

注：***、**、* 分别表示1%、5%、10%的显著性水平。

表 6 - 9

TDS 网络影响贸易网络的 QAP 回归分析结果（2002 年）

变量	出口贸易网络						进口贸易网络					
	M(7a)		M(8a)		M(9a)		M(7b)		M(8b)		M(9b)	
	标准系数	P 值	标准系数	P 值	标准系数	P 值	标准系数	P 值	标准系数	P 值	标准系数	P 值
Intercept	0.0000 ***	0.0000	0.0000 ***	0.0000	0.0000 ***	0.0000	0.0000 ***	0.0000	0.0000 ***	0.0000	0.0000 ***	0.0000
Comlang_ethno	0.0334 #	0.1090	0.0403 *	0.0910	0.0545 *	0.0700	0.0346 *	0.0890	0.0418 *	0.0735	0.0565 *	0.0525
Comlang_off	0.0190	0.1979	-0.0077	0.3508	0.0466 *	0.0775	0.0173	0.2204	-0.0104	0.2824	0.0465 *	0.0650
Comleg_pretrans	0.0027	0.3828	0.0067	0.3198	0.0029	0.4098	0.0122	0.2149	0.0163	0.1824	0.0117	0.3103
Contig	0.0751 ***	0.0005	0.0857 ***	0.0010	0.0563 **	0.0280	0.0833 ***	0.0005	0.0943 ***	0.0005	0.0635 **	0.0255
Distw	-0.0091	0.3398	-0.0056	0.4023	-0.0146	0.3263	-0.0186	0.1884	-0.0150	0.2424	-0.0240	0.2249
Gdp_2002	0.2222 ***	0.0005	0.2149 ***	0.0025	0.2212 ***	0.0065	0.1636 ***	0.0040	0.1560 ***	0.0075	0.1623 **	0.0380
Pop_2002	-0.0090	0.4478	-0.0065	0.4898	0.0029	0.4048	0.0154	0.2754	0.0180	0.2629	0.0278	0.2169
Rta_wto	0.0618 **	0.0115	0.0588 ***	0.0085	0.0983 ***	0.0065	0.0658 ***	0.0050	0.0624 ***	0.0090	0.1025 ***	0.0070
TDS_2002	0.5906 ***	0.0005					0.6091 ***	0.0005				
TDS_2001			0.5567 ***	0.0005					0.5770 ***	0.0005		
WTDS_2002					0.0330 **	0.0400					0.0411 **	0.0315
R²	0.4340		0.3920		0.091		0.4470		0.4050		0.0830	
Obs	3660		3660		3660		3660		3660		3660	

注：***、**、*、#分别表示 1%、5%、10%、15% 的显著性水平。

国家间的金融关联，在推进与沿线国家的经贸关系时，加强对于金融关联因素的关注有助于更紧密的贸易网络关系的发展。

表 6 - 8 中回归分析的结果显示，EIFS_2002、EIFS_2001 和 WEIFS_2002 对出口贸易网络的标准化回归系数均没有通过显著性 t 检验，EIFS_2002 和 EIFS_2001 对进口贸易网络的标准化回归系数分别为 - 0.0091 和 - 0.0098，并且通过了 10% 的显著性检验，而 WEIFS_2002 对进口贸易网络的标准化回归系数没有通过 10% 以内的显著性检验，这表明在考虑其他影响因素的作用时，仅能证实当前和滞后一期的股权与基金投资网络不利于当期，即 2002 年的进口贸易网络的发展。

表 6 - 9 中回归分析的结果显示，TDS_2002、TDS_2001 和 WTDS_2002 对出口贸易网络的标准化回归系数分别为 0.5906、0.5567 和 0.0330，并且通过了 1% 的显著性检验；TDS_2002、TDS_2001 和 WTDS_2002 对进口贸易网络的标准化回归系数分别为 0.6091、0.5770 和 0.0411，并且通过了 1% 的显著性检验，这表明在考虑其他影响因素的作用时，债券投资网络对于出口贸易网络和进口贸易网络的影响依然显著，验证了金融网络中的债券投资网络对于"一带一路"沿线国家贸易网络的直接影响、网络外部性和空间溢出效应的存在。

此外，结合表 6 - 7、表 6 - 8 和表 6 - 9 的模型 M（1a）～ M（9a）、M（1b）～ M（9b）的参数估计结果可知，Contig 的标准化回归系数均为正数，并且通过了 1% 的显著性水平检验，这说明，在其他影响因素不变的情况下，国家之间如果存在相邻关系将有助于双边贸易网络更好地发展；Rta_wto 的标准化回归系数均为正数，并且通过了 10% 的显著性水平检验，这表明在其他影响因素不变的情况下，签订有地区贸易协定的国家之间更容易形成紧密的贸易网络，这一定程度说明，"一带一路"合作框架积极推动沿线国家签订一系列合作协议，推动这些国家积极参与贸易协同合作，必将有助于它们之间形成更紧密的贸易关联；Gdp_2002 的标准化回归系数均显著为正，通过了 10% 的显著性水平检验，这表明国家间经济实力的差异也是推动"一带一路"沿线国家间形成紧密的贸易关联的重要因素。Comlang_ethno 和 comlang_off 的标准化系数也大部分在 10% 的显著性水平下为正数，这说明共同的口语关系和共同的官方语言关系也有助于双边形成更紧密的贸易网络。此外，还需要指出的是，2002 年的数据未能证实共同的法律起源（Comleg_pretrans）与出口贸易网络或是进口贸易网络的正向相关关系，未能证实国家人口规模差异（Pop_2002）与出口贸易网络或是进口贸易网络的正向抑或负向相关关系；未能证实国家间的距离（Distw）与出口贸易网络或进口贸易网络的负向相关关系。

（2）基于 2013 年数据的 QAP 回归分析。

同样按照前述 QAP 回归分析方法，基于 2013 年和 2012 年的基础数据，选择 2000 次随机置换，在控制人文、制度、距离、收入和人口差距等因素的前提下，考察当期的金融网络、滞后一期的金融网络与相邻国家的金融网络分别与出口贸易网络和进口贸易网络的关系并进行回归分析，结果见表 6 - 10、表 6 - 11 和表 6 - 12 所示。

表 6 - 10 的结果显示，TPI_2013、TPI_2012 和 WTPI_2013 对出口贸易网络的标准化回归系数分别为 0.2725、0.2449 和 0.0834，并且通过了 1%的显著性检验；TPI_2013、TPI_2012 和 WTPI_2013 对进口贸易网络的标准化回归系数分别为 0.3723、0.3544 和 0.0717，并且通过了 1%的显著性检验，这表明在考虑其他影响因素的作用时，资产组合投资网络对于出口贸易网络和进口贸易网络的影响依然显著，验证了金融网络中资产组合投资网络对于"一带一路"沿线国家贸易网络的直接影响以及网络外部性和空间溢出效应的存在，这也给我们启示，"一带一路"经济带的建设需要关注各个国家之间的金融关联，在推进与沿线国家的经贸合作的过程中，有必要强化金融关联因素的促进作用。

表 6 - 11 的结果显示，EIFS_2013 和 EIFS_2012 对出口贸易网络的标准化回归系数均没有通过显著性 t 检验，WEIFS_2013 对出口贸易网络的标准化回归系数为 0.0614，并且通过了 1%的显著性 t 检验，这证实了股权与投资基金网络的空间溢出效应对出口贸易网络的影响。EIFS_2013 和 EIFS_2012 对进口贸易网络的标准化回归系数分别为 - 0.0254 和 - 0.0234，并且通过了 5%的显著性检验，而 WEIFS_2013 对进口贸易网络的标准化回归系数没有通过 10%以内的显著性检验，这表明在考虑其他影响因素的作用时，

仅能证实当前和滞后一期的股权与基金投资网络不利于当期的进口贸易网络的发展。

表6-12的结果显示，TDS_2013、TDS_2012和WTDS_2013对出口贸易网络的标准化回归系数分别为0.2602、0.1848和0.0593，并且通过了1%的显著性检验；TDS_2013、TDS_2012和WTDS_2013对进口贸易网络的标准化回归系数分别为0.3665、0.2778和0.0546，并且通过了5%的显著性检验，这表明在考虑其他影响因素的作用时，债券投资网络对于出口贸易网络和进口贸易网络的影响依然显著，验证了金融网络中的债券投资网络对于"一带一路"沿线国家贸易网络的直接影响以及网络外部性和空间溢出效应的存在。

此外，结合表6-10、表6-11和表6-12中的模型M(10a)~M(18a)、M(10b)~M(18b)的参数估计结果可知，Contig的标准化回归系数均为正数，并且通过了1%的显著性水平检验，这说明，在其他影响因素不变的情况下，国家之间如果存在相邻关系将有助于双边贸易网络更好地发展；Rta_wto的标准化回归系数均为正数，并且通过了10%的显著性水平检验，这表明在其他影响因素不变的情况下，签订地区贸易协定的国家之间更容易形成紧密的贸易网络；Gdp_2013的标准化回归系数均显著为正，通过了10%的显著性水平检验，这表明国家间经济实力的差异也是推动"一带一路"沿线国家间形成紧密的贸易关联的重要因素。Comlang_ethno的标准化系数在10%的显著性水平为正数，这说明共同的口语关系有助于双边形成更紧密的贸易网络。此外，还需要指出的是，2013年的数据未能证实Comlang_off的标准化系数满足10%的显著性水平，未能证实共同的官方语言有助于双边形成更紧密的贸易网络。共同的法律起源（Comleg_pretrans）与出口贸易网络或是进口贸易网络的正向相关关系也未满足统计显著性，同时也未能证实国家人口规模差异（Pop_2013）与出口贸易网络或是进口贸易网络的相关关系；未能证实国家间的距离（Distw）与出口贸易网络或是进口贸易网络的负向相关关系。

（3）基于2018年数据的QAP回归分析。

按照前述QAP回归分析方法，基于2018年和2017年的基础数据，选

表6-10 TPI网络影响贸易网络的QAP回归分析结果（2013年）

变量	出口贸易网络						进口贸易网络					
	M(10a)		M(11a)		M(12a)		M(10b)		M(11b)		M(12b)	
	标准系数	P值	标准系数	P值	标准系数	P值	标准系数	P值	标准系数	P值	标准系数	P值
Intercept	0.0000***	0.0000	0.0000***	0.0000	0.0000**	0.0000	0.0000*	0.0000	0.0000***	0.0000	0.0000***	0.0000
Comlang_ethno	0.0526**	0.0335	0.0505*	0.0750	0.0515*	0.0865	0.0511**	0.0345	0.0467*	0.0825	0.0554*	0.0750
Comlang_off	-0.0270	0.1464	-0.0178	0.2609	0.0053	0.4373	-0.0307#	0.1169	-0.0196	0.2164	0.0132	0.3094
Comleg_pretrans	-0.0138	0.2444	-0.0147	0.2289	-0.0162	0.2379	-0.0168	0.1914	-0.0179	0.1759	-0.0201	0.1839
Contig	0.0999***	0.0005	0.1003***	0.0005	0.0903***	0.0010	0.1377***	0.0005	0.1393***	0.0005	0.1239***	0.0005
Distw	-0.0100	0.3645	-0.0102	0.3503	-0.0067	0.4223	-0.0145	0.3128	-0.0148	0.2979	-0.0112	0.3743
Gdp_2013	0.3458***	0.0005	0.3554***	0.0005	0.3490***	0.0005	0.3327***	0.0005	0.3458***	0.0005	0.3401***	0.0005
Pop_2013	0.0306	0.1824	0.0247	0.2154	0.0462	0.1664	-0.0034	0.6117	-0.0130	0.5083	0.0170	0.2359
Rta_wto	0.0803***	0.0030	0.0815***	0.0040	0.0902***	0.0045	0.1025***	0.0005	0.1030***	0.0005	0.1194***	0.0005
TPI_2013	0.2725***	0.0005					0.3723***	0.0005				
TPI_2012			0.2449***	0.0005					0.3544***	0.0005		
WTPI_2013					0.0834***	0.0045					0.0717***	0.0080
R²	0.2640		0.2500		0.1990		0.3240		0.3120		0.1950	
Obs	3660		3660		3660		3660		3660		3660	

注：***、**、*、#分别表示1%、5%、10%、15%的显著性水平。

表 6—11　EIFS 网络影响贸易网络的 QAP 回归分析结果（2013 年）

变量	出口贸易网络 M(13a) 标准系数	M(13a) P值	M(14a) 标准系数	M(14a) P值	M(15a) 标准系数	M(15a) P值	进口贸易网络 M(13b) 标准系数	M(13b) P值	M(14b) 标准系数	M(14b) P值	M(15b) 标准系数	M(15b) P值
Intercept	0.0000***	0.0000	0.0000***	0.0000	0.0000***	0.0000	0.0000***	0.0000	0.0000***	0.0000	0.0000***	0.0000
Comlang_ethno	0.0643*	0.0565	0.0638*	0.0560	0.0657**	0.0450	0.0662*	0.0600	0.0658**	0.0500	0.0668*	0.0570
Comlang_off	0.0040	0.4468	0.0044	0.4603	-0.0028	0.4353	0.0126	0.3373	0.0129	0.3343	0.0128	0.3188
Comleg_pretrans	-0.0160	0.2364	-0.0161	0.2734	-0.0158	0.2499	-0.0195	0.1944	-0.0197	0.1839	-0.0201	0.1694
Contig	0.0886***	0.0015	0.0887*	0.0020	0.0872***	0.0020	0.1220***	0.0005	0.1222***	0.0010	0.1229***	0.0005
Distw	-0.0092	0.4093	-0.0093	0.3823	-0.0127	0.3463	-0.0138	0.3468	-0.0139	0.3253	-0.0124	0.3433
Gdp_2013	0.3552***	0.0005	0.3550***	0.0005	0.3480***	0.0005	0.3456***	0.0005	0.3450***	0.0005	0.3467***	0.0005
Pop_2013	0.0448	0.1644	0.0449	0.1774	0.0438	0.1504	0.0172	0.2334	0.0173	0.2409	0.0154	0.2339
Rta_wto	0.0968***	0.0020	0.0969***	0.0020	0.0944***	0.0030	0.1252***	0.0005	0.1253***	0.0010	0.1255***	0.0005
EIFS_2013	-0.0077	0.1854					-0.0254**	0.0150				
EIFS_2012			-0.0078	0.1629					-0.0234**	0.0145		
WEIFS_2013					0.0614***	0.0100					-0.0111	0.1919
R²	0.1920		0.1920		0.1960		0.1910		0.1910		0.1910	
Obs	3660		3660		3660		3660		3660		3660	

注：***、**、* 分别表示 1%、5%、10% 的显著性水平。

表 6-12　TDS 网络影响贸易网络的 QAP 回归分析结果（2013 年）

变量	出口贸易网络						进口贸易网络					
	M(16a)		M(17a)		M(18a)		M(16b)		M(17b)		M(18b)	
	标准系数	P 值	标准系数	P 值	标准系数	P 值	标准系数	P 值	标准系数	P 值	标准系数	P 值
Intercept	0.0000 ***	0.0000	0.0000 **	0.0000	0.0000 ***	0.0000	0.0000 ***	0.0000	0.0000 ***	0.0000	0.0000 ***	0.0000
Comlang_ethno	0.0547 *	0.0640	0.0560 *	0.0695	0.0607 *	0.0660	0.0529 *	0.0630	0.0541 *	0.0635	0.0631 ***	0.0650
Comlang_off	-0.0272	0.1789	-0.0093	0.3533	-0.0022	0.4698	-0.0319#	0.1239	-0.0081	0.3563	0.0064	0.4278
Comleg_pretrans	-0.0167	0.2054	-0.0189	0.1999	-0.0171	0.2424	-0.0208#	0.1449	-0.0241#	0.1204	-0.0209	0.1749
Contig	0.0954 ***	0.0005	0.0952 ***	0.0005	0.0885 ***	0.0015	0.1320 ***	0.0005	0.1322 ***	0.0005	0.1224 ***	0.0005
Distw	-0.0098	0.3708	-0.0101	0.3718	-0.0066	0.4383	-0.0143	0.3163	-0.0147	0.3173	-0.0109	0.3853
Gdp_2013	0.3596 ***	0.0005	0.3688 ***	0.0005	0.3527 ***	0.0005	0.3517 ***	0.0005	0.3659 ***	0.0005	0.3432 ***	0.0005
Pop_2013	0.0264	0.1879	0.0236	0.2089	0.0469	0.1599	-0.0097	0.5387	-0.0158	0.4408	0.0178	0.2409
Rta_wto	0.0806 ***	0.0035	0.0868 ***	0.0010	0.0930 ***	0.0015	0.1023 ***	0.0015	0.1100 ***	0.0010	0.1216 ***	0.0005
TDS_2013	0.2602 ***	0.0005					0.3665 ***	0.0005				
TDS_2012			0.1848 ***	0.0005					0.2778 ***	0.0005		
WTDS_2013					0.0593 ***	0.0110					0.0546 **	0.0145
R^2	0.2580		0.2260		0.1960		0.3200		0.2660		0.1930	
Obs	3660		3660		3660		3660		3660		3660	

注：***、**、*、#分别表示 1%、5%、10%、15% 的显著性水平。

择 2000 次随机置换，在控制人文、制度、距离、收入和人口差距等因素的前提下，考察当期的金融网络、滞后一期的金融网络与相邻国家的金融网络分别与出口贸易网络和进口贸易网络的关系进行回归分析，结果见表 6 – 13、表 6 – 14 和表 6 – 15。

表 6 – 13 中回归分析的结果显示，TPI_2018、TPI_2017 和 WTPI_2018 对出口贸易网络的标准化回归系数分别为 0. 2355、0. 2310 和 0. 0682，并且通过了 1% 的显著性检验；TPI_2018、TPI_2017 和 WTPI_2018 对进口贸易网络的标准化回归系数分别为 0. 2934、0. 2907 和 0. 0260，并且至少通过了 10% 的显著性检验，这表明在考虑了其他影响因素的作用时，资产组合投资网络对于出口贸易网络和进口贸易网络的影响依然显著，验证了金融网络中资产组合投资网络对于"一带一路"沿线国家贸易网络的直接影响、网络外部性和空间溢出效应的存在，这也给我们启示，"一带一路"经济带的建设需要关注各个国家间的金融关联，以及在推进与沿线国家的经贸关系时，加强对于金融关联因素的关注有助于结成更紧密的贸易关系网络。

表 6 – 14 中回归分析的结果显示，EIFS_2018 和 EIFS_2017 对出口贸易网络的标准化回归系数分别为 – 0. 0151、– 0. 0126，并且通过了 10% 的显著性检验，而 WEIFS_2018 对出口贸易网络的标准化回归系数为 0. 1095，并且通过 1% 的显著性检验，这表明在考虑了其他影响因素的作用时，当前和滞后一期的股权与基金投资网络不利于当期的出口贸易网络的发展，但相邻国家的股权与基金投资网络有助于出口贸易网络的发展。EIFS_2018、EIFS_2017 和 WEIFS_2018 对进口贸易网络的标准化回归系数均没有通过统计显著性检验，未能证实当前、滞后和相邻国家股权和基金投资网络对进口贸易网络的影响。

表 6 – 15 中回归分析的结果显示，TDS_2018、TDS_2017 和 WTDS_2018 对出口贸易网络的标准化回归系数分别为 0. 2626、0. 2546 和 0. 0668，并且通过了 1% 的显著性检验；TDS_2018、TDS_2017 和 WTDS_2018 对进口贸易网络的标准化回归系数分别为 0. 3337、0. 3314 和 0. 0418，并且通过了 1% 的显著性检验，这表明在考虑了其他影响因素的作用时，债券投资网络对于出口贸易网络和进口贸易网络的影响依然显著，验证了金融网络中的债券

表6-13

TPI 网络影响贸易网络的 QAP 回归分析结果（2018 年）

变量	出口贸易网络						进口贸易网络					
	M(19a)		M(20a)		M(21a)		M(19b)		M(20b)		M(21b)	
	标准系数	P 值	标准系数	P 值	标准系数	P 值	标准系数	P 值	标准系数	P 值	标准系数	P 值
Intercept	0.0000 ***	0.0000	0.0000 *	0.0000	0.0000 ***	0.0000	0.0000 ***	0.0000	0.0000 ***	0.0000	0.0000 ***	0.0000
Comlang_ethno	0.0249 *	0.0510	0.0273	0.1644	0.0281 ***	0.0025	0.0262 **	0.0460	0.0285#	0.1439	0.0350 ***	0.0005
Comlang_off	-0.0037	0.4013	-0.0032	0.4228	0.0162	0.2879	-0.0037	0.3863	-0.0030	0.4093	0.0253	0.1964
Comleg_pretrans	-0.0293 *	0.0670	-0.0294 *	0.0695	-0.0318 *	0.0590	-0.0275 *	0.0795	-0.0276 *	0.0835	-0.0329 *	0.0610
Contig	0.0913 ***	0.0010	0.0911 ***	0.0005	0.0839 ***	0.0020	0.1359 ***	0.0005	0.1358 ***	0.0005	0.1249 ***	0.0005
Distw	0.0014	0.4538	0.0016	0.4653	0.0046	0.4238	-0.0069	0.3868	-0.0067	0.4298	-0.0043	0.4428
Gdp_2018	0.4212 ***	0.0005	0.4220 ***	0.0005	0.4301 ***	0.0005	0.3914 ***	0.0005	0.3921 ***	0.0005	0.4104 ***	0.0005
Pop_2018	-0.0245	0.3029	-0.0239	0.3163	-0.0170	0.4738	-0.0532 **	0.0375	-0.0525 **	0.0320	-0.0431#	0.1090
Rta_wto	0.1117 ***	0.0005	0.1122 ***	0.0005	0.1206 ***	0.0005	0.1173 ***	0.0005	0.1178 ***	0.0005	0.1336 ***	0.0005
TPI_2018	0.2355 ***	0.0005					0.2934 ***	0.0005				
TPI_2017			0.2310 ***	0.0005					0.2907 ***	0.0010		
WTPI_2018					0.0682 ***	0.0045					0.0260 *	0.0580
R²	0.2740		0.2720		0.2250		0.2880		0.2860		0.2050	
Obs	3660		3660		3660		3660		3660		3660	

注：***、**、*、#分别表示 1%、5%、10%、15%的显著性水平。

表6-14　EIFS网络影响贸易网络的QAP回归分析结果（2018年）

变量	出口贸易网络						进口贸易网络					
	M（22a）		M（23a）		M（24a）		M（22b）		M（23b）		M（24b）	
	标准系数	P值	标准系数	P值	标准系数	P值	标准系数	P值	标准系数	P值	标准系数	P值
Intercept	0.0000***	0.0000	0.0000***	0.0000	0.0000***	0.0000	0.0000***	0.0000	0.0000***	0.0000	0.0000***	0.0000
Comlang_ethno	0.0373#	0.1274	0.0376#	0.1179	0.0449	0.4058	0.0409*	0.1075	0.0412#	0.1109	0.0441	0.4309
Comlang_off	0.0183	0.2529	0.0181	0.2394	0.0165	0.2524	0.0243	0.1934	0.0240	0.1914	0.0222	0.2019
Comleg_pretrans	-0.0343*	0.0505	-0.0343**	0.0435	-0.0341**	0.0500	-0.0339**	0.0550	-0.0339**	0.0470	-0.0339*	0.0565
Contig	0.0812***	0.0030	0.0812***	0.0025	0.0578**	0.0120	0.1236***	0.0005	0.1237***	0.0005	0.1222***	0.0005
Distw	0.0027	0.4463	0.0028	0.4733	0.0037	0.4573	-0.0050	0.4353	-0.0049	0.4533	-0.0048	0.4478
Gdp_2018	0.4395***	0.0005	0.4397***	0.0005	0.3994***	0.0005	0.4142***	0.0005	0.4142***	0.0005	0.4123***	0.0005
Pop_2018	-0.0148	0.5212	-0.0152	0.4898	-0.0061	0.6347	-0.0423#	0.1374	-0.0427#	0.1319	-0.0427#	0.1369
Rta_wto	0.1267***	0.0005	0.1267***	0.0005	0.1290***	0.0010	0.1359***	0.0005	0.1359***	0.0005	0.1358***	0.0015
EIFS_2018	-0.0151**	0.0395					-0.0069	0.2074				
EIFS_2017			-0.0126*	0.0585					-0.0030	0.3958		
WEIFS_2018					0.1095***	0.0025					0.0059	0.2694
R²	0.2210		0.2210		0.2310		0.2050		0.2050		0.2050	
Obs	3660		3660		3660		3660		3660		3660	

注：***、**、*、#分别表示1%、5%、10%、15%的显著性水平。

表 6－15　TDS 网络影响贸易网络的 QAP 回归分析结果（2018 年）

变量	出口贸易网络						进口贸易网络					
	M（25a）		M（26a）		M（27a）		M（25b）		M（26b）		M（27b）	
	标准系数	P 值	标准系数	P 值	标准系数	P 值	标准系数	P 值	标准系数	P 值	标准系数	P 值
Intercept	0.0000 ***	0.0000	0.0000 ***	0.0000	0.0000 ***	0.0000	0.0000 ***	0.0000	0.0000 ***	0.0000	0.0000 ***	0.0000
Comlang_ethno	0.0227	0.1844	0.0207	0.1919	0.0333	0.1519	0.0221	0.1724	0.0194	0.1824	0.0381 #	0.1259
Comlang_off	-0.0121	0.2964	-0.0055	0.4083	0.0075	0.3903	-0.0142	0.2629	-0.0068	0.3648	0.0177	0.2639
Comleg_pretrans	-0.0288 *	0.0680	-0.0296 *	0.0565	-0.0324 *	0.0520	-0.0267 *	0.0690	-0.0276 *	0.0780	-0.0327 *	0.0555
Contig	0.0900 ***	0.0005	0.0910 ***	0.0010	0.0824 ***	0.0010	0.1345 ***	0.0005	0.1360 ***	0.0005	0.1243 ***	0.0005
Distw	0.0018	0.4593	0.0021	0.4658	0.0051	0.4298	-0.0064	0.4083	-0.0061	0.3743	-0.0036	0.4708
Gdp_2018	0.4201 ***	0.0005	0.4236 ***	0.0005	0.4343 ***	0.0005	0.3895 ***	0.0005	0.3935 ***	0.0005	0.4109 ***	0.0005
Pop_2018	-0.0259	0.2909	-0.0268	0.2724	-0.0154	0.4928	-0.0552 **	0.0210	-0.0566 **	0.0250	-0.0424	0.1249
Rta_wto	0.1045 ***	0.0005	0.1060 ***	0.0010	0.1209 ***	0.0005	0.1079 ***	0.0005	0.1090 ***	0.0005	0.1323 ***	0.0005
TDS_2018	0.2626 ***	0.0005					0.3337 ***	0.0005				
TDS_2017			0.2546 ***	0.0005					0.3314 ***	0.0005		
WTDS_2018					0.0668 ***	0.0085					0.0418 **	0.0320
R²	0.2860		0.2830		0.2250		0.3110		0.3100		0.2060	
Obs	3660		3660		3660		3660		3660		3660	

注：***、**、*、#分别表示 1%、5%、10%、15% 的显著性水平。

投资网络对于"一带一路"沿线国家贸易网络的直接影响、网络外部性和空间溢出效应的存在。

　　此外，结合表6－13、表6－14和表6－15中的模型M（19a）～M（27a）、M（19b）～M（27b）的参数估计结果可知，Contig的标准化回归系数均为正数，并且通过了1%的显著性水平检验，这与2002年和2013年数据的结论一致，说明在其他影响因素不变的情况下，国家之间如果存在相邻关系将有助于双边贸易网络更好地发展；Rta_wto的标准化回归系数均为正数，并且通过了10%的显著性水平检验，这与2002年和2013年数据的结论一致，这表明在其他影响因素不变的情况下，签订地区贸易协定的国家之间更容易形成紧密的贸易网络，这一定程度说明，"一带一路"合作框架积极推动沿线国家签订一系列合作协议，推动这些国家积极参与贸易协同合作，有助于它们之间形成更紧密的贸易关联；Gdp_2018的标准化回归系数均显著为正，通过了10%的显著性水平检验，这与2002年和2013年数据的结论一致，这表明国家间经济实力的差异也是推动"一带一路"沿线国家间形成紧密的贸易关联的重要因素。

　　此外，还需要指出的是，基于2018年的数据，仅表6－13中的模型中的Comlang_ethno的标准化估计参数通过了10%的显著性检验，而Comlang_off的标准化系数没有通过显著性水平检验，表6－14和表6－15中的Comlang_off和Comlang_ethno的标准化估计参数均没有通过显著性检验，结合2002年和2013年数据的分析结果可在一定程度上说明，共同的口语关系和共同的官方语言关系对"一带一路"沿线国家双边形成更紧密的贸易网络的影响正在减弱；基于2018年的数据表明共同的法律起源（Comleg_pre-trans）与出口贸易网络或进口贸易网络呈负向相关关系，这与基于2002年和2013年数据的结论不同。2018年的数据结果部分证实了国家人口规模差异（Pop_2018）与出口贸易网络或进口贸易网络的负向相关关系，这与基于2002年和2013年数据的结论不同；同时也未能证实国家间的距离（Distw）与出口贸易网络或进口贸易网络的负向相关关系，这与基于2002年和2013年数据的结论是一致的。

6.4 本章小结

结合 2001 ～ 2018 年 "一带一路" 沿线 61 个国家的国际金融与国际贸易关系矩阵，采用二次指派程序就 "一带一路" 国际金融网络对贸易网络的直接影响、网络外部性和空间溢出效应进行实证分析。这里的分析证实了资产组合投资网络对于 "一带一路" 沿线国家贸易网络的直接影响、网络外部性和空间溢出效应存在；债券投资网络对于 "一带一路" 沿线国家贸易网络的直接影响、网络外部性和空间溢出效应存在；股权与基金投资网络对出口贸易网络具有负向直接影响和网络外部性、正向空间溢出效应，但未能证实股权和基金投资网络对进口贸易网络的直接影响、网络外部性和空间溢出效应的存在。此外，我们进一步证实了国家之间存在相邻关系将有助于双边贸易网络更好地发展；签订有地区贸易协定的国家之间更容易形成紧密的贸易网络；国家间经济实力的差异也是推动 "一带一路" 沿线国家形成紧密的贸易关联的重要因素；但共同的口语关系和共同的官方语言关系对 "一带一路" 沿线国家双边形成更紧密的贸易网络的影响正在减弱。

第7章

"一带一路"国际金融对国际贸易网络中心性的影响：空间面板回归分析

7.1 "一带一路"国际金融网络与国际贸易网络中心性特征的相关性分析

7.1.1 国际金融网络与国际贸易网络整体特征的相关性分析

（1）平均度的相关性分析。

表7-1是国际组合投资网络、股权与基金份额投资网络和债券投资网络（分别用TPI网络、EIFS网络和TDS网络表示）与出口贸易网络、进口贸易网络（分别用EXP网络和IMP网络表示）平均度的相关系数。从平均度的相关系数来看，出口网络平均度和三个国际金融网络平均度的相关系数、进口网络平均度和三个金融网络平均度的相关系数全部超过0.85，说明国际金融网络平均度与国际贸易网络平均度高度相关，这意味着在"一带一路"样本区域内，国际金融网络的中心也很可能是国际贸易网络的中心。

表7-1 国际金融网络与国际贸易网络平均度的相关系数

网络	EXP 网络	IMP 网络	TPI 网络	EIFS 网络	TDS 网络
EXP 网络	1.0000				
IMP 网络	0.9946	1.0000			
TPI 网络	0.8962	0.8904	1.0000		
EIFS 网络	0.9351	0.9364	0.9757	1.0000	
TDS 网络	0.8758	0.8676	0.9969	0.9582	1.0000

（2）加权平均度的相关性分析。

表7-2是TPI网络、EIFS网络和TDS网络与EXP网络、IMP网络加权平均度的相关系数。从加权平均度的相关系数来看，出口网络平均度和三个国际金融网络加权平均度的相关系数、进口网络加权平均度和三个国际金融网络加权平均度的相关系数全部超过0.90，说明国际金融网络加权平均度与国际贸易网络加权平均度高度相关，这意味着在"一带一路"样本区域，国际金融网络的中心很可能是国际贸易网络的中心。

表7-2 国际金融网络与国际贸易网络加权平均度的相关系数

网络	EXP 网络	IMP 网络	TPI 网络	EIFS 网络	TDS 网络
EXP 网络	1.0000				
IMP 网络	0.9980	1.0000			
TPI 网络	0.9302	0.9479	1.0000		
EIFS 网络	0.9308	0.9461	0.9732	1.0000	
TDS 网络	0.9141	0.9319	0.9937	0.9476	1.0000

7.1.2 国际金融网络与国际贸易网络个体中心性的相关性分析

（1）度中心性的相关性分析。

表7-3是TPI网络、EIFS网络和TDS网络与EXP网络、IMP网络度中

心性的相关系数。从度中心性的相关系数来看，上述国际金融网络和国际贸易网络度中心性相关系数处于 0. 3821 ~ 0. 5638，说明国际金融网络加权度与国际贸易网络度中心性具有一定程度的正向相关性。

表 7 - 3 　　　　国际金融网络与国际贸易网络度中心性的相关系数

网络	EXP 网络	IMP 网络	TPI 网络	EIFS 网络	TDS 网络
EXP 网络	1. 0000				
IMP 网络	0. 9697	1. 0000			
TPI 网络	0. 5331	0. 5638	1. 0000		
EIFS 网络	0. 3821	0. 3901	0. 6881	1. 0000	
TDS 网络	0. 4971	0. 5262	0. 9712	0. 6432	1. 0000

（2）加权入度中心性的相关性分析。

表 7 - 4 是 TPI 网络、EIFS 网络和 TDS 网络与 EXP 网络和 IMP 网络加权度中心性的相关系数。从加权度中心性的相关系数来看，进口和出口网络加权度中心性与三个国际金融网络度加权中心性的相关系数处于 0. 3290 ~ 0. 6696，说明国际金融网络加权度中心性与国际贸易网络加权度中心性具有一定程度的正向相关性。

表 7 - 4 　　　　国际金融网络与国际贸易网络加权度中心性的相关系数

网络	EXP 网络	IMP 网络	TPI 网络	EIFS 网络	TDS 网络
EXP 网络	1. 0000				
IMP 网络	0. 9908	1. 0000			
TPI 网络	0. 6258	0. 6696	1. 0000		
EIFS 网络	0. 3688	0. 3655	0. 3545	1. 0000	
TDS 网络	0. 5684	0. 6136	0. 9725	0. 3290	1. 0000

（3）接近中心性的相关性分析。

表 7 - 5 是 TPI 网络、EIFS 网络和 TDS 网络与 EXP 网络和 IMP 网络接

近中心性的相关系数。从接近中心性的相关系数来看，出口和进口网络接近中心性与三个国际金融网络度接近中心性的相关系数 0.4040 ~ 0.4579，说明国际金融网络接近中心性与国际贸易网络接近中心性相关性虽然不是很高，但具有正向相关性。

表 7 - 5   国际金融网络与国际贸易网络接近中心性的相关系数

网络	EXP 网络	IMP 网络	TPI 网络	EIFS 网络	TDS 网络
EXP 网络	1.0000				
IMP 网络	0.8502	1.0000			
TPI 网络	0.4040	0.4579	1.0000		
EIFS 网络	0.0851	0.0507	0.3619	1.0000	
TDS 网络	0.3803	0.4409	0.9370	0.3295	1.0000

（4）特征值中心性的相关性分析。

表 7 - 6 是 TPI 网络、EIFS 网络和 TDS 网络与 EXP 网络和 IMP 网络特征值中心性的相关系数。从特征值中心性的相关系数来看，出口和进口网络特征值中心性与三个国际金融网络度特征值中心性的相关系数 0.0571 ~ 0.5978，说明国际金融网络特征值中心性与国际贸易网络特征值中心性相关性虽然不是很高，但具有正向相关性。

表 7 - 6   国际金融网络与国际贸易网络特征值中心性的相关系数

网络	EXP 网络	IMP 网络	TPI 网络	EIFS 网络	TDS 网络
EXP 网络	1.0000				
IMP 网络	0.4397	1.0000			
TPI 网络	0.2848	0.5978	1.0000		
EIFS 网络	0.0683	0.0722	0.0793	1.0000	
TDS 网络	0.2294	0.5441	0.8803	0.0571	1.0000

"一带一路"国际金融网络对国际贸易网络中心性的空间计量分析

7.2.1　模型、变量与数据

（1）模型的引入。

为研究国际金融网络中心性结构特征对国际贸易网络中心性的影响，本章将国际金融网络结构特征的衡量指标引入面板模型进行分析。我们以国际贸易网络中心性衡量指标（Centrality_TRADE）作为被解释变量，以国际金融网络中心性的衡量指标（Centrality_FINANCE）作为被解释变量，以 Control 为控制变量，构造如下计量回归模型：

$$\text{Centrality\_TRADE} = F(\text{Centrality\_FINANCE}, \text{Control}, \mu) \quad (7.1)$$

具体来说，即：

$$\text{Centrality\_EXP}(/\text{Centrality\_IMP}) = F(\text{Centrality\_TPI}, \text{Control}, \mu)$$
$$(7.2)$$

$$\text{Centrality\_EXP}(/\text{Centrality\_IMP}) = F(\text{Centrality\_EIFS}, \text{Control}, \mu)$$
$$(7.3)$$

$$\text{Centrality\_EXP}(/\text{Centrality\_IMP}) = F(\text{Centrality\_TDS}, \text{Control}, \mu)$$
$$(7.4)$$

其中，将国际贸易网络中心性（Centrality_TRADE）分解为出口贸易网络中心性（EXP）和进口贸易网络中心性（IMP），将国际金融网络中心性（FINANCE）分解为国际资产组合投资网络中心性（Centrality_TPI）、股权和基金份额投资网络中心性（Centrality_EIFS）和债券投资网络中心性（Centrality_TDS），μ 包含了除主要解释变量和控制变量之外的各种因素对被解释变量的影响。

（2）指标说明。

①被解释变量：国际贸易网络中心性的衡量指标。

一是单一指标衡量方法。衡量国际贸易网络中心性的指标很多，包括贸易网络的入度（indegree）、出度（outdegree）、度（degree）、加权入度（weighted indegree）、加权出度（weighted outdegree）、加权度（weighted degree）、接近中心性（closness centrality）、协调接近中心性（harmonic closness centrality）、中介中心性（betweeness centrality）、Pageranks中心性（pageranks centrality）、特征向量中心（eigencentrality）等指标。郭毅、陈凌和朱庆虎（2018）采用点入度衡量了一国在并购投资网络中的效率地位。陈少炜和帕特里克·强（Patrick Qiang，2018）采用节点度来反映国家节点在贸易网络中的中心性。洪俊杰和商辉（2019）、商辉（2019）均采用pageranks中心性衡量贸易网络中的国家枢纽地位。本章采用标准化加权度（standard weighted degree）指标进行衡量，分别用STDWDEEXP和STDWDEIMP表示标准化出口加权度和标准化进口加权度。

二是综合指标衡量方法。由于单个贸易网络中心性的衡量指标很多，但单个指标各有优劣，我们引入主成分分析方法，通过计算国际贸易网络的加权度、接近中心性、协调接近中心性、中介中心性、Pageranks中心性、特征向量中心性的主成分得到降维后的国际贸易综合衡量指标，分别用PCAEXP和PCAIMP表示出口网络中心性和进口网络中心性的综合衡量指标。

②核心解释变量：国际金融网络中心性衡量指标。

一是单一指标衡量方法。本章主要考察不同国际金融网络结构特征对"一带一路"的国际贸易网络中心性的影响。我们采用国际金融网络标准化加权度指标进行衡量，分别用STDWDETPI、STDWDEEIFS和STDWDETDS表示资产组合投资网络标准化加权度、股权和基金投资份额投资网络标准化加权度和股权和债券投资网络标准化加权度。

二是综合指标衡量方法。由于单个国际金融网络中心性的衡量指标很多，但单个指标各有优劣，因此我们引入主成分分析方法，通过计算国际金融网络的加权度、接近中心性、协调接近中心性、中介中心性、Pageranks

中心性、特征向量中心的主成分得到降维后的国际金融综合衡量指标，分别用 PCATPI、PCAEIFS 和 PCATDS 表示国际组合投资网络中心性、股权和基金份额投资网络中心性和债券投资网络中心性的综合衡量指标。

③控制变量。

根据现有文献，进一步考虑如下控制因素对国际贸易网络的影响：

制度因素。《2018 年全球竞争力报告》指出一国的制度质量是影响其物质、人力资本和技术进步的重要因素，良好的制度环境可以保障一国生产率的提升和经济的长期增长。在契约不完全情况下，稳定、有效的制度质量可以在很大程度上降低市场不确定性和契约摩擦，降低协调成本，提高生产效率，有利于吸引转移工序的流入，促进国际投资和贸易，进而促进国家枢纽地位的提升（Costinot，2009）。对于制度因素指标，参考丹尼尔·考夫曼、阿尔特·克雷和马西莫·马斯特鲁齐（Daniel Kaufmann，Aart Kraay and Massimo Mastruzzi，2011）、万伦来和高翔（2014），种照辉和覃成林（2017），洪俊杰和商辉（2019）所使用的方法，使用世界银行公布的全球治理指数中话语权和问责制、政治稳定和预防暴力、政府效能、管制质量、法治、控制腐败 6 个维度的数据，按照式（7.5）构建制度距离指标 $Institute_{ij}$。

$$Institute_{ij} = \frac{1}{6}\sum_{i=1}^{6}\left|\frac{I_{i,k} - I_{j,k}}{\max I_k - \min I_k}\right| \qquad (7.5)$$

其中，k 表示上述 6 种维度，$I_{i,k}$ 和 $I_{j,k}$ 分别表示国家 i、j 在维度 k 上的得分，$\max I_k$ 与 $\min I_k$ 分别表示"一带一路"沿线国家在维度 k 上得分的最大值和最小值。标准化的制度因素用 Stdinstitute 表示。

关税水平。一国降低关税水平，一方面有利于国内企业以更低成本和更高效率获得进口品，从而进一步促进出口贸易；另一方面有利于增加企业利润，促进出口增长（田巍和余淼杰，2013），从而提升国家枢纽地位。安德莉亚等（Andrea et al.，2016）在研究 1997~2000 年国家运输、关税对葡萄酒贸易的影响时发现，关税下降会带来葡萄酒贸易额的增加。盛斌和毛其淋（2017）通过研究发现减让中间品关税有利于提高企业出口产品技术复杂度。洪俊杰和商辉（2019）认为关税在一定程度上可反映一国政府对外开放的政策宽松程度。我们参照洪俊杰和商辉（2019）的做法，运用所有产品加权平均关税税率来衡量不同国家的关税水平。标准化的所有产品加权平均关税税率来衡量不同国家的关税水平用 Stdtariff 表示。

技术水平。一国的技术进步方式会直接影响其动态比较优势和贸易模式（林毅夫，2002）。斯特勒和沃兹（Stehrer and Worz，2003）认为一国技术进步方式的选择会影响一国的贸易模式，从而影响其中心地位。技术和知识投资可以创造比较优势促进贸易的观点也得到了众多研究的支持（Andersson et al.，2006；Marquez – Ramos et al.，2010）。安德森（Andersson et al.，2006）认为一国居民和非居民专利申请总数量可在一定程度上反映该国的技术水平。然而，更多的研究采用全要素生产率来衡量技术进步，本书也采用全要素生产率（Total Factor Productivity，TFP）来衡量技术进步，全要素生产率通过索罗余值法计算得到，标准化的全要数生产率用 Stdtfp 表示。

此外，我们进一步选用人口规模（POP）和经济规模（GDP）来反映一国的市场潜力与市场规模。标准化的人口规模和经济规模分别用 Stdpop 和 Stdgdp 表示。

为了消除变量之间可能存在的异方差，所有变量都采用单位化处理。样本国家包括 61 个"一带一路"沿线国家（见表 4 – 1），样本期间为 2001 ~ 2018 年，基础数据来源于前文计算得到结果。变量的统计描述结果和相关系数检验结果见表 7 – 7 至表 7 – 9。

7.2.2　基于空间面板计量方法的实证分析

（1）空间面板数据建模的思路与方法。

全域面板协整分析的建模思路见图 7 – 1，首先需要判断所选面板数据是否独立，只有在横截面依赖或者说存在空间相依性的前提下才有必要引入空间建模方法。又因为面板数据有平稳和非平稳特征的区别，如果是平稳的面板数据只需直接采用空间面板模型进行参数回归即可；如果面板数据是非平稳的，有可能存在伪回归的问题，则需要引入全域面板协整建模新技术。后文将进一步介绍每个步骤中用到的具体方法。

表 7 – 7　　　　　　　　变量的统计描述结果

变量	Mean	Median	Maximum	Minimum	Std. Dev.	Skewness	Kurtosis	Jarque – Bera	P 值	Obs.
STDWDEEXP	0.0425	0.0108	1.0000	0.0000	0.0901	5.4167	42.9654	78442.6700	0.0000	1098
STDWDEIMP	0.0464	0.0137	1.0000	0.0000	0.0945	5.1147	38.7431	63235.9000	0.0000	1098
STDWDETPI	0.0234	0.0009	1.0000	0.0000	0.0857	7.3505	66.8029	196127.4000	0.0000	1098
STDWDEEIFS	0.0317	0.0014	1.0000	0.0000	0.0971	5.7145	43.5116	81060.6300	0.0000	1098
STDWDETDS	0.0271	0.0009	1.0000	0.0000	0.0877	6.8193	61.2754	163878.1000	0.0000	1098
PCAEXP	1.2477	1.4151	1.5999	0.0334	0.4455	– 1.9414	5.2583	923.0310	0.0000	1098
PCAIMP	1.2899	1.3954	1.5649	– 0.3888	0.3121	– 2.8713	11.1068	4515.4330	0.0000	1098
PCATPI	0.4766	0.1971	1.6284	0.0001	0.4756	0.4341	1.5353	132.6352	0.0000	1098
PCAEIFS	0.3361	0.0585	1.4746	0.0000	0.4030	0.7560	2.0828	143.0813	0.0000	1098
PCATDS	0.4225	0.1513	1.7377	0.0001	0.4576	0.6109	1.8412	129.7236	0.0000	1098
Stdinsitute	0.4440	0.4331	0.9174	0.0148	0.2286	0.0723	1.9896	47.6577	0.0000	1098
Stdtfp	0.0189	0.0045	0.9999	0.0000	0.0711	9.0763	107.3641	513378.6000	0.0000	1098
Stdtariff	0.1748	0.1219	1.0000	0.0000	0.1651	2.2553	9.2889	2740.1970	0.0000	1098
Stdpop	0.0506	0.0066	1.0000	0.0000	0.1635	4.9557	26.6937	30177.9200	0.0000	1098
Stdgdp	0.0250	0.0051	1.0000	0.0000	0.0814	7.7906	74.1166	242490.6000	0.0000	1098

表 7-8

变量的相关系数检验结果（1）

相关系数	STDWDEEXP	STDWDEIMP	STDWDETPI	STDWDEEIFS	STDWDETDS	Stdinsitute	Stdtfp	Stdtariff	Stdpop	Stdgdp
STDWDEEXP	1.0000									
STDWDEIMP	0.9748	1.0000								
STDWDETPI	0.8183	0.8025	1.0000							
STDWDEEIFS	0.6787	0.6593	0.8167	1.0000						
STDWDETDS	0.7974	0.7806	0.9652	0.7525	1.0000					
Stdinsitute	0.2573	0.2346	0.4616	0.3229	0.5030	1.0000				
Stdtfp	-0.6063	-0.6297	-0.3309	-0.3144	-0.2921	0.3778	1.0000			
Stdtariff	-0.2939	-0.2969	-0.3620	-0.1368	-0.3970	-0.5231	-0.1681	1.0000		
Stdpop	0.5403	0.5681	0.2723	0.2703	0.2281	-0.4732	-0.9535	0.2009	1.0000	
Stdgdp	0.8872	0.8749	0.7286	0.6063	0.6992	0.1402	-0.7240	-0.1494	0.6925	1.0000

表 7 - 9

变量的相关系数检验结果（2）

相关系数	PCAEXP	PCAIMP	PCATPI	PCAEIFS	PCATDS	Stdinsitute	Stdtfp	Stdtariff	Stdpop	Stdgdp
PCAEXP	1.0000									
PCAIMP	0.8635	1.0000								
PCATPI	0.7466	0.7270	1.0000							
PCAEIFS	0.4186	0.4007	0.5607	1.0000						
PCATDS	0.7328	0.7158	0.9424	0.4848	1.0000					
Stdinsitute	0.3863	0.3838	0.4637	0.2723	0.4759	1.0000				
Stdtfp	-0.4182	-0.4503	-0.3219	-0.1542	-0.2738	0.3778	1.0000			
Stdtariff	-0.2922	-0.3021	-0.4169	-0.1474	-0.4225	-0.5231	-0.1681	1.0000		
Stdpop	0.3647	0.3926	0.2743	0.1389	0.2320	-0.4732	-0.9535	0.2009	1.0000	
Stdgdp	0.6729	0.6831	0.6726	0.3817	0.6407	0.1402	-0.7240	-0.1494	0.6925	1.0000

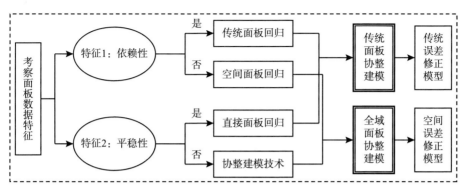

图 7 - 1　面板数据建模思路

资料来源：作者采用 M S Word 软件绘制。

①面板数据横截面相依性的检验方法。

布鲁施和佩根（Breusch and Pagan，1980）提出的拉格朗日乘数（LM）检验方法用于横截面是否存在依赖特征，但 LM 检验法主要适用于时间跨度 T 大于横截面单元 N 的长面板检验，佩沙兰（Pesaran，2004）对其进行了修正，重新构建了适用于 N 大于 T 的情形 LM 统计量（以下简称 Adj LM），并在此基础上，进一步构建了新的横截面依赖（CD）检验统计量，可用于宽面板的检验。具体的计算公式如下：

$$LM = T \sum_{i=1} \sum_{j=i+1} \rho_{ij}^2 \tag{7.6}$$

$$Adj\ LM = \sqrt{\frac{1}{N(N-1)}} \sum_{i=1}^{N-1} \sum_{j=i+1}^{N} (T\rho_{ij}^2 - 1) \tag{7.7}$$

$$CD = \sqrt{\frac{2T}{N(N-1)}} \left| \sum_{i=1}^{N-1} \sum_{j=i+1}^{N} \rho_{ij} \right| \tag{7.8}$$

其中，ρ_{ij} 是基于 OLS 回归残差的成对（pairwise）相关系数。*LM*、*Adj LM* 和 *CD* 检验的原假设 H_0 是横截面单位相互独立，如果拒绝原假设 H_0，意味着样本横截面单元具有相依性。

②空间相关性的判定方法。

空间计量经济学研究的空间效应包括空间相关性和空间异质性。计算和检验一个地区的经济行为在地理空间上有没有表现出空间自相关性、是否存在空间集聚现象，可通过空间统计学中的莫兰（Moran）指数、Geary 系数和 Getis 指数进行判断。目前，Moran 指数的应用最多。Moran 指数分全域 Moran 指数和局域 Moran 指数两种。

全域 Moran 指数的计算公式如下：

$$Moran\ I = \frac{\sum_{i=1}^{n} \sum_{j=1}^{n} w_{ij}(y_i - \bar{y})(y_j - \bar{y})}{S^2 \sum_{i=1}^{n} \sum_{j=1}^{n} W_{ij}} \tag{7.9}$$

其中，y_i 表示第 i 空间单元的观测值（这里指国际贸易网络中心性指标），n 为空间单元数，w_{ij} 为空间权重矩阵元素，$S^2 = \frac{1}{n} \sum_{i=1}^{n} (y_i - \bar{y})^2$，$\bar{y} = \frac{1}{n} \sum_{i=1}^{n} y_i$。全域 Moran 指数取值范围为 $[-1, 1]$，该指数值大于 0 表示空间存在正相关，且其值越大表明空间分布的相关性越强；其值小于 0 表示空间邻接单元不存在相似的属性；其值为 0 表示空间单元的观测值是随机分布的（吴玉鸣和陈志建，2009）。

③面板数据平稳性的检验方法。

面板单位根检验是判断面板数据是否平稳的有效方法。根据截面单元相关性的假定不同，面板单位根检验方法可分为两代。第一代面板单位根检验假定各截面单元相互独立，如 LLC 检验（Levin et al.，2002）、IPS 检验（Im et al.，2003）、ADF – Fisher 检验/PP – Fisher 检验（2001）、M&W 检验（1999）等。尽管这些方法在面板数据的分析中得到了广泛的应用，但这类方法在检验具有横截面依赖的变量的平稳性检验时可能会出现误判。第二代面板单位根检验则充分考虑了横截面的依赖性，将各个横截面单元所有面临的随机因素和共同因素都考虑进去，使得变量的平稳性检验变得更加有效，如 MP 检验（Moon and Perron，2004）、CIPS 检验（Pesaran，2007）等。下面简要说明后文要用到的 IPS 检验和 CIPS 检验的原理。

IPS 检验首先基于基本模型 [见式（7.10）] 对每个截面单元进行 OLS 回归，然后得到每个截面单元估计值 $\hat{b}_i$ 对应的 t_i 统计量，记为 $t_{iT}(p_i)$，然后利用 t_i 统计量的均值构造扩展的 Dicker – Fuller 统计量（ADF）用于检验面板数据 y_{it} 是否存在单位根，IPS 统计量的计算公式如式（7.10）所示。

$$\Delta y_{it} = a_i + b_i y_{i,t-1} + \sum_{j=1}^{p} c_{ij} \Delta y_{t-j} + \varepsilon_{it}, \ i = 1, 2, \cdots, N, \ t = 1, 2, \cdots, T$$

$$(7.10)$$

$$IPS = \bar{t}_{NT} = N^{-1} \sum_{i=1}^{N} t_{iT}(p) \tag{7.11}$$

考虑到 IPS 检验假设横截面独立可能不符合实际，佩沙兰（Pesaran，2007）通过引入截面均值水平变量及其差分变量对 IPS 检验模型进行修正后构建回归模型（7.12），通过回归得到每个截面单元估计参数 $\hat{b}_i'$ 的 t_i' 统计量，然后用 t_i' 统计量均值构造横截面相依的扩展的 Dicker – Fuller 统计量（CADF），用于检验 y_{it} 是否存在单位根，CIPS 统计量的计算公式如式（7.13）所示。

$$\Delta y_{it} = a_i' + b_i' y_{i,t-1} + c_i' \bar{y}_{t-1} + \sum_{j=0}^{p'} d_{ij}' \Delta \bar{y}_{t-j} + \sum_{j=1}^{p'} e_{ij}' \Delta \bar{y}_{i,t-j} + \varepsilon_{it},$$
$$i = 1, 2, \cdots, N, \ t = 1, 2, \cdots, T \tag{7.12}$$

$$CIPS = \bar{t}_{NT}' = N^{-1} \sum_{i=1}^{N} t_i'(p') \tag{7.13}$$

④空间面板模型的构建、估计及优劣判断方法。

当证实了贸易网络特征变量存在空间相关性后，可进一步构建空间面板模型分析不同金融网络特征变量对"一带一路"贸易网络特征形成的驱动作用。根据空间面板模型设定时对"空间"的体现方法不同，空间面板模型可分成两种。一种是空间面板自回归模型（SAR），也称为空间面板滞后模型（SLM），主要是用于研究相邻国家的行为特征对系统中其他国家的行为特征的影响，其表达式如下：

$$y_{it} = \rho \sum_{j=1}^{N} w_{ij} y_{jt} + \beta_1 x1_{it} + \beta_2 x2_{it} + \beta_3 x3_{it} + \cdots + \beta_{(k)} x(k)_{it} + \mu_i + \varepsilon_{it}$$

$$(7.14)$$

另一种是空间面板误差模型（SEM），这种模型中国家间的相互关系是通过误差项来体现的。当国家间的行为特征相互作用因所处的相对位置不同而存在差异时，则需要采用空间误差面板模型，其表达式如下：

$$y_{it} = \beta_1 x1_{it} + \beta_2 x2_{it} + \beta_3 x3_{it} + \cdots + \beta_{(k)} x(k)_{it} + \mu_i + \varphi_{it}$$

$$\varphi_{it} = \lambda \sum_{j=1}^{N} w_{ij}\varphi_{jt} + \varepsilon_{it} \qquad\qquad (7.15)$$

在式（7.15）中，i 是横截面个数即空间单元个数（$i = 1$，2，…，N），t 是时间长度即样本期间（$t = 1$，2，…，T），被解释变量 y 为 $N \times T$ 向量，解释变量 $x(k)$ 为第 k 个 $N \times T$ 维向量，$\beta_{(k)}$ 为第 k 个待估参数，w_{ij} 为 $i \times i$ 维空间权重矩阵中的一个组成元素，ε_{it} 是一个独立同分布的且满足均值为零、期望为 σ^2 的误差项，μ_i 体现了具体的空间效应，ρ 为空间自回归系数，φ_{it} 反映的是空间自回归误差条件，λ 为空间自相关系数。

当模型包含空间滞后被解释变量时，最小二乘法（OLS）估计式（7.14）的参数不仅是有偏的而且是非一致的；当模型包含空间误差项的情况下，OLS 估计式（7.15）的参数值虽然满足无偏性和一致性，但不再满足有效性假定。为此，需要寻找有效的替代方法估计式（7.15）的参数值。安瑟林（Anselin，1988）认为极大似然法（ML）是估计空间计量模型的最好选择。用 ML 方法估计相关参数的过程可以利用 Matlab 空间计量工具箱得以实现。

由于 SAR 模型和 SEM 模型的估计结果可能存在差异，有必要在不同结果的优劣判断的基础上选择相对最优的结果。本书采用两种方法进行优劣判断。方法一是根据对数化的极大似然值（Log L）的大小进行判断，一般认为 Log L 统计量较大的模型对应的估计结果较好。方法二是根据保罗·埃尔霍斯特（Paul Elhorst，2010）设计的拉格朗日乘数（LM）检验统计量（LM_{SAR}、LM_{SEM}、Robust LM_{SAR} 和 Robust LM_{SEM}）进行判断。相关统计量的计算方法是先用最小二乘法（LS）估计不考虑空间相关性的受约束模型，然后根据估计模型得到的有关信息代入公式计算相应的四个统计量。在同样满足显著性条件下，一般认为 LM 统计量较大的模型，其估计结果相对更优；如果仅根据 LM 统计量不能做出判断，需要结合 Robust LM 统计量的大小进行补充判断，同样以较大的 Robust LM 统计量对应的模型作为最终选择。

（2）空间面板数据的实证分析结果与解释。

①变量横截面依赖性检验。

采用 LM、Adj LM 和 CD 统计量检验横截面相关的结果见表 7 – 10。由于样本量 $N(N = 31)$ 大于时期数 $t(t = 20)$，选择 LM 统计量进行判断出现误判,选择 Adj LM 和 CD 统计量进行判断更为合理。由表 7 - 10 可知,变量 STDWDEEXP、STDWDEIMP、STDWDETPI、STDWDEEIFS、STDWDETDS 的 Adj LM 统计量和 CD 统计量至少在 10% 的显著性水平下拒绝了原假设,这意味着不同国家的出口、进口、资产组合网络、股权与基金份额网络和总借贷网络的加权度中心性具有横截面依赖(Corss - Section Dependence,CSD)特征。类似地,变量 PCAEXP、PCAIMP、PCATPI、PCAEIFS、PCATDS 的 Adj LM 统计量和 CD 统计量也均至少在 10% 的显著性水平下拒绝了原假说,这意味着不同国家的出口网络、进口网络、资产组合投资网络、股权与基金份额投资网络和总借贷网络的网络中心性也都具有横截面依赖特征。此外,控制变量 Stdinstitute、Stdtfp、Stdtariff、Stdpop、Stdgdp 的 Adj LM 统计量和 CD 统计量至少在 10% 的显著性水平下拒绝了原假设,这意味着不同国家的制度属性特征、技术进步特征、关税税率、人口总量和经济规模特征值也都具有横截面依赖特征。

②空间相关性的检验结果。

表 7 - 11 是指标 STDWDEEXP、STDWDEIMP、PCAEXP、PCAIMP 根据式(7.9)计算得到的全域 Moran 指数。由表 7 - 11 可知,STDWDEEXP、STDWDEIMP、PCAEXP、PCAIMP 指标分别结合地理距离空间权重矩阵(Dist_W1)[①] 计算得到的 2001 ~ 2018 年的全域 Moran 指数,除了 2014 年和 2017 年的 STDWDEEXP 变量和 STDWDEIMP 变量外,其余指数全部通过了 10% 的显著性水平检验,由于相应的全域 Moran 指数的计算值大约在 0. 201 ~ 0. 370 之间,表明"一带一路"沿线国家的出口(进口)网络的加权度中心性、综合性出口(进口)网络中心性各自在空间分布上存在显著的正向相关性。根据地理距离空间权重得到的结果几乎全部显著为正,这在一定程度上证实了"一带一路"沿线国家的出口(进口)贸易网络中心性都具有正向空间相关特征。上述结果意味着,进入 21 世纪以来,"一带一路"沿

---

① 根据蒂埃里·梅耶和索莱达·齐格纳戈(Thierry Mayer and Soledad Zignago,2011)编写的关于 CEPII 距离测量的注释(Notes on CEPII's Distances Measures:The GeoDist Database),Distw - W1 和 Distw - W2 的区别在于,在计算距离空间权重 Distw - W1 时,θ 设为 1;而在计算距离空间权重矩阵 Distw - W2 时,θ 设为 -1,这样对应的两个空间权重矩阵完全不同。

线国家的出口（进口）贸易网络的中心性变化并不具有随机特征，而出口（进口）贸易网络中心性的国家具有显著的地理集中的趋势，即出口（进口）贸易网络中心性较高的国家在地理上相互邻近，而出口（进口）贸易网络中心性相对较低的国家在地理上也趋于集中。

类似地，表 7 – 12 是结合新的地理距离空间权重矩阵（Dist_W2）计算得到的 2001 ~ 2018 年间的全域 Moran 指数，除了 2014 年、2016 年、2017 年和 2018 年的 STDWDEEXP 变量、2014 年和 2017 年的 STDWDEIMP 变量外，其余指数全部通过了 10% 的显著性水平检验，由于相应的全域 Moran 指数的计算值大约在 0.201 ~ 0.370 之间，表明"一带一路"沿线国家的出口（进口）网络加权度中心性、综合性出口（进口）网络中心性各自在空间分布上存在显著的正向相关性。

③变量单位根检验。

LLC 检验、IPS 检验、ADF – Fisher 检验、PP – Fisher 检验、M&W 检验和 CIPS 检验的结果见表 7 – 13。LLC 检验、IPS 检验、ADF – Fisher 检验、PP – Fisher 检验、M&W 检验都是假定面板数据是独立的，这 5 个面板单位根检验的统计量均在 1% 的显著性水平下拒绝原假设，表明变量 STDWDE-EXP、STDWDEIMP、STDWDETPI、STDWDEEIFS、STDWDETDS、PCAEXP、PCAIMP、PCATPI、PCAEIFS、PCATDS、Stdinstitute、Stdtfp、Stdtariff、Std-pop、Stdgdp 均不存在单位根。由于面板数据的观测单元具有横截面依赖特征，为了保证检验结果的稳固性，本章进一步选择 CIPS 方法进行平稳性检验，由表 7 – 13 可知，针对变量 STDWDEEXP、STDWDEIMP、STDW-DETPI、STDWDEEIFS、STDWDETDS、PCAEXP、PCAIMP、PCATPI、PCAEIFS、PCATDS、Stdinstitute、Stdtfp、Stdtariff、Stdpop、Stdgdp 的水平值（Diff = 0），当模型检验形式为带有趋势项或者不带趋势项检验的情形下，这 15 个变量均在 1% 的显著性水平下拒绝原假设。综合判断，这表明无论是基于第一代面板单位根检验，还是基于第二代面板单位根检验，这 15 个变量均为平稳变量。

④空间计量模型的识别与估计。

因为出口（进口）贸易网络的中心性特征变量存在空间相关性和横截

表 7 - 10　　变量横截面依赖性检验结果

变量	LM 统计量	P 值	Adj LM 统计量	P 值	CD 统计量	P 值	结论
STDWDEEXP	1764.8250	0.8598	-2.0856 **	0.0370	-2.7101 ***	0.0067	CSD
STDWDEIMP	1727.4090	0.9571	-2.7041 ***	0.0068	-2.7212 ***	0.0065	CSD
STDWDETPI	1764.6570	0.8604	-2.0884 **	0.0368	-2.1931 **	0.0283	CSD
STDWDEEIFS	1777.3750	0.8071	-1.8782 *	0.0604	-2.1452 **	0.0319	CSD
STDWDETDS	1707.1180	0.9807	-3.0395 ***	0.0024	-2.4368 **	0.0148	CSD
PCAEXP	1818.2460	0.5729	-1.2026	0.2291	-2.0129 **	0.0441	CSD
PCAIMP	1833.2160	0.4744	-0.9551	0.3395	-1.6722 *	0.0945	CSD
PCATPI	1793.8280	0.7227	-1.6062	0.1082	-2.1747 **	0.0297	CSD
PCAEIFS	1864.4570	0.2820	-0.4387	0.6608	-1.6236 *	0.1045	CSD
PCATDS	1763.2430	0.8657	-2.1118	0.0347	-2.1460 **	0.0319	CSD
Stdinstitute	1933.1980 **	0.0459	0.6975	0.4855	-2.7263 ***	0.0064	CSD
Stdtfp	1632.6960	0.9996	-4.2696 ***	0.0000	-2.5376 **	0.0112	CSD
Stdtariff	1940.2270 **	0.0361	0.8137	0.4158	-1.7137 *	0.0866	CSD
Stdpop	1740.9840	0.9312	-2.4797 **	0.0131	-2.7554 ***	0.0059	CSD
Stdgdp	1812.2260	0.6117	-1.3021	0.1929	-1.8811 **	0.0600	CSD

注：*** 表示在 1% 的显著性水平下拒绝原假设。

表 7－11　国际贸易网络中心性的全局 Moran's I 指标、Z 统计量及显著性水平（Dist_W1）

年份	STDWDEEXP			STDWDEIMP			PCAEXP			PCAIMP		
	Moran's I	Z值	P值	Moran's I	Z值	P值	Moran's I	Z值	P值	Moran's I	Z值	P值
2001	0.1803 ***	2.6411	0.0083	0.1679 **	2.4749	0.0133	0.1644 **	2.4272	0.0152	0.1933 ***	2.8157	0.0049
2002	0.2527 ***	3.6120	0.0003	0.2680 ***	3.8168	0.0001	0.1999 ***	2.9038	0.0037	0.2443 ***	3.4988	0.0005
2003	0.2124 ***	3.0711	0.0021	0.2283 ***	3.2846	0.0010	0.2722 ***	3.8729	0.0001	0.1805 ***	2.6437	0.0082
2004	0.2041 ***	2.9606	0.0031	0.2197 ***	3.1699	0.0015	0.2161 ***	3.1210	0.0018	0.1707 **	2.5122	0.0120
2005	0.2980 ***	4.2188	0.0000	0.2799 ***	3.9759	0.0001	0.2110 ***	3.0520	0.0023	0.2822 ***	4.0069	0.0001
2006	0.1195 *	1.8259	0.0679	0.1164 *	1.7837	0.0745	0.3127 ***	4.4168	0.0000	0.2602 ***	3.7127	0.0002
2007	0.1368 **	2.0579	0.0396	0.1469 **	2.1936	0.0283	0.1902 ***	2.7738	0.0055	0.1827 ***	2.6725	0.0075
2008	0.1790 ***	2.6231	0.0087	0.1928 ***	2.8086	0.0050	0.2402 ***	3.4448	0.0006	0.1805 ***	2.6433	0.0082
2009	0.3243 ***	4.5711	0.0000	0.2934 ***	4.1568	0.0000	0.1721 ***	2.5310	0.0114	0.1706 **	2.5104	0.0121
2010	0.1804 ***	2.6428	0.0082	0.1791 ***	2.6249	0.0087	0.2262 ***	3.2564	0.0011	0.1835 ***	2.6839	0.0073
2011	0.2869 ***	4.0710	0.0000	0.2674 ***	3.8083	0.0001	0.2518 ***	3.5996	0.0003	0.1755 ***	2.5762	0.0100
2012	0.2137 ***	3.0889	0.0020	0.2206 ***	3.1815	0.0015	0.2719 ***	3.8689	0.0001	0.2343 ***	3.3650	0.0008
2013	0.2950 ***	4.1786	0.0000	0.3780 ***	5.2920	0.0000	0.3450 ***	4.8487	0.0000	0.3178 ***	4.4845	0.0000
2014	0.0689	1.1472	0.2513	0.0724	1.1939	0.2325	0.2755 ***	3.9172	0.0001	0.1264 *	1.9185	0.0551
2015	0.1287 **	1.9493	0.0513	0.1276 **	1.9349	0.0530	0.1875 **	2.7371	0.0062	0.2271 ***	3.2684	0.0011
2016	0.1519 **	2.2595	0.0238	0.1402 **	2.1036	0.0354	0.4134 ***	5.7667	0.0000	0.2446 ***	3.5025	0.0005
2017	0.0894	1.4222	0.1550	0.0904	1.4354	0.1512	0.2468 ***	3.5331	0.0004	0.4120 ***	5.7475	0.0000
2018	0.2236 ***	3.2209	0.0013	0.2182 ***	3.1493	0.0016	0.2991 ***	4.2343	0.0000	0.4624 ***	6.4236	0.0000

注：*、**、*** 分别表示10%、5%、1%的显著性水平。

表 7－12　国际贸易网络中心性的全局 Moran's I 指标、Z 统计量及显著性水平（Dist_W2）

年份	STDWDEEXP			STDWDEIMP			PCAEXP			PCAIMP		
	Moran's I	Z值	P值	Moran's I	Z值	P值	Moran's I	Z值	P值	Moran's I	Z值	P值
2001	0.1649 ***	2.5905	0.0096	0.1674 ***	2.6251	0.0087	0.1608 **	2.5318	0.0113	0.2229 ***	3.4171	0.0006
2002	0.2535 ***	3.8536	0.0001	0.2589 ***	3.9314	0.0001	0.1864 ***	2.8969	0.0038	0.2365 ***	3.6121	0.0003
2003	0.1324 **	2.1269	0.0334	0.1309 **	2.1052	0.0353	0.2593 ***	3.9362	0.0001	0.1631 ***	2.5640	0.0103
2004	0.2209 ***	3.3895	0.0007	0.2456 ***	3.7417	0.0002	0.2064 ***	3.1826	0.0015	0.1672 ***	2.6233	0.0087
2005	0.2938 ***	4.4294	0.0000	0.2783 ***	4.2083	0.0000	0.1987 ***	3.0722	0.0021	0.2679 ***	4.0595	0.0000
2006	0.1028 *	1.7047	0.0882	0.0996 *	1.6590	0.0971	0.3110 ***	4.6736	0.0000	0.2319 ***	3.5464	0.0004
2007	0.1282 **	2.0667	0.0388	0.1458 **	2.3174	0.0205	0.1706 ***	2.6715	0.0076	0.1673 ***	2.6248	0.0087
2008	0.2406 ***	3.6693	0.0002	0.2449 ***	3.7316	0.0002	0.1754 ***	2.7402	0.0061	0.1956 ***	3.0276	0.0025
2009	0.2903 ***	4.3788	0.0000	0.2817 ***	4.2555	0.0000	0.1680 ***	2.6347	0.0084	0.1784 ***	2.7819	0.0054
2010	0.1688 ***	2.6462	0.0081	0.1694 ***	2.6542	0.0080	0.1709 ***	2.6752	0.0075	0.1544 **	2.4401	0.0147
2011	0.2573 ***	3.9087	0.0001	0.2404 ***	3.6675	0.0002	0.1916 ***	2.9710	0.0030	0.1947 ***	3.0157	0.0026
2012	0.1912 **	2.9649	0.0030	0.1964 ***	3.0398	0.0024	0.2985 ***	4.4957	0.0000	0.2430 ***	3.7037	0.0002
2013	0.2740 ***	4.1463	0.0000	0.3407 ***	5.0980	0.0000	0.2637 ***	3.9991	0.0001	0.1728 ***	2.7024	0.0069
2014	0.0629	1.1354	0.2562	0.0665	1.1857	0.2357	0.1591 **	2.5080	0.0121	0.1174	1.9128	0.0558
2015	0.1657 ***	2.6018	0.0093	0.1608 **	2.5318	0.0113	0.2041 ***	3.1494	0.0016	0.1901 ***	2.9496	0.0032
2016	0.1422	2.2661	0.0234	0.1328 **	2.1327	0.0330	0.3866 ***	5.7532	0.0000	0.2083 ***	3.2097	0.0013
2017	0.0809	1.3919	0.1640	0.0818	1.4043	0.1602	0.2385 ***	3.6400	0.0003	0.3713 ***	5.5348	0.0000
2018	0.1734	2.7113	0.0067	0.1709 ***	2.6753	0.0075	0.3319 ***	4.9728	0.0000	0.4326 ***	6.4083	0.0000

注：*、**、*** 分别表示10%、5%、1%的显著性水平。

表 7-13

变量平稳性检验结果

变量	LLC统计量 (Diff=0)	Prob值	IPS统计量 (Diff=0)	Prob值	ADF-Fisher (Diff=0)	Prob值	PP-Fisher (Diff=0)	Prob值	M&W (without trend)	Prob值	Ma&W (trend)	Prob值	CIPS (without trend)	Prob值	CIPS (trend)	Prob值	结论
STDWDEEXP	-24.0735 ***	0.0000	-18.5061 ***	0.0000	551.106 ***	0.0000	590.832 ***	0.0000	911.184 ***	0.0000	788.980 ***	0.0000	-20.330 ***	0.0000	-20.115 ***	0.0000	I (0)
STDWDEIMP	-21.8771 ***	0.0000	-17.3263 ***	0.0000	522.396 ***	0.0000	630.254 ***	0.0000	937.838 ***	0.0000	815.788 ***	0.0000	-20.337 ***	0.0000	-20.108 ***	0.0000	I (0)
STDWDETPI	-39.3640 ***	0.0000	-23.9216 ***	0.0000	858.188 ***	0.0000	876.365 ***	0.0000	965.646 ***	0.0000	837.903 ***	0.0000	-16.263 ***	0.0000	-20.128 ***	0.0000	I (0)
STDWDEEIFS	-39.1937 ***	0.0000	-22.1320 ***	0.0000	806.362 ***	0.0000	838.072 ***	0.0000	964.339 ***	0.0000	841.813 ***	0.0000	-16.570 ***	0.0000	-15.076 ***	0.0000	I (0)
STDWDETDS	-42.3601 ***	0.0000	-23.6491 ***	0.0000	832.273 ***	0.0000	832.332 ***	0.0000	458.386 ***	0.0000	374.579 ***	0.0000	-16.338 ***	0.0000	-14.795 ***	0.0000	I (0)
PCAEXP	-12.8788 ***	0.0000	-11.2468 ***	0.0000	351.443 ***	0.0000	612.327 ***	0.0000	864.139 ***	0.0000	779.260 ***	0.0000	-20.137 ***	0.0000	-19.693 ***	0.0000	I (0)
PCAIMP	-12.7835 ***	0.0000	-10.0669 ***	0.0000	332.221 ***	0.0000	558.472 ***	0.0000	676.995 ***	0.0000	595.297 ***	0.0000	-19.216 ***	0.0000	-18.665 ***	0.0000	I (0)
PCATPI	-8.95764 ***	0.0000	-9.75590 ***	0.0000	308.785 ***	0.0000	528.799 ***	0.0000	706.942 ***	0.0000	595.873 ***	0.0000	-17.368 ***	0.0000	-16.577 ***	0.0000	I (0)
PCAEIFS	-8.02183 ***	0.0000	-10.1408 ***	0.0000	320.914 ***	0.0000	615.289 ***	0.0000	441.291 ***	0.0000	355.487 ***	0.0000	-16.778 ***	0.0000	-15.714 ***	0.0000	I (0)
PCATDS	-10.0154 ***	0.0000	-10.1984 ***	0.0000	319.250 ***	0.0000	527.431 ***	0.0000	423.023 ***	0.0000	332.564 ***	0.0000	-16.617 ***	0.0000	-15.887 ***	0.0000	I (0)
Sdinstitute	-22.4897 ***	0.0000	-17.7498 ***	0.0000	517.448 ***	0.0000	574.805 ***	0.0000	373.278 ***	0.0000	291.519 ***	0.0000	-19.179 ***	0.0000	-18.581 ***	0.0000	I (0)
Stdifp	-52.1077 ***	0.0000	-23.8080 ***	0.0000	838.325 ***	0.0000	876.581 ***	0.0000	486.693 ***	0.0000	394.065 ***	0.0000	-14.594 ***	0.0000	-13.986 ***	0.0000	I (0)
Stdtariff	-28.2183 ***	0.0000	-25.5902 ***	0.0000	746.006 ***	0.0000	777.771 ***	0.0000	510.643 ***	0.0000	420.841 ***	0.0000	-12.754 ***	0.0000	-11.474 ***	0.0000	I (0)
Stdpop	-102.546 ***	0.0000	-21.7079 ***	0.0000	593.356 ***	0.0000	929.222 ***	0.0000	467.841 ***	0.0000	405.511 ***	0.0000	-14.743 ***	0.0000	-12.809 ***	0.0000	I (0)
Stdgdp	-24.9956 ***	0.0000	-17.4285 ***	0.0000	587.884 ***	0.0000	625.760 ***	0.0000	461.634 ***	0.0000	378.889 ***	0.0000	-15.253 ***	0.0000	-14.293 ***	0.0000	I (0)

注:*、**、*** 分别表示10%、5%、1% 的显著性水平。

面依赖性，在探究"一带一路"国际金融网络中心性特征对出口（进口）贸易网络的中心性的影响作用时，空间因素必须纳入相应的计量经济学模型。为此，我们构建空间面板数据模型进行分析。空间面板数据模型根据面板残差成分分解的不同，可分为空间固定效应模型和空间随机效应模型，本章选择空间固定效应模型进行估计[①]。表 7 - 14 是以 PCAEXP 为被解释变量，采用 ML 方法结合地理距离空间权重矩阵（Dist）估计式（7.14）和式（7.15）得到的结果。表 7 - 15 是以 PCAIMP 为被解释变量，同样采用 ML 方法结合地理距离空间权重矩阵（W1 = Dist_W1）估计式（7.14）和式（7.15）得到的结果。表 7 - 14 和表 7 - 15 的上半部分分别报告了无固定效应、空间固定效应、时间固定效应、时空双固定效应条件下的 ML 估计结果，表 7 - 14 和表 7 - 15 的下半部分同时给出了这 4 种效应情形下用于判断估计结果优劣的 LM_{SAR}、LM_{SEM}、Robust LM_{SAR}、Robust LM_{SEM} 统计量。由表 7 - 14 和表 7 - 15 的估计结果，可得到如下结论：

第一，根据 LM_{SAR} 统计量的显著性可知，无固定性效应、空间固定效应、时间固定效应、时空双固定效应条件下的模型都应该拒绝无空间滞后效应的原假设；类似地，LM_{SEM} 统计量以及 Robust LM_{SEM} 统计量的显著性均表明无固定性效应、空间固定效应、时间固定效应、时空双固定效应条件下同样应该拒绝不包含空间误差效应的原假设。进一步地，由于无固定效应、空间固定效应、时间固定效应以及时空双固定效应条件下的 SAR 模型中，分别体现空间相关关系的项 W1 × dep. var 的估计参数（ρ）十分显著地通过了 t 检验，而在对应的四种效应条件下的 SEM 模型中体现空间相关关系的项的估计参数（λ）未能通过 t 检验，这说明"一带一路"沿线国家出口（进口）贸易网络中心性特征存在明显的空间相关性；又由于这里估计出的 ρ 显著为负，表明"一带一路"沿线国家出口（进口）贸易网络中心性特征的空间效应更多地体现为一种排斥的竞争性效应，即邻接国家出口网络中心性特征程度越高，本国贸

---

① 根据巴蒂·巴尔塔基（Badi Baltag，2001）和保罗·埃尔霍斯特（Paul Elhorst，2003）的研究，当样本回归分析局限于一些特定的个体时，固定效应模型是更好的选择。由于我们仅针对"一带一路"61 个特定国家开展研究可直接使用固定效应模型展开分析。当然，也可以根据 Hausman 检验进行判断。限于篇幅，这里省略了这一过程。

易开放程度就越低；邻接国家出口（进口）网络中心性程度越低，本国出口（进口）网络中心性程度就相对越高。因此，后文将根据 SAR 模型的估计结果进行解释。又因为这里的空间固定效应的联合显著性检验统计量 LR – test 和时间固定效应联合显著性检验统计量 LR – test 均无法拒绝原假设，因而无固定效应的模型 SAR（1a）的估计结果更有说服力。需要指出的是，尽管如此，SAR（2a）、SAR（3a）和 SAR（4a）与 SAR（1a）的估计结果具有相似性，因而 SAR（2a）、SAR（3a）和 SAR（4a）的结果可以辅助说明 SAR（1）的可信度。

第二，以 PCAEXP 为被解释变量的空间滞后模型（SAR）的估计结果 SAR（1a）、SAR（2a）、SAR（3a）和 SAR（4a）中资产组合投资的网络中心度指标 PCATPI 的估计系数均为正数，且在 1% 的显著性水平下通过了 t 检验，这表明资产组合投资网络中心性显著地促进了出口网络中心性的形成。类似地，以 PCAIMP 为被解释变量的空间滞后模型（SAR）的估计结果 SAR（5a）、SAR（6a）、SAR（7a）和 SAR（8a）中资产组合投资的网络中心度指标 PCATPI 的估计系数均为正数，且在 1% 的显著性水平下通过了 t 检验，这表明资产组合投资网络中心性显著地促进了进口贸易网络中心性的形成。

第三，进一步结合表7–14和表7–15分析控制变量的估计参数，Stdinsitute 的估计参数显著为正，表明制度因素有利于出口（进口）贸易网络中心性特征的形成；Stdtfp 显著为负数，表明技术进步因素不利于出口（进口）贸易网络中心性特征的形成；Stdtariff 显著为正数，表明关税因素有利于出口（进口）贸易网络中心性特征的形成；Stdpop 显著为正数，表明人口因素有利于出口（进口）贸易网络中心性特征的形成；Stdgdp 显著为正数，表明制度因素有利于出口（进口）贸易网络中心性特征的形成。

进一步采用相似的策略，我们分别以 PCAEIFS 和 PCATDSFEN 分别代替 PCATPI，并采用 ML 方法结合地理距离空间权重矩阵（Dist_W1）估计式（7.14）和式（7.15），分别得到表7–16～表7–19的结果。根据表7–16～表7–19可知，结合 LM 统计量表明应该包含空间滞后效应或空间误差效应，而 SAR 模型体现空间相关关系的项 W1×dep. var 的估计参数（ρ）十分显著地通过了 t 检验，而 SEM 模型中体现空间误差相关关系的项的估计参数（λ）未能通过 t 检验，因此 SAR 模型的估计结果相对更合理一些。

表 7 – 14　空间面板回归（PCAEXP 为被解释变量，PCATPI 为主要解释变量）

变量	SAR 模型						SEM 模型					
	空间固定效应 SAR(2a)		时间固定效应 SAR(3a)		时空固定效应 SAR(4a)		空间固定效应 SEM(2a)		时间固定效应 SEM(3a)		时空固定效应 SEM(4a)	
	系数	t 值	系数	t 值	系数	t 值	系数	t 值	系数	t 值	系数	t 值
PCATPI	0.3493 ***	8.9130	0.3513 ***	9.1239	0.3436 ***	8.6922	0.2770 ***	9.4170	0.2813 ***	9.6909	0.2719 ***	9.0245
Stdinsiitute	0.8033 ***	9.7990	0.8077 ***	9.9065	0.8196 ***	9.9033	0.6346 ***	10.4339	0.6371 ***	10.5027	0.6446 ***	10.3452
Stdtfp	-0.5839 **	-2.3333	-0.6430 ***	-2.5597	-0.6288 **	-2.4965	-0.4054 **	-2.1197	-0.4342 **	-2.2625	-0.4370 **	-2.2314
Stdtariff	0.2158 *	1.8717	0.1976 *	1.7488	0.2469 **	2.1291	0.1348	1.5257	0.1092	1.2569	0.1512	1.6755
Stdpop	0.3169 **	2.0608	0.3751 **	2.4305	0.2994 **	1.9311	0.2622 **	2.2237	0.3190 ***	2.6831	0.2544 **	2.1090
Stdgdp	0.0696	0.2286	-0.0072	-0.0235	0.1129	0.3684	0.0957	0.4090	0.0250	0.1048	0.1196	0.5012
W1 × dep. var	-0.9980 ***	-6.9790	-0.9980 ***	-6.9956	-0.9980 ***	-6.9701						
Spat. aut.							0.0170	0.2110	-0.0360	-0.4266	-0.0280	-0.3343
R – squared	-0.1172		-0.1903		-0.1405		0.337		0.2761		0.313	
Rbar – squared	-0.1898		-0.217		-0.2351		0.2946		0.2606		0.2568	
Sigma²	0.2215		0.236		0.2261		0.1315		0.1435		0.1362	
Nobs	1098		1098		1098		1098		1098		1098	
Log – likelihood	-501.804		-530.354		-506.676		-448.493		-482.034		-455.457	
LM test lag	252.3635 ***	0	234.5569 ***	0	242.0834 ***	0						
Robust LM test lag	0.0438	0.8340	0.0010	0.975	0.1115	0.738						
LM test error							272.4350 ***	0	256.0812 ***	0	260.2936 ***	0
Robust LM test error							20.1153 ***	0	21.5253 ***	0	18.3217 ***	0
LR – test 空间固定效应	53.8776	0.7293	242.0834	0								
LR – test 时期固定效应	9.0236	0.9592	0.1115	0.738								

注：***、**、* 分别表示 1%、5%、10% 的显著性水平。

表 7 – 15　空间面板回归（PCAIMP 为被解释变量，PCATPI 为主要解释变量）

变量	SAR 模型						SEM 模型					
	SAR(6a) 空间固定效应		SAR(7a) 时间固定效应		SAR(8a) 时空固定效应		EM(6a) 空间固定效应		EM(7a) 时间固定效应		EM(8a) 时空固定效应	
	系数	t 值	系数	t 值	系数	t 值	系数	t 值	系数	t 值	系数	t 值
PCATPI	0.1909 ***	7.0898	0.2191 ***	7.7961	0.1852 ***	6.7830	0.1524 ***	7.4212	0.1774 ***	8.2274	0.1479 ***	7.1170
Stdinsitute	0.4229 ***	7.5424	0.3855 ***	6.5641	0.4355 ***	7.6512	0.3417 ***	8.0508	0.3149 ***	6.9907	0.3504 ***	8.1552
Stdtfp	-0.4709 ***	-2.7134	-0.3588 **	-1.9491	-0.5005 ***	-2.8497	-0.3695 ***	-2.7747	-0.2803 **	-1.9696	-0.3936 ***	-2.9206
Stdtariff	0.1018	1.2758	-0.0242	-0.2925	0.1128	1.3980	0.0794	1.2872	-0.0203	-0.3155	0.0873	1.4029
Stdpop	0.2057 **	1.9317	0.2418 **	2.1360	0.2131 **	1.9733	0.1614 **	1.9590	0.2035 **	2.3040	0.1677 **	2.0142
Stdgdp	0.0370	0.1754	0.0078	0.0347	0.0198	0.0926	0.0617	0.3769	0.0305	0.1727	0.0453	0.2751
W1 × dep. var	-0.9980 ***	-6.7942	-0.9980 ***	-6.8031	-0.9980 ***	-6.7845						
Spat. aut.							-0.0110	-0.1333	-0.0620	-0.7184	-0.0060	-0.0733
R – squared		-0.0918		-0.3054		-0.1267		0.3335		0.1813		0.3264
Rbar – squared		-0.1628		-0.3346		-0.2201		0.2909		0.1638		0.2713
Sigma²		0.1063		0.1271		0.1097		0.0649		0.0797		0.0656
Nobs		1098		1098		1098		1098		1098		1098
Log – likelihood		-98.6248		-188.803		-106.809		-52.9837		-151.929		-60.2044
LM test lag	252.9672 ***	0	220.8730 ***	0	237.9281 ***	0						
Robust LM test lag	0.1853	0.667	0.8784	0.349	0.1186	0.731						
LM test error							272.7018 ***	0	243.6192 ***	0	257.4900 ***	0
Robust LM test error							17.3898 ***	0	20.9000 ***	0	16.1735 ***	0
LR – test 空间固定效应	186.4998	0										
LR – test 时期固定效应	11.9330	0.8507										

注：***、**、* 分别表示 1%、5%、10% 的显著性水平。

由于表 7 – 16 和表 7 – 18 中分别衡量金融网络中心度变量 PCAEIFS 和 PCATDS 的估计系数均为正数，且在 1% 的显著性水平下通过了 t 检验，这表明股权与基金份额投资网络中心性和总借贷网络中心性显著地促进了出口贸易网络中心性的形成。而由于表 7 – 17 和表 7 – 19 中分别衡量国际金融网络中心度变量 PCAEIFS 和 PCATDS 的估计系数均为正数，且在 1% 的显著性水平下通过了 t 检验，这表明股权与基金份额投资网络中心性和总借贷网络中心性显著地促进了进口网络中心性的形成。

此外，表 7 – 16 至表 7 – 19 中控制变量的估计参数同样表明，Stdinsitute 的估计参数显著为正，表明制度因素有利于出口（进口）贸易网络中心性特征的形成；Stdtfp 显著为负，表明技术进步因素不利于出口（进口）贸易网络中心性特征的形成；Stdtariff 显著为正，表明关税因素有利于出口（进口）贸易网络中心性特征的形成；Stdpop 显著为正，表明人口因素有利于出口（进口）贸易网络中心性特征的形成；Stdgdp 显著为正，表明制度因素有利于出口（进口）贸易网络中心性特征的形成。这与表 7 – 14 和表 7 – 15 中对应参数的估计值在正负性和显著性方面具有完全一致性。

⑤稳固性检验。

为了得到稳固性结论，我们以标准化加权中心度指标代替主成分得到的中心度指标对式（7.14）和式（7.15）的参数进行了重新估计。表 7 – 20 是以 STDWDEEXP 为被解释变量，采用 ML 方法结合地理距离空间权重矩阵（Dist）估计式（7.14）和式（7.15）得到的结果。表 7 – 21 是以 STDWDE-IMP 为被解释变量，同样采用 ML 方法结合地理距离空间权重矩阵（Dist）估计式（7.14）和式（7.15）得到的结果。表 7 – 20 和表 7 – 21 的上半部分分别报告了无固定效应、空间固定效应、时间固定效应、时空双固定效应条件下的 ML 估计结果，表 7 – 20 和表 7 – 21 的下半部分同时给出了这 4 种效应情形下用于判断估计结果优劣的 LM_{SAR}、LM_{SEM}、Robust LM_{SAR}、Robust LM_{SEM} 统计量。由表 7 – 20 和表 7 – 21 的估计结果，可得到如下结论：

第一，根据 LM_{SAR} 统计量的显著性，无固定性效应、空间固定效应、时间固定效应、时空双固定效应条件下的模型都拒绝无空间滞后效应的原假设；类似地，LM_{SEM} 统计量以及 Robust LM_{SEM} 统计量的显著性均表明无固定性

表 7－16　　空间面板回归（PCAEXP 为被解释变量，PCAEIFS 为主要解释变量）

变量	SAR 模型						SEM 模型					
	空间固定效应 SAR(2b)		时间固定效应 SAR(3b)		时空固定效应 SAR(4b)		空间固定效应 SEM(2b)		时间固定效应 SEM(3b)		时空固定效应 SEM(4b)	
	系数	t值	系数	t值	系数	t值	系数	t值	系数	t值	系数	t值
PCAEIFS	0.0512	1.3108	0.0646 **	1.6470	0.0456	1.1625	0.0438	1.4279	0.0551 *	1.8066	0.0389	1.2832
Stdinsitute	1.0932 ***	13.5337	1.1018 ***	13.7202	1.1076 ***	13.6221	0.8625 ***	14.5425	0.8713 ***	14.9482	0.8718 ***	14.8628
Stdtfp	-1.0006 ***	-3.8686	-1.0381 ***	-3.9755	-1.0353 ***	-3.9810	-0.7390 ***	-3.6587	-0.7511 ***	-3.7385	-0.7614 ***	-3.8266
Stdtariff	0.1033	0.8696	0.0536	0.4625	0.1363	1.1426	0.0409	0.4385	-0.0084	-0.0935	0.0648	0.7044
Stdpop	0.3893 **	2.4358	0.4214 ***	2.6220	0.3744 **	2.3279	0.3213 ***	2.5731	0.3557 ***	2.8523	0.3121 **	2.5197
Stdgdp	0.4495	1.4368	0.4212	1.3336	0.4847	1.5424	0.3916	1.5998	0.3675	1.4945	0.4154 *	1.7121
W1 × dep. var	-0.9980 ***	-6.8516	-0.9980 ***	-6.8685	-0.9980 ***	-6.8491						
Spat. aut.							-0.0080	-0.0972	-0.0330	-0.3922	-0.0020	-0.0247
R – squared	-0.1999		-0.2816		-0.2211		0.2765		0.2181		0.2716	
Rbar – squared	-0.278		-0.3103		-0.3223		0.2302		0.2014		0.212	
Sigma²	0.2379		0.2541		0.2421		0.1435		0.155		0.1444	
Nobs	1098		1098		1098		1098		1098		1098	
Log – likelihood	-541.038		-571.501		-544.733		-489.46		-525.125		-494.828	
LM test lag	258.8462 ***	0	241.3206 ***	0	249.5549 ***	0						
Robust LM test lag	0.0180	0.893	0.2302	0.631	0.0018	0.966						
LM test error							276.8990 ***	0	262.1586 ***	0	266.3401 ***	0
Robust LM test error							18.0707	0	21.0682 ***	0	16.7871 ***	0
LR – test 空间固定效应	60.7625	0.4845										
LR – test 时期固定效应	7.6353	0.9836										

注：***、**、*分别表示1%、5%、10%的显著性水平。

表 7－17　空间面板回归（PCAIMP 为被解释变量，PCAEIFS 为主要解释变量）

变量	SAR 模型 SAR(6b) 空间固定效应		SAR(7b) 时间固定效应		SAR(8b) 时空固定效应		SEM 模型 EM(6b) 空间固定效应		EM(7b) 时间固定效应		EM(8b) 时空固定效应	
	系数	t 值	系数	t 值	系数	t 值	系数	t 值	系数	t 值	系数	t 值
PCAEIFS	0.0187	0.6998	0.0395	1.3859	0.0108	0.3993	0.0112	0.5398	0.0310	1.3917	0.0043	0.2086
Stdinsitute	0.5847 ***	10.8290	0.5692 ***	10.0629	0.5955 ***	10.9016	0.4727 ***	11.7349	0.4645 ***	10.9192	0.4804 ***	11.8963
Stdfp	-0.6917 ***	-3.9088	-0.6045 ***	-3.1944	-0.7087 ***	-3.9630	-0.5465 ***	-3.9962	-0.4788 ***	-3.2723	-0.5606 ***	-4.0831
Stdtariff	0.0414	0.5100	-0.1140	-1.3526	0.0545	0.6651	0.0320	0.5055	-0.0925	-1.4069	0.0416	0.6574
Stdpop	0.2485 ***	2.2752	0.2710 **	2.3220	0.2582 **	2.3358	0.1967 **	2.3141	0.2272 **	2.4933	0.2056 **	2.4146
Stdgdp	0.2435	1.1382	0.2750	1.1984	0.2191	1.0145	0.2257	1.3523	0.2481	1.3794	0.2027	1.2164
$W1 \times$ dep. var	-0.9980 ***	-6.7206	-0.9980 ***	-6.7185	-0.9980 ***	-6.7176						
Spat. aut.							-0.0030	-0.0370	-0.0460	-0.5407	0.0290	0.3639
R－squared	-0.1428		-0.3778		-0.175		0.3037		0.1393		0.308	
Rhar－squared	-0.2171		-0.4086		-0.2724		0.2591		0.1208		0.2513	
$Sigma^2$	0.1112		0.1341		0.1144		0.0678		0.0838		0.0674	
Nobs	1098		1098		1098		1098		1098		1098	
Log－likelihood	-123.686		-219.06		-130.501		-79.2531		-183.766		-84.8636	
LM test lag	255.9519 ***	0	224.6293 ***	0	241.8483 ***	0						
Robust LM test lag	0.6399	0.424	1.9101	0.167	0.5318	0.466						
LM test error							272.7018 ***	0	243.6192 ***	0	257.4900 ***	0
Robust LM test error							17.3898 ***	0	20.9000 ***	0	16.1735 ***	0
LR－test 空间固定效应	200.0144	0					200.0144	61				
LR－test 时期固定效应	10.5697	0.9117					10.5697	18				

注：***、**、*分别表示 1%、5%、10% 的显著性水平。

表7－18　空间面板回归（PCAEXP 为被解释变量，PCATDS 为主要解释变量）

变量	SAR(2c) 空间固定效应 系数	t值	SAR(3c) 时间固定效应 系数	t值	SAR(4c) 时空固定效应 系数	t值	SEM(2c) 空间固定效应 系数	t值	SEM(3c) 时间固定效应 系数	t值	SEM(4c) 时空固定效应 系数	t值
	SAR 模型						SEM 模型					
PCATDS	0.3329 ***	8.3752	0.3427 ***	8.7964	0.3296 ***	8.2285	0.2614 ***	8.6690	0.2721 ***	9.2134	0.2586 ***	8.5392
Stdinsitute	0.8424 ***	10.3212	0.8435 ***	10.4251	0.8565 ***	10.4052	0.6676 ***	10.9768	0.6674 ***	11.0890	0.6759 ***	11.0660
Stdtfp	-0.6199 **	-2.4685	-0.6762 ***	-2.6872	-0.6637 ***	-2.6281	-0.4365 **	-2.2564	-0.4625 **	-2.3968	-0.4679 **	-2.4170
Stdtariff	0.1749	1.5159	0.1644	1.4572	0.2063 **	1.7795	0.1022	1.1447	0.0818	0.9383	0.1217	1.3621
Stdpop	0.4362 ***	2.8269	0.4963 ***	3.2055	0.4188 ***	2.6939	0.3566 ***	2.9902	0.4161 ***	3.4780	0.3473 ***	2.9001
Stdgdp	-0.0388	-0.1259	-0.1335	-0.4285	0.0008	0.0027	0.0136	0.0569	-0.0728	-0.3011	0.0367	0.1529
W1 × dep. var	-0.9980 ***	-6.9705	-0.9980 ***	-6.9936	-0.9980 ***	-6.9638						
Spat. aut.							-0.0160	-0.1931	-0.0460	-0.5403	-0.0240	-0.2878
R – squared	-0.1267		-0.1967		-0.1487		0.3187		0.2672		0.3082	
Rbar – squared	-0.2		-0.2235		-0.244		0.2751		0.2515		0.2515	
Sigma^2	0.2234		0.2373		0.2278		0.1351		0.1453		0.1372	
Nobs	1098		1098		1098		1098		1098		1098	
Log – likelihood	-506.475		-533.424		-510.749		-454.228		-485.969		-460.455	
LM test lag	250.9392 ***	0	233.8160 ***	0	241.4516 ***	0						
Robust LM test lag	0.0002	0.987	0.0616	0.804	0.0008	0.978						
LM test error							272.8687 ***	0	257.9525 ***	0	262.2921 ***	0
Robust LM test error							21.9298 ***	0	24.1980 ***	0	20.8413 ***	0
LR – test 空间固定效应	51.6133	0.7986					51.6133	0.7986				
LR – test 时期固定效应	8.0338	0.9781					8.0338	0.9781				

注：***、**、* 分别表示1%、5%、10% 的显著性水平。

表 7 - 19 空间面板回归（PCAIMP 为被解释变量，PCATDS 为主要解释变量）

变量	SAR 模型						SEM 模型					
	空间固定效应 SAR(6c)		时间固定效应 SAR(7c)		时空固定效应 SAR(8c)		空间固定效应 EM(6c)		时间固定效应 EM(7c)		时空固定效应 EM(8c)	
	系数	t 值	系数	t 值	系数	t 值	系数	t 值	系数	t 值	系数	t 值
PCATDS	0.1866 ***	6.8433	0.2247 ***	7.9173	0.1834 ***	6.6379	0.1472 ***	7.0229	0.1803 ***	8.2731	0.1442 ***	6.8499
Stdinsitute	0.4405 ***	7.9253	0.3988 ***	6.8828	0.4507 ***	7.9974	0.3575 ***	8.4533	0.3267 ***	7.3602	0.3644 ***	8.5773
Stdfp	-0.4858 ***	-2.7970	-0.3695 **	-2.0118	-0.5134 ***	-2.9240	-0.3856 ***	-2.8662	-0.2901 **	-2.0420	-0.4064 ***	-3.0134
Stdtariff	0.0804	1.0091	-0.0413	-0.5012	0.0921	1.1442	0.0622	1.0027	-0.0348	-0.5415	0.0703	1.1317
Stdpop	0.2713 ***	2.5466	0.3190 ***	2.8201	0.2779 ***	2.5745	0.2136 ***	2.5755	0.2661 ***	3.0135	0.2193 ***	2.6346
Stdgdp	-0.0291	-0.1364	-0.0887	-0.3893	-0.0490	-0.2276	0.0111	0.0669	-0.0451	-0.2529	-0.0064	-0.0382
W1 × dep. var	-0.9980 ***	-6.7939	-0.9980 ***	-6.8112	-0.9980 ***	-6.7862						
Spat. aut.							-0.0140	-0.1696	-0.0650	-0.7514	-0.0050	-0.0612
R - squared	-0.0952		-0.3031		-0.1286		0.3297		0.1806		0.3246	
Rbar - squared	-0.1664		-0.3322		-0.2222		0.2867		0.1631		0.2693	
Sigma²	0.1066		0.1268		0.1099		0.0653		0.0798		0.0657	
Nobs	1098		1098		1098		1098		1098		1098	
Log - likelihood	-100.343		-187.991		-107.963		-55.3205		-151.589		-61.9702	
LM test lag	251.7067 ***	0	220.035 ***	0	237.2482 ***	0						
Robust LM test lag	0.3527	0.553	1.2650	0.261	0.3300	0.566						
LM test error							270.5629 ***	0	242.1434 ***	0	255.1898 ***	0
Robust LM test error							19.2089 ***	0	23.3728 ***	0	18.2716 ***	0
LR - test 空间固定效应	182.1301 ***	0.0000					182.1301 ***	0.0000				
LR - test 时期固定效应	11.1863	0.8863					11.1863	0.8863				

注：***、**、* 分别表示 1%、5%、10% 的显著性水平。

187

效应、空间固定效应、时间固定效应、时空双固定效应条件下同样应该拒绝不包含空间误差效应的原假设。进一步，由于无固定效应、空间固定效应、时间固定效应以及时空双固定效应条件下的 SAR 模型中，分别体现空间相关关系的项 W1 × dep. var 的估计参数（ρ）十分显著地通过了 t 检验，而在对应的四种效应条件下的 SEM 模型中体现空间相关关系的项的估计参数（λ）未能通过 t 检验，这说明"一带一路"沿线国家出口（进口）贸易网络中心性特征存在明显的空间相关性；又由于这里估计出的 ρ 显著为负，表明"一带一路"沿线国家出口（进口）贸易网络中心性特征的空间效应更多地体现为一种排斥的竞争性效应，即邻接国家出口贸易网络中心性特征程度越高，本国贸易开放程度就越低；邻接国家出口（进口）网络中心性程度越低，本国出口（进口）贸易网络中心性程度就相对越高。因此，后文将根据 SAR 模型的估计结果进行解释。

第二，以 STDWDEEXP 为被解释变量的空间滞后模型（SAR）的估计结果 SAR（9a）、SAR（10a）、SAR（11a）和 SAR（12a）中资产组合投资的网络中心度指标 STDWDETPI 的估计系数均为正数，且在 1% 的显著性水平下通过了 t 检验，这表明资产组合投资网络中心性显著地促进了出口贸易网络中心性的形成。类似地，以 STDWDEIMP 为被解释变量的空间滞后模型（SAR）的估计结果 SAR（12a）、SAR（14a）、SAR（15a）和 SAR（16a）中资产组合投资的网络中心度指标 STDWDETPI 的估计系数均为正数，且在 1% 的显著性水平下通过了 t 检验，这表明资产组合投资网络中心性显著地促进了进口贸易网络中心性的形成。

第三，进一步结合表 7 - 20 和表 7 - 21 分析控制变量的估计参数，Stdinsitute 的估计参数显著为正，表明制度因素有利于出口（进口）贸易网络中心性特征的形成；Stdtfp 的估计参数显著为负，表明技术进步因素不利于出口（进口）贸易网络中心性特征的形成；Stdtariff 显著为正，表明关税因素有利于出口（进口）贸易网络中心性特征的形成；Stdpop 显著为正，表明人口因素有利于出口（进口）贸易网络中心性特征的形成；Stdgdp 显著为正数，表明制度因素有利于出口（进口）贸易网络中心性特征的形成。

表 7 - 20　空间面板回归（STDWDEEXP 为被解释变量，STDWDETPI 为主要解释变量）

变量	SAR 模型 空间固定效应 SAR(10a) 系数	t 值	时间固定效应 SAR(11a) 系数	t 值	时空固定效应 SAR(12a) 系数	t 值	SEM 模型 空间固定效应 SEM(10a) 系数	t 值	时间固定效应 SEM(11a) 系数	t 值	时空固定效应 SEM(12a) 系数	t 值
STDWDETPI	0.3244 ***	18.4653	0.3593 ***	19.2218	0.3240 ***	18.2562	0.2625 ***	21.8056	0.2900 ***	22.7380	0.2621 ***	21.7655
Stdinsitute	0.0285 ***	4.4431	0.0177 ***	2.6418	0.0280 ***	4.3245	0.0205 ***	4.5130	0.0132 ***	2.7696	0.0206 ***	4.5304
Stdtfp	-0.0691 ***	-3.2337	-0.0420 *	-1.8505	-0.0646 ***	-2.9957	-0.0462 ***	-3.0764	-0.0277 *	-1.7277	-0.0460 ***	-3.0596
Stdtariff	-0.0055	-0.5568	-0.0263 ***	-2.5697	-0.0070	-0.6975	-0.0066 **	-0.9433	-0.0217 ***	-2.9705	-0.0066	-0.9427
Stdpop	-0.0335 **	-2.5332	-0.0519 ***	-3.6886	-0.0365 ***	-2.7273	-0.0317 ***	-3.3484	-0.0443 ***	-4.3812	-0.0316 ***	-3.3340
Stdgdp	1.0472 ***	36.5759	1.0650 ***	34.6772	1.0575 ***	36.4765	0.9206 ***	47.1815	0.9299 ***	44.2756	0.9210 ***	47.3534
W1 × dep. var	-0.9990 ***	-10.9713	-0.9990 ***	-10.6723	-0.9990 ***	-10.9530						
Spat. aut.							-0.1140	-1.2648	-0.1070	-1.1938	-0.0830	-0.9446
R - squared	0.7962		0.7565		0.7906		0.8904		0.8687		0.8915	
Rbar - squared	0.7829		0.751		0.7732		0.8834		0.8659		0.8826	
Sigma²	0.0017		0.002		0.0017		0.0009		0.0011		0.0009	
Nobs	1098		1098		1098		1098		1098		1098	
Log - likelihood	2187.398		2095.848		2180.233		2330.275		2229.455		2327.715	
LM test lag	146.2383 ***	0	153.2048 ***	0	148.9974 ***	0						
Robust LM test lag	2.7723 *	0.096	2.8608 *	0.091	3.3900 *	0.066						
LM test error							247.4844 ***	0	240.6009 ***	0	239.0455 ***	0
Robust LM test error							104.0184 ***	0	90.2569 ***	0	93.4381 ***	0
LR - test 空间固定效应	198.1820 ***	0										
LR - test 时期固定效应	6.6001	0.9931										

注：***、**、* 分别表示 1%、5%、10% 的显著性水平。

189

表7-21　空间面板回归（STDWDEIMP 为被解释变量，STDWDETPI 为主要解释变量）

变量	SAR 模型						SEM 模型					
	空间固定效应 SAR(14a)		时间固定效应 SAR(15a)		时空固定效应 SAR(16a)		空间固定效应 SEM(14a)		时间固定效应 SEM(15a)		时空固定效应 SEM(16a)	
	系数	t值	系数	t值	系数	t值	系数	t值	系数	t值	系数	t值
STDWDETPI	0.4360 ***	22.3582	0.4728 ***	22.9942	0.4372 ***	22.2171	0.3487 ***	26.7665	0.3771 ***	27.6469	0.3489 ***	26.8288
Stdinsitute	0.0346 ***	4.9674	0.0221 ***	3.0795	0.0338 ***	4.8053	0.0250 ***	5.0734	0.0166 ***	3.2647	0.0249 ***	5.0682
Stdtfp	-0.0822 ***	-3.5472	-0.0527 **	-2.1623	-0.0774 ***	-3.3133	-0.0559 ***	-3.4319	-0.0355 **	-2.0650	-0.0548 ***	-3.3764
Stdtariff	-0.0039	-0.3651	-0.0268 **	-2.4444	-0.0050	-0.4606	-0.0058	-0.7624	-0.0226 ***	-2.8986	-0.0058	-0.7604
Stdpop	-0.0444 ***	-3.0924	-0.0633 ***	-4.1905	-0.0482 ***	-3.3263	-0.0408 ***	-3.9882	-0.0535 ***	-4.9574	-0.0416 ***	-4.0600
Stdgdp	1.0348 ***	33.6951	1.0535 ***	32.2811	1.0456 ***	33.6705	0.9147 ***	43.4138	0.9247 ***	41.2777	0.9164 ***	43.5778
W1×dep. var	-0.9990 ***	-10.8594	-0.9990 ***	-10.6566	-0.9990 ***	-10.8533						
Spat. aut.							-0.0910	-1.0288	-0.0770	-0.8808	-0.0960	-1.0812
R – squared	0.7823		0.7449		0.7768		0.8847		0.8657		0.8841	
Rhar – squared	0.7681		0.7392		0.7583		0.8774		0.8628		0.8746	
Sigma²	0.0019		0.0023		0.002		0.001		0.0012		0.001	
Nob	1098		1098		1098		1098		1098		1098	
Log – likelihood	2098.957		2018.585		2093.435		2244.473		2156.724		2242.828	
LM test lag	148.3528 ***	0	155.3512 ***	0	152.4102 ***	0						
Robust LM test lag	2.9008 *	0.089	2.8070 *	0.094	3.5040 *	0.061						
LM test error							249.2921 ***	0	247.0456 ***	0	243.3640 ***	0
Robust LM test error							103.8401 ***	0	94.5014 ***	0	94.4578 ***	0
LR – test 空间固定效应	173.2927 ***	0										
LR – test 时期固定效应	4.4442	0.9995										

注：***、**、* 分别表示1%、5%、10%的显著性水平。

第四，进一步采用相似的策略，我们分别以 STDWDEIFS 和 STDWDETDS 分别代替 STDWDETPI，并采用 ML 方法结合地理距离空间权重矩阵（Dist_W1）估计式（7.14）和式（7.15），分别得到表 7 – 22 至表 7 – 25。根据表 7 – 22 至表 7 – 25 可知，结合 LM 统计量表明应该包含空间滞后效应或空间误差效应，而 SAR 模型体现空间相关关系的项 W1 × dep. var 的估计参数（ρ）十分显著地通过了 t 检验，而 SEM 模型中体现空间误差相关关系的项的估计参数（λ）未能通过 t 检验，因此 SAR 模型的估计结果相对更合理一些。

　　由于表 7 – 22 和表 7 – 24 中分别衡量金融网络中心度变量 STDWDEEIFS 和 STDWDETDS 的估计系数均为正数，且在 1% 的显著性水平下通过了 t 检验，这表明股权与基金份额投资网络中心性和总借贷网络中心性显著地促进了出口网络中心性的形成。而由于表 7 – 23 和表 7 – 25 中分别衡量金融网络中心度的变量 STDWDEEIFS 和 STDWDETDS 的估计系数同样均为正数，且在 1% 的显著性水平下通过了 t 检验，这表明股权与基金份额投资网络中心性和总借贷网络中心性显著地促进了进口网络中心性的形成。

　　此外，表 7 – 22 至表 7 – 25 中控制变量的估计参数同样表明，Stdinsitute 的估计参数显著为正，表明制度因素有利于出口（进口）贸易网络中心性特征的形成；Stdtfp 显著为负，表明技术进步因素不利于出口（进口）贸易网络中心性特征的形成；Stdtariff 显著为负，表明关税因素阻碍了出口（进口）贸易网络中心性特征的形成；Stdpop 显著为正，表明人口因素有利于出口（进口）贸易网络中心性特征的形成；Stdgdp 显著为正，表明经济规模因素有利于出口（进口）贸易网络中心性特征的形成。这与表 7 – 20 和表 7 – 21 中对应参数的估计值在正负性和显著性方面具有一致性。

　　总之，无论是基于主成分得到的中心度衡量指标，还是基于标准化加权中心度衡量指标对式（7.14）和式（7.15）得到无固定效应模型、空间固定效应模型、时间固定效应模型和时空双固定效应模型的估计参数虽然大小不完全一致，但估计参数的正负性和显著性基本一致，表明国际资产组合投资网络中心性、股权与基金份额投资网络中心性和借贷投资网络中心性均有利于国际贸易网络中心性的形成，这为从金融学视角正确认识一个国家国际贸易网络中心地位的形成提供了经验证据。

表 7—22　空间面板回归（STDWDEEXP 为被解释变量，STDWDEEIFS 为主要解释变量）

变量	SAR 模型						SEM 模型					
	空间固定效应 SAR(10b)		时间固定效应 SAR(11b)		时空固定效应 SAR(12b)		空间固定效应 SEM(10b)		时间固定效应 SEM(11b)		时空固定效应 SEM(12b)	
	系数	t 值	系数	t 值	系数	t 值	系数	t 值	系数	t 值	系数	t 值
STDWDEEIFS	0.0236	1.4473	0.0735 ***	4.2594	0.0273 *	1.6623	0.0293 **	2.4451	0.0666 ***	5.2369	0.0309 ***	2.5710
Stdinsitute	0.0568 ***	7.7848	0.0445 ***	5.8338	0.0559 ***	7.6075	0.0429 ***	8.0777	0.0347 ***	6.2053	0.0426 ***	8.0297
Stdtfp	-0.0884 ***	-3.5787	-0.0540 ***	-2.0510	-0.0849 ***	-3.4188	-0.0618 ***	-3.4237	-0.0384 ***	-1.9830	-0.0630 ***	-3.4852
Stdtariff	-0.0094	-0.8262	-0.0366 ***	-3.0837	-0.0106	-0.9243	-0.0101	-1.1937	-0.0297 ***	-3.3936	-0.0098	-1.1640
Stdpop	-0.0385 ***	-2.4872	-0.0710 ***	-4.3161	-0.0422 ***	-2.7059	-0.0364 ***	-3.1845	-0.0590 ***	-4.8885	-0.0361 ***	-3.1667
Stdgdp	1.1897 ***	36.4007	1.2246 ***	34.7770	1.1997 ***	36.3555	1.0320 ***	46.2092	1.0541 ***	43.9195	1.0317 ***	46.4478
W1×dep. var	-0.9991 ***	-9.7272	-0.9980 ***	-9.4222	-0.9990 ***	-9.7241						
Spat. aut.							-0.0420	-0.4952	-0.0080	-0.0973	0.0060	0.0737
R - squared	0.7287		0.6726		0.723		0.8493		0.8208		0.8524	
Rbar - squared	0.711		0.6653		0.7		0.8397		0.817		0.8403	
sigma²	0.0022		0.0027		0.0022		0.0012		0.0015		0.0012	
Nobs	1098		1098		1098		1098		1098		1098	
Log - likelihood	2030.327		1930.639		2023.911		2136.256		2031.751		2134.416	
LM test lag	172.9940 ***	0	185.0833 ***	0	174.9910 ***	0						
Robust LM test lag	0.5889	0.443	0.5858	0.444	0.5356	0.464						
LM test error							265.9778 ***	0	265.2761 ***	0	262.6891 ***	0
Robust LM test error							93.5727 ***	0	80.7786 ***	0	88.2337 ***	0
LR - test 空间固定效应	206.9405	0.0000										
LR - test 时期固定效应	2.9197	1.0000										

注：***、**、* 分别表示 1%、5%、10% 的显著性水平。

表 7 - 23　空间面板回归（STDWDEIMP 为被解释变量，STDWDEEIFS 为主要解释变量）

变量	SAR 模型						SEM 模型					
	空间固定效应 SAR(14b)		时间固定效应 SAR(15b)		时空固定效应 SAR(16b)		空间固定效应 SEM(14b)		时间固定效应 SEM(15b)		时空固定效应 SEM(16b)	
	系数	t 值	系数	t 值	系数	t 值	系数	t 值	系数	t 值	系数	t 值
STDWDEEIFS	0.0253	1.3464	0.0834 ***	4.2258	0.0308 *	1.6262	0.0308 **	2.2057	0.0739 ***	5.0888	0.0332 **	2.3745
Stdinsitute	0.0730 ***	8.6272	0.0580 ***	6.6330	0.0717 ***	8.4224	0.0548 ***	8.8716	0.0449 ***	7.0501	0.0543 ***	8.8122
Stdtfp	-0.1088 ***	-3.8094	-0.0692 **	-2.2983	-0.1054 ***	-3.6725	-0.0777 ***	-3.6849	-0.0500 **	-2.2566	-0.0787 ***	-3.7372
Stdtariff	-0.0089	-0.6761	-0.0402 ***	-2.9635	-0.0097	-0.7283	-0.0102	-1.0410	-0.0331 ***	-3.3152	-0.0098	-1.0044
Stdpop	-0.0501 ***	-2.8032	-0.0868 ***	-4.6136	-0.0550 ***	-3.0563	-0.0454 ***	-3.4263	-0.0715 ***	-5.1714	-0.0459 ***	-3.4778
Stdgdp	1.2271 ***	32.7460	1.2664 ***	31.6444	1.2386 ***	32.7425	1.0636 ***	41.1577	1.0898 ***	39.9921	1.0643 ***	41.4460
W1 × dep. var	-0.9980 ***	-9.1417	-0.9980 ***	-8.9373	-0.9991 ***	-9.1455						
Spat. aut.							0.0190	0.2362	0.0650	0.8441	0.0610	0.7893
R - squared	0.6713		0.6107		0.6645		0.8209		0.7933		0.8241	
Rbar - squared	0.6499		0.602		0.6367		0.8094		0.7888		0.8097	
Sigma^2	0.0029		0.0035		0.003		0.0016		0.0018		0.0016	
Nob	1098		1098		1098		1098		1098		1098	
Log - likelihood	1872.59		1783.544	0	1866.778	0	1972.291	1098	1880.405	1098	1970.285	1098
LM test lag	193.6331	0	195.3389	0		0						
Robust LM test lag	0.2507	0.617	0.1903	0.663		0.658						
LM test error							281.5633	0	282.1580	0	278.6003	0
Robust LM test error							88.1809	0	78.3931	0	83.4570	0
LR - test 空间固定效应	181.6353	0										
LR - test 时期固定效应	2.2245	1										

注：***、**、*分别表示 1%、5%、10% 的显著性水平。

表7—24　空间面板回归（STDWDEEXP 为被解释变量，STDWDETDS 为主要解释变量）

变量	SAR 模型						SEM 模型					
	空间固定效应 SAR(10c)		时间固定效应 SAR(11c)		时空固定效应 SAR(12c)		空间固定效应 SEM(10c)		时间固定效应 SEM(11c)		时空固定效应 SEM(12c)	
	系数	t值	系数	t值	系数	t值	系数	t值	系数	t值	系数	t值
STDWDETDS	0.3357 ***	20.4694	0.3671 ***	21.4782	0.3341 ***	20.1558	0.2695 ***	24.2841	0.2952 ***	25.7464	0.2685 ***	24.0521
Stdinsitute	0.0232 ***	3.7125	0.0131 **	2.0250	0.0228 ***	3.6094	0.0164 ***	3.7206	0.0096 **	2.1021	0.0166 ***	3.7219
Stdtfp	-0.0614 ***	-2.9605	-0.0360 *	-1.6426	-0.0564 ***	-2.6935	-0.0405 ***	-2.7861	-0.0232	-1.5061	-0.0394 ***	-2.6956
Stdtariff	-0.0051	-0.5336	-0.0235 **	-2.3727	-0.0068	-0.6986	-0.0063	-0.9276	-0.0194 ***	-2.7695	-0.0065	-0.9536
Stdpop	-0.0402 ***	-3.1298	-0.0568 ***	-4.1782	-0.0432 ***	-3.3155	-0.0367 ***	-4.0197	-0.0480 ***	-4.9586	-0.0372 ***	-4.0301
Stdgdp	1.0881 ***	39.7147	1.1071 ***	37.8883	1.0987 ***	39.5284	0.9536 ***	51.8182	0.9639 ***	49.0821	0.9554 ***	51.5651
W1 × dep. var	-0.9990 ***	-11.3291	-0.9990 ***	-11.0538	-0.9990 ***	-11.2912						
Spat. aut.							-0.0960	-1.0810	-0.0950	-1.0704	-0.1340	-1.4627
R - squared	0.8081		0.773		0.8021		0.8987		0.8803		0.8962	
Rbar - squared	0.7956		0.7679		0.7857		0.8922		0.8778		0.8877	
Sigma^2	0.0016		0.0018		0.0016		0.0008		0.001		0.0008	
Nobs	1098		1098		1098		1098		1098		1098	
Log - likelihood	2220.542		2135.798		2212.653		2368.942		2277.065		2365.592	
LM test lag	134.4783 ***	0	140.5399 ***	0	136.5039 ***	0						
Robust LM test lag	2.2169	0.137	2.6058	0.106	2.9097	0.088						
LM test error							245.0563 ***	0	236.1654 ***	0	234.1828 ***	0
Robust LM test error							112.7949 ***	0	98.2313 ***	0	100.5886 ***	0
LR - test 空间固定效应	178.9441 ***	0										
LR - test 时期固定效应	8.3917	0.9722										

注：***、**、* 分别表示 1%、5%、10% 的显著性水平。

表 7 – 25　空间面板回归（STDWDEIMP 为被解释变量，STDWDETDS 为主要解释变量）

变量	SAR 模型						SEM 模型					
	空间固定效应 SAR(14c)		时间固定效应 SAR(15c)		时空固定效应 SAR(16c)		空间固定效应 SEM(14c)		时间固定效应 SEM(15c)		时空固定效应 SEM(16c)	
	系数	t值	系数	t值	系数	t值	系数	t值	系数	t值	系数	t值
STDWDETDS	0.4379 ***	24.0142	0.4699 ***	24.9881	0.4381 ***	23.8049	0.3482 ***	28.9378	0.3740 ***	30.4824	0.3480 ***	28.9578
Stdinsitute	0.0288 ***	4.2456	0.0174 **	2.4964	0.0281 ***	4.0889	0.0206 ***	4.2936	0.0129 ***	2.6343	0.0205 ***	4.2779
Stdtfp	−0.0730 ***	−3.2406	−0.0456 **	−1.9367	−0.0676 ***	−2.9735	−0.0486 ***	−3.0857	−0.0299 *	−1.8156	−0.0475 ***	−3.0166
Stdtariff	−0.0035	−0.3381	−0.0235 ***	−2.2178	−0.0048	−0.4593	−0.0055	−0.7476	−0.0200 ***	−2.6732	−0.0056	−0.7631
Stdpop	−0.0531 ***	−3.8082	−0.0699 ***	−4.7889	−0.0570 ***	−4.0379	−0.0479 ***	−4.8226	−0.0587 ***	−5.6786	−0.0482 ***	−4.8667
Stdgdp	1.0939 ***	37.0962	1.1138 ***	35.8006	1.1052 ***	37.0123	0.9628 ***	48.2021	0.9730 ***	46.3738	0.9637 ***	48.4593
W1 × dep. var	−0.9990 ***	−11.2129	−0.9990 ***	−11.0475	−0.9990 ***	−11.1922						
Spat. aut.							−0.1050	−1.1737	−0.0790	−0.9021	−0.0750	−0.8593
R – squared	0.7942		0.762		0.7886		0.8912		0.8765		0.8924	
Rbar – squared	0.7809		0.7567		0.771		0.8842		0.8738		0.8836	
Sigma²	0.0018		0.0021		0.0019		0.001		0.0011		0.001	
Nob	1098		1098		1098		1098		1098		1098	
Log – likelihood	2130.02		2057.85		2124.18		2279.637		2203.248		2277.967	
LM test lag	135.5325 ***	0	142.1295 ***	0	139.1266 ***	0						
Robust LM test lag	2.0188	0.155	2.2320	0.135	2.6028	0.107						
LM test error							248.4625 ***	0	245.5733 ***	0	241.2282 ***	0
Robust LM test error							114.9488 ***	0	105.6758 ***	0	104.7044 ***	0
LR – test 空间固定效应	150.2448 ***	0										
LR – test 时期固定效应	5.4415	0.998										

注：***、**、*分别表示 1%、5%、10% 的显著性水平。

195

7.3　本章小结

为检验国际金融网络中心性对国际贸易网络中心地位的推动作用，本部分选取"一带一路"沿线 61 个样本国家 2001 ~ 2018 年的样本数据，首先分析金融网络与贸易网络结构特征的联动特征，进而分别采用空间计量经济学的建模技术实证检验了"一带一路"沿线国家国际金融网络结构中心性对国际贸易网络中心形成的影响，结果表明，无论是基于主成分得到的中心度衡量指标，还是基于标准化加权中心度衡量指标的空间面板回归分析结果均表明国际资产组合投资网络中心性、股权与基金份额投资网络中心性和借贷网络中心性有利于国际贸易网络中心性的形成，这为人们从金融学视角正确认识一个国家在国际贸易网络中枢纽地位的形成提供了经验证据。此外，空间面板回归结果也表明，制度因素、技术进步、人口因素和市场规模扩大有利于出口（进口）贸易网络中心性特征的形成，而关税税率的提高不利于出口（进口）贸易网络中心性特征的形成。

第8章

"一带一路"国际金融与国际贸易网络
中心性的互动：面板因果与脉冲响应分析

"一带一路"国际金融与国际贸易网络中心性的
面板因果关系分析

8.1.1 面板因果分析结果与解释

宏观经济系统中各变量之间可能存在因果关系，它使得变量之间相互制约和相互促进。格兰杰（Granger）因果检验法便是检验各变量之间这种关系的极好方法。格兰杰因果检验（Granger，1988；Lopez and Weber，2017）的基本原理是：X 是否引起 Y，主要看 Y 能在多大程度上被过去的 X 所解释，加入 X 的滞后值后是否显著提高对 Y 的解释程度。格兰杰因果检验法本质上是回归系数的线性约束检验。

假定二元面板回归采用以下形式①：

---

① 详见 Eviews13 的在线使用说明，https：//eviews. com/help/helpintro. html # page/content%2Fpanelstats – Panel_Causality_Testing. html。

$$y_{it} = \alpha_{0i} + \alpha_{1i}y_{i,t-1} + \cdots\alpha_{li}y_{i,t-l} + \beta_{1i}x_{i,t-1} + \cdots\beta_{li}x_{i,t-l} + \varepsilon_{it} \qquad (8.1)$$

$$x_{it} = \alpha_{0i} + \alpha_{1i}x_{i,t-1} + \cdots\alpha_{li}x_{i,t-l} + \beta_{1i}y_{i,t-1} + \cdots\beta_{li}y_{i,t-l} + \varepsilon_{it} \qquad (8.2)$$

其中，i 表示横截面，t 表示时间。面板 Granger 因果检验的方法是将面板数据视为一个大的叠加数据集，然后以标准方式进行格兰杰因果关系检验（Lopez and Weber，2017），这种方法假设所有横截面单元的回归系数相同，也即：

$$\alpha_{0i} \neq \alpha_{0j}, \alpha_{1i} \neq \alpha_{1j}, \cdots, \alpha_{1i} \neq \alpha_{li}, \forall i, j \qquad (8.3)$$

$$\beta_{1i} \neq \beta_{1j}, \cdots, \beta_{1i} \neq \beta_{li}, \forall i, j \qquad (8.4)$$

根据这一原理，下面分别采用 PVAR（L）模型检验三种国际金融网络中心性与国际贸易网络中心度之间的因果关系，为进一步的实证检验提供依据。

8.1.2 格兰杰面板因果分析结果与解释

根据这一原理，下面分别采用 PVAR（L）模型检验国际贸易网络中心度与国际金融网络中心度及其他影响相关影响因素的因果关系，有关因素的定义同第 7 章，检验结果见表 8 − 1。

由表 8 − 1 可知，在滞后 1 期的情况下，国际资产组合投资网络中心性是国际出口网络中心度的 Granger 单向原因；而在滞后 2 期和滞后 3 期的情况下，国际资产组合投资网络中心性与国际出口网络中心度互为双向的 Granger 原因。在滞后 1 期的情况下，股权与基金份额投资网络中心性是国际出口网络中心度的单向 Granger 原因；在滞后 2 期的情况下，国际出口网络中心度是股权与基金份额投资网络中心性的 Granger 原因；在滞后 3 期的情况下，股权与基金份额投资网络中心性与国际出口网络中心度互为双向的 Granger 原因。在滞后 1 期、滞后 2 期或滞后 3 期的条件下，借贷网络中心性是国际出口网络中心度的 Granger 单向原因，但反向 Granger 因果关系不存在。这一定程度上表明，不同的国际金融网络对国际出口贸易网络的形成具有滞后作用。

在滞后 1 期、滞后 2 期和滞后 3 期的情况下，制度因素是引起出口网络

表 8 - 1　　Pairwise Granger Causality Tests (PCA)

原假设 (Null Hypothesis)	Lags: 1		Lags: 2		Lags: 3	
	F - Statistic	P 值	F - Statistic	P 值	F - Statistic	P 值
PCATPI does not Granger Cause PCAEXP	22.1911 ***	0.0000	10.3822 ***	0.0000	6.3826 ***	0.0003
PCAEXP does not Granger Cause PCATPI	0.0050	0.9434	6.0565 ***	0.0024	3.1840 **	0.0233
PCAEIFS does not Granger Cause PCAEXP	4.4287 **	0.0356	2.2355	0.1075	4.5835 ***	0.0034
PCAEXP does not Granger Cause PCAEIFS	0.4434	0.5056	29.9593 ***	0.0000	23.3941 ***	0.0000
PCATDS does not Granger Cause PCAEXP	16.4362 ***	0.0001	6.9821 ***	0.0010	5.0067 ***	0.0019
PCAEXP does not Granger Cause PCATDS	1.6299	0.2020	2.0513	0.1291	1.0108	0.3872
STDINSITUTE does not Granger Cause PCAEXP	27.7818 ***	0.0000	15.8861 ***	0.0000	10.8509 ***	0.0000
PCAEXP does not Granger Cause STDINSITUTE	0.2072	0.6491	2.0649	0.1274	18.2116 ***	0.0000
STDTFP does not Granger Cause PCAEXP	6.3450 **	0.0119	3.9699 **	0.0192	2.1190 *	0.0963
PCAEXP does not Granger Cause STDTFP	4.5536 **	0.0331	2.4180 *	0.0896	4.1431 ***	0.0063
STDTARIFF does not Granger Cause PCAEXP	6.7589 ***	0.0095	3.3412 ***	0.0358	2.8438 **	0.0368
PCAEXP does not Granger Cause STDTARIFF	1.3551	0.2447	1.3695	0.2547	1.8059	0.1445
STDPOP does not Granger Cause PCAEXP	8.5077 ***	0.0036	4.0413 **	0.0179	10.7096 ***	0.0000
PCAEXP does not Granger Cause STDPOP	3.3844 *	0.0661	4.8771 ***	0.0078	3.2573 **	0.0211
STDGDP does not Granger Cause PCAEXP	0.7125	0.3988	1.5505	0.2127	0.7679	0.5121
PCAEXP does not Granger Cause STDGDP	4.3984 **	0.0362	4.0858 **	0.0171	2.6440 **	0.0481
PCATPI does not Granger Cause PCAIMP	13.6835 ***	0.0002	5.3227 ***	0.0050	3.9817 ***	0.0078

续表

原假设（Null Hypothesis）	Lags：1		Lags：2		Lags：3	
	F – Statistic	P 值	F – Statistic	P 值	F – Statistic	P 值
PCAIMP does not Granger Cause PCATPI	17.7871***	0.0000	9.9801***	0.0001	5.4571***	0.0010
PCAEIFS does not Granger Cause PCAIMP	7.0280***	0.0081	3.6406**	0.0266	2.8119**	0.0384
PCAIMP does not Granger Cause PCAEIFS	1.9322	0.1648	25.8001***	0.0000	18.3658***	0.0000
PCATDS does not Granger Cause PCAIMP	13.1684***	0.0003	4.9758***	0.0071***	4.6591***	0.0031
PCAIMP does not Granger Cause PCATDS	22.7389***	0.0000	11.3025***	0.0000	6.4881***	0.0002
STDINSITUTE does not Granger Cause PCAIMP	2.9666*	0.0853	1.6402	0.1945	2.0592	0.1041
PCAIMP does not Granger Cause STDINSITUTE	8.2544***	0.0041	5.7695***	0.0032	10.8410***	0.0000
STDTFP does not Granger Cause PCAIMP	7.0602***	0.0080	2.8498*	0.0583	1.7506	0.1551
PCAIMP does not Granger Cause STDTFP	0.6267	0.4288	0.6709	0.5115	1.5714	0.1948
STDTARIFF does not Granger Cause PCAIMP	1.8106	0.1787	1.6196	0.1985	1.3984	0.2419
PCAIMP does not Granger Cause STDTARIFF	2.0587	0.1516	0.9102	0.4028	1.0123	0.3865
STDPOP does not Granger Cause PCAIMP	3.4571*	0.0633	2.0772	0.1258	2.3982*	0.0667
PCAIMP does not Granger Cause STDPOP	4.4099**	0.0360	4.6991***	0.0093	3.0210**	0.0290
STDGDP does not Granger Cause PCAIMP	1.2896	0.2564	1.8323	0.1606	0.8581	0.4624
PCAIMP does not Granger Cause STDGDP	7.8394***	0.0052	6.5193***	0.0015	4.1237***	0.0064

注：***、**、*分别表示1%、5%、10%的显著性水平。

中心度的单向 Granger 原因；在滞后 3 期的条件下，制度因素与出口网络中心度互为双向 Granger 原因。在滞后 1 期、滞后 2 期和滞后 3 期的情况下，技术水平与出口网络中心度互为双向 Granger 原因。在滞后 1 期、滞后 2 期和滞后 3 期的情况下，关税水平是出口网络中心度单向 Granger 原因。在滞后 1 期、滞后 2 期和滞后 3 期的情况下，人口规模与出口网络中心度互为双向 Granger 原因。在滞后 1 期、滞后 2 期和滞后 3 期的情况下，出口网络中心度是引起经济规模增长的单向 Granger 原因。

同理，由表 8 – 1 可知，在滞后 1 期、滞后 2 期和滞后 3 期的情况下，国际资产组合投资网络中心性与国际进口网络中心度互为双向 Granger 原因。在滞后 1 期的情况下，股权与基金份额投资网络中心性是国际进口网络中心度的单向 Granger 原因；在滞后 2 期和滞后 3 期的情况下，股权与基金份额投资网络中心性与国际进口网络中心度互为双向的 Granger 原因。在滞后 1 期、滞后 2 期或滞后 3 期的条件下，借贷网络中心性与国际进口网络中心度互为双向 Granger 原因。

在滞后 1 期的情况下，制度因素与进口网络中心度构成双向 Granger 原因；在滞后 2 期和滞后 3 期的条件下，进口网络中心度仅是制度因素的单向 Granger 原因。在滞后 1 期和滞后 2 期的情况下，技术水平仅仅是引起进口网络中心度的单向 Granger 原因，而滞后 3 期的情形下，技术进步与进口网络中心度不存在 Granger 因果关系。在滞后 1 期、滞后 2 期和滞后 3 期的情况下，关税水平与进口网络中心度之间不存在 Granger 因果关系。在滞后 1 期和滞后 3 期的情况下，人口规模与进口网络中心度互为双向 Granger 原因；在滞后 2 期的情况下，进口网络中心度是引起人口规模变化的单向 Granger 原因。在滞后 1 期、滞后 2 期和滞后 3 期的情况下，进口网络中心度是引起经济规模增长的单向 Granger 原因。

8.1.3 非线性面板因果分析结果与解

面板格兰杰因果关系检验是基于将所有面板数据视为一个较大的累积数据集，通过运行标准的格兰杰因果关系检验来判断的。这种方法是假定每个截面单元的回归系数是不变的。杜米特雷斯库和赫尔林（Dumitrescu and Hurlin，2012）提出的第二种因果检验方法则允许每个截面单元的回归系数是可变的（即在同一时间上，系数在个体之间不同）。此外，由于 LM、Adj LM 和 CD 统计量检验表明国际贸易网络中心度与国际金融网络中心度等面板数据序列具有横截面相依特征，我们进一步采用杜米特雷斯库和赫尔林（Dumitrescu and Hurlin，1992）针对异质性面板数据的因果关系检验进行补充检验。我们采用该方法得到的因果关系检验结果见表 8 - 2。

根据表 8 - 2 可知，在滞后 1 期的情况下，国际出口网络中心度是引起国际资产组合投资网络中心性的单向 Granger 原因；而在滞后 2 期和滞后 3 期的情况下，国际资产组合投资网络中心性与国际出口网络中心度互不存在 Granger 原因。在滞后 1 期的情况下，股权与基金份额投资网络中心性是引起出口网络中心性的单向 Granger 原因；而在滞后 2 期和滞后 3 期的情况下，国际资产组合投资网络中心性与国际出口网络中心度互不存在 Granger 原因。在滞后 1 期的条件下，国际出口网络中心度是借贷网络中心性的单向 Granger 原因。

在滞后 1 期、滞后 2 期和滞后 3 期的情况下，制度因素是出口网络中心度的单向 Granger 因果关系。在滞后 1 期的情况下，技术水平与出口网络中心度互为双向 Granger 原因；在滞后 2 期和滞后 3 期的情况下，技术水平是出口网络中心度的单向 Granger 原因。在滞后 1 期和滞后 3 期的情况下，关税水平与出口网络中心度互为双向 Granger 原因；在滞后 2 期的情况下，关税水平是出口网络中心度的单向 Granger 原因。在滞后 1 期和滞后 3 期的情况下，人口规模是出口网络中心度的单向 Granger 原因；在滞后 2 期的情况下，出口网络中心度与人口规模的单向 Granger 原因。在滞后 1 期和滞后 3 期的情况下，出口网络中心度与经济规模增长的单向 Granger 原因；在滞后 2 期的情况下，出口网络中心度是经济规模增长的单向 Granger 原因。

类似地，根据表 8 - 2 可知，在滞后 1 期、滞后 2 期和滞后 3 期的情况下，国际资产组合投资网络中心性与国际进口网络中心度不存在 Granger 因果关系；在滞后 1 期、滞后 2 期和滞后 3 期的情况下，股权与基金份额投资网络中心性不是国际进口网络中心度的单向 Granger 因果关系，而在滞后 2

表 8 - 2　**Pairwise Dumitrescu Hurlin Panel Causality Tests（PCA）**

原假设（Null Hypothesis）	Lags：1			Lags：2			Lags：3		
	W - Stat.	Zbar - Stat.	P 值	W - Stat.	Zbar - Stat.	P 值	W - Stat.	Zbar - Stat.	P 值
PCATPI does not homogeneously cause PCAEXP	1.4866	1.3283	0.1841	2.0895	-0.9047	0.3656	4.4906	0.7822	0.4341
PCAEXP does not homogeneously cause PCATPI	0.7682 *	-1.6545	0.0980	2.1389	-0.7788	0.4361	3.9241	-0.1210	0.9037
PCAEIFS does not homogeneously cause PCAEXP	1.4838	1.3166	0.1880	2.5786	0.3420	0.7324	4.3781	0.6028	0.5467
PCAEXP does not homogeneously cause PCAEIFS	0.7660 *	-1.6635	0.0962	2.7241	0.7128	0.4760	3.8870	-0.1801	0.8571
PCATDS does not homogeneously cause PCAEXP	1.3444	0.7380	0.4605	2.0164	-1.0911	0.2752	4.3608	0.5752	0.5652
PCAEXP does not homogeneously cause PCATDS	0.7049 *	-1.9171	0.0552	2.3665	-0.1988	0.8425	4.4816	0.7678	0.4426
STDINSITUTE does not homogeneously cause PCAEXP	1.6580 **	2.0397	0.0414	2.6148	0.4343	0.6641	4.0997	0.1589	0.8737
PCAEXP does not homogeneously cause STDINSITUTE	0.9663	-0.8320	0.4054	1.8348	-0.6823	0.4951	4.9231	1.4716	0.1411
STDTFP does not homogeneously cause PCAEXP	0.5242 ***	-2.6672	0.0076	5.9477 ***	8.9291	0.0000	3.5617	-0.6988	0.4847
PCAEXP does not homogeneously cause STDTFP	0.4284 ***	-3.0651	0.0022	2.7256	0.7166	0.4736	5.8135 ***	2.8912	0.0038
STDTARIFF does not homogeneously cause PCAEXP	1.9145 ***	3.1046	0.0019	1.1314 ***	-3.3468	0.0008	5.8754 ***	2.9899	0.0028
PCAEXP does not homogeneously cause STDTARIFF	0.6551 **	-2.1239	0.0337	2.5479	0.2637	0.7920	1.7820 ***	-3.5360	0.0004
STDPOP does not homogeneously cause PCAEXP	0.6831 **	-2.0078	0.0447	3.2429 **	2.0352	0.0418	6.6046 ***	4.1525	0.0000
PCAEXP does not homogeneously cause STDPOP	1.1688	0.0088	0.9930	2.4941	0.1267	0.8992	4.1992	0.3176	0.7508
STDGDP does not homogeneously cause PCAEXP	1.7121 **	2.2644	0.0236	1.5299 **	-2.3310	0.0198	7.3460 ***	5.3344	0.0000
PCAEXP does not homogeneously cause STDGDP	0.3168 ***	-3.5283	0.0004	2.2926 ***	-2.7221	0.0065	2.2926 ***	-2.7221	0.0065
PCATPI does not homogeneously cause PCAIMP	1.1062	-0.2512	0.8017	2.3191	-0.3195	0.7493	4.2227	0.3551	0.7225

续表

原假设 (Null Hypothesis)	Lags: 1			Lags: 2			Lags: 3		
	W – Stat.	Zbar – Stat.	P 值	W – Stat.	Zbar – Stat.	P 值	W – Stat.	Zbar – Stat.	P 值
PCAIMP does not homogeneously cause PCATPI	1.1087	– 0.2407	0.8098	2.7776	0.8491	0.3958	4.5928	0.9451	0.3446
PCAEIFS does not homogeneously cause PCAIMP	1.3855	0.9085	0.3636	2.3693	– 0.1916	0.8480	4.8599	1.3710	0.1704
PCAIMP does not homogeneously cause PCAEIFS	0.8620	– 1.2648	0.2060	3.1932 *	1.9086	0.0563	4.4198	0.6693	0.5033
PCATDS does not homogeneously cause PCAIMP	0.9692	– 0.8199	0.4123	2.1639	– 0.7151	0.4746	4.4254	0.6782	0.4977
PCAIMP does not homogeneously cause PCATDS	0.7818	– 1.5978	0.1101	2.6263	0.4634	0.6431	4.6914	1.1022	0.2704
STDINSITUTE does not homogeneously cause PCAIMP	1.0862	– 0.3339	0.7385	2.5453	0.2570	0.7972	3.5615	– 0.6992	0.4844
PCAIMP does not homogeneously cause STDINSITUTE	1.5081	1.4175	0.1563	2.6643	0.5604	0.5752	4.3809	0.6072	0.5437
STDTFP does not homogeneously cause PCAIMP	0.4772 ***	– 2.8625	0.0042	2.1159	– 0.8374	0.4024	6.3415 ***	3.7329	0.0002
PCAIMP does not homogeneously cause STDTFP	0.4901 ***	– 2.8091	0.0050	3.2704 **	2.1051	0.0353	3.6953	– 0.4858	0.6271
STDTARIFF does not homogeneously cause PCAIMP	1.2427	0.3156	0.7523	2.9882	1.3860	0.1658	4.5034	0.8025	0.4222
PCAIMP does not homogeneously cause STDTARIFF	0.5757 **	– 2.4535	0.0141	1.0082 ***	– 3.6607	0.0003	1.5534 ***	– 3.9006	0.0001
STDPOP does not homogeneously cause PCAIMP	0.6199 **	– 2.2701	0.0232	1.3075 ***	– 2.8979	0.0038	2.6951 **	– 2.0803	0.0375
PCAIMP does not homogeneously cause STDPOP	1.0497	– 0.4854	0.6274	2.1458	– 0.7613	0.4465	3.9001	– 0.1593	0.8734
STDGDP does not homogeneously cause PCAIMP	0.5950 **	– 2.3733	0.0176	1.4455 **	– 2.5461	0.0109	4.9096	1.4502	0.1470
PCAIMP does not homogeneously cause STDGDP	0.5204 ***	– 2.6832	0.0073	1.4581 **	– 2.5139	0.0119	4.6997	1.1155	0.2646

注：***，**，* 分别表示 1%、5%、10% 的显著性水平。

期的情况下,国际进口网络中心度是股权与基金份额投资网络中心性的单向Granger因果关系;在滞后1期、滞后2期和滞后3期的情况下,借贷网络中心性与国际进口网络中心度不存在 Granger 因果关系。

在滞后1期、滞后2期和滞后3期的情况下,制度因素与进口网络中心度不存在 Granger 因果关系。在滞后1期的情况下,技术水平与进口网络中心度互为双向 Granger 因果关系;在滞后2期的情况下,进口网络中心度是技术水平的单向 Granger 原因;在滞后3期的情况下,技术水平是进口网络中心度的单向 Granger 原因。在滞后1期、滞后2期和滞后3期的情况下,关税水平是进口网络中心度的单向 Granger 原因。在滞后1期、滞后2期和滞后3期的情况下,人口规模是进口网络中心度的单向 Granger 原因。在滞后1期和滞后2期的情况下,进口网络中心度与经济规模增长互为双向 Granger 因果关系;在滞后3期的情况下,进口网络中心度与经济规模增长不存在 Granger 因果关系。

8.2 "一带一路"国际金融与国际贸易网络中心性的脉冲响应分析

8.2.1 面板脉冲响应函数分析

格兰杰因果关系检验仅能说明变量之间的因果关系,但不能说明变量之间的因果关系的强度。脉冲响应正好可以弥补因果检验的不足。人们通常采用西蒙斯(Sims,1980)提出的脉冲响应函数方法来描述信息冲击对各内生变量的当期值和未来值所产生的影响。但这种方法的缺陷是如果改变 VAR 模型中的方程顺序可能导致脉冲响应结果有很大不同。佩沙兰和茜恩(Pesaran and Shin,1998)提出的广义脉冲响应函数(Generalized Impulse Innovation Function,GIRF)可以不考虑排序问题而得出唯一的脉冲响应函数曲线，解决了上述难题。

8.2.2 面板脉冲响应函数分析结果与解释

考虑到样本数据容量，将冲击响应期设定为 10 期。图 8 – 1 是基于 VAR(2) 计算得到的利用广义脉冲响应函数来研究国际资产组合投资网络

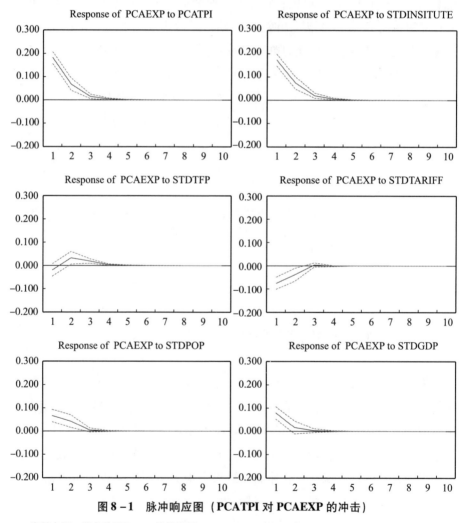

图 8 – 1 脉冲响应图（PCATPI 对 PCAEXP 的冲击）

资料来源：笔者采用 Eviews 软件绘制。

中心性、技术水平、关税水平、人口规模和经济规模对国际出口网络中心度的广义脉冲响应函数曲线。图 8 - 2 是累积的脉冲响应图。横轴代表滞后阶数，纵轴代表 lnPCAEXP 对各解释变量的响应程度，实线部分为计算值，虚线为响应函数值加或减两倍标准差的置信带。

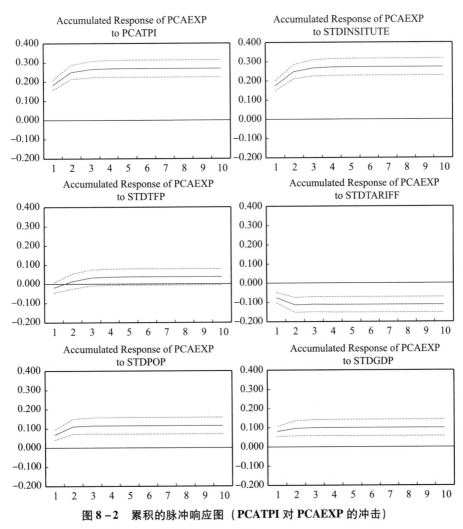

图 8 - 2　累积的脉冲响应图（PCATPI 对 PCAEXP 的冲击）

资料来源：笔者采用 Eviews 软件绘制。

从图 8 - 1 和图 8 - 2 可以看出，PCATPI 对 PCAEXP 的冲击效应在滞后

1～10 期均为正值，并且这种冲击作用是不断减弱的，PCATPI 对 PCAEXP 的 1～10 期的累积冲击反应值为 0.269288。由此可知，国际资产组合投资网络中心性有利于国际出口贸易网络中心性的形成。进一步分析发现，ST-DINSITUTE 对 PCAEXP 的冲击效应在滞后 1～10 期均为正值，并且这种冲击作用是不断减弱的，STDINSITUTE 对 PCAEXP 的 1～10 期的累积冲击反应值为 0.272576。由此可知，合理的制度安排有利于国际出口贸易网络中心性的形成。STDTFP 对 PCAEXP 的冲击效应在滞后 1 期为负，从第 2 期转化为正向效应，1～10 期累积的冲击影响为正值（0.037164），从而说明技术进步短期虽然可能不利于国际出口网络中心性的形成，但长期来看具有一定的积极作用。需要指出的是，STDTARIFF 对 PCAEXP 的冲击作用在滞后 1～2 期为负，第 3 期转化为正向效应，从滞后 4 期开始转为负值，1～10 期累积的冲击效应为 -0.111860。这意味着长期来看，关税水平越高是不利于该地区成为出口网络中心的。STDPOP 和 STDGDP 对 PCAEXP 的冲击效应在滞后 1～10 期均为正数，并且这种冲击作用是不断减弱的。其中，STDPOP 对 PCAEXP 的 1～10 期的累积冲击反应值为 0.115044；STDGDP 对 PCAEXP 的 1～10 期的累积冲击反应值为 0.100292。由此可知，人口规模和经济增长有利于国际出口贸易网络中心性的形成。

图 8-3 是股权与基金份额投资网络中心性等因素对国际出口网络中心度的冲击影响，图 8-4 是对应的累积的脉冲响应图。从图 8-3 和图 8-4 可以看出，PCAEIFS1 对 PCAEXP 的冲击效应在滞后 1～2 期均为正数，但从第 3 期开始逐渐转为负数（-0.004428），并在第 10 期转为正数（8.02E-05）；PCAEIFS 对 PCAEXP 的累积的冲击作用均为正数，并且 1～10 期的累积冲击反应值为 0.055184。由此可见，国际股权与基金份额投资网络中心性不仅在短期，而且在长期内对国际出口网络中心度的形成也具有积极的促进作用。进一步分析发现，STDINSITUTE 对 PCAEXP 的冲击效应在滞后 1～4 期均为正数，并且这种冲击作用是不断减弱的，从第 5 期开始转为负数（-0.005646），STDINSITUTE 对 PCAEXP 的 1～10 期的累积冲击反应值为 0.277182。这进一步表明合理的制度安排有利于国际出口贸易网络中心性的形成。STDTFP 对 PCAEXP 的冲击效应在滞后 1 期为负，从第 2 期转化为正

向效应,但作用在不断下降,从第 2 期开始累积的冲击作用均为正数,1 ~ 10 期累积的冲击影响为正值(0.028944),从而说明技术进步短期虽然可能不利于国际出口网络中心性的形成,但长期来看具有一定的积极作用。需要指出的是,STDTARIFF 对 PCAEXP 的冲击作用在滞后 1 ~ 3 期为负,第 4 ~ 7 期转化为正向效应,从滞后 8 期开始转为负值,滞后 9 期为正值,滞后 10 期为负值,1 ~ 10 期累积的冲击效应为 - 0.124304。这意味着长期来看,关

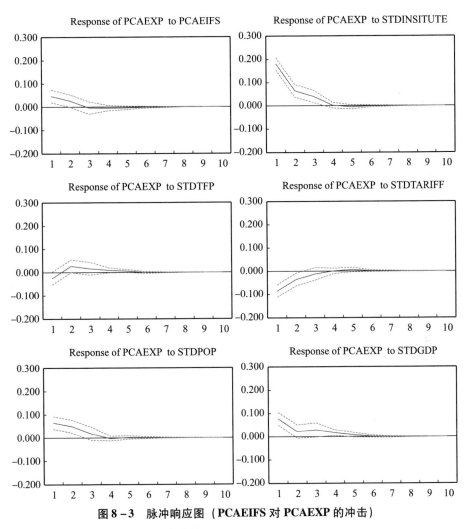

图 8 - 3　脉冲响应图(PCAEIFS 对 PCAEXP 的冲击)

资料来源:笔者采用 Eviews 软件绘制。

税水平越高是不利于该地区成为出口网络中心的。STDPOP 对 PCAEXP 的冲击效应在滞后 1~3 期均为正数，第 4 期为负数，第 5~6 期为正数，第 7~10 期为负数，STDPOP 对 PCAEXP 的累积冲击效应均为正数，并且 1~10 期的累积冲击反应值为 0.130379；STDPOP 对 PCAEXP 的 1~10 期累积冲击效应均为正数，并且 1~10 期累积冲击反应值为 0.150873。由此可知，人口规模和经济增长有利于国际出口贸易网络中心性的形成。

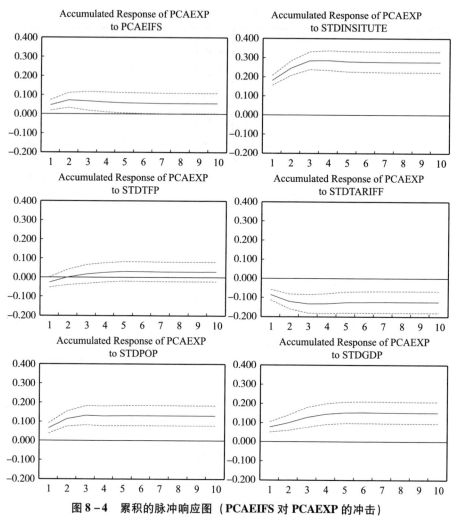

图 8－4　累积的脉冲响应图（PCAEIFS 对 PCAEXP 的冲击）

资料来源：笔者采用 Eviews 软件绘制。

图 8-5 是债券投资网络中心性、制度因素、技术水平、关税水平、人口规模和经济规模对国际出口网络中心度的冲击影响，图 8-6 对应的是累积的脉冲响应图。从图 8-5 和图 8-6 可以看出，PCATDS 对 PCAEXP 的冲击效应在滞后 1~8 期均为正数，第 9 期为负值（-3.10E-05），第 10 期为正数（9.00E-05），PCATDS 对 PCAEXP 的滞后 1~10 期的累积冲击反应均为正数，前 10 期的累积冲击反应值为 0.250036。由此可知，国际债券投

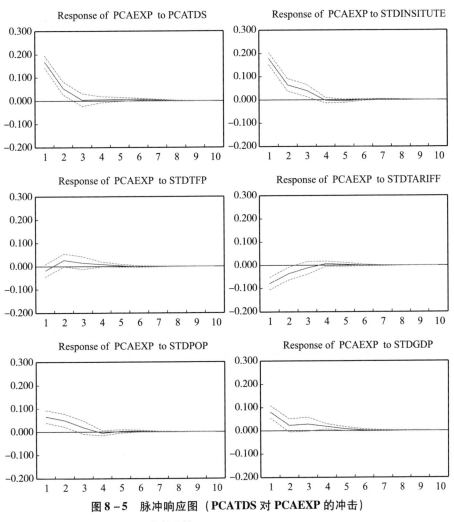

图 8-5　脉冲响应图（PCATDS 对 PCAEXP 的冲击）

资料来源：笔者采用 Eviews 软件绘制。

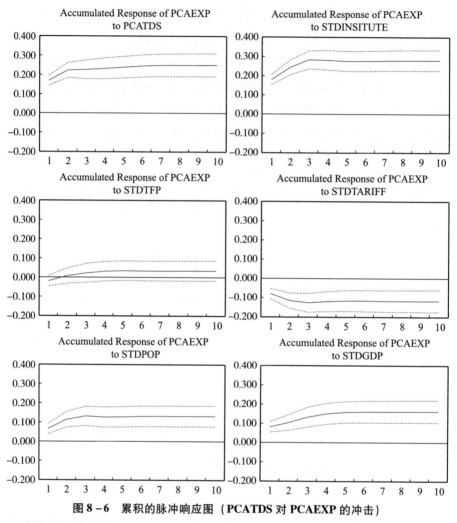

图 8 - 6　累积的脉冲响应图（PCATDS 对 PCAEXP 的冲击）

资料来源：笔者采用 Eviews 软件绘制。

资网络中心性有利于国际出口贸易网络中心性的形成。进一步分析发现，STDINSITUTE 对 PCAEXP 的冲击效应在滞后 1～3 期均为正数，在 4～5 期转为负数，而且 6～9 变为正数，而在第 10 期又变为负数，STDINSITUTE 对 PCAEXP 的 1～10 期的累积冲击反应值为 0.280039。这同样表明，合理的制度安排有利于国际出口贸易网络中心性的形成。STDTFP 对 PCAEXP 的冲击效应在滞后 1 期为负，从第 2～5 期转化为正向效应，第 6～7 期转为负数，第8~10期转为正数，1~10期累积的冲击影响为正值（0.034010），从而说明技术进步短期虽然可能不利于国际出口网络中心性的形成，但长期来看是具有一定的积极作用。STDTARIFF对PCAEXP的冲击作用在滞后1~3期为负，第4~5期转化为正向效应，从滞后6~8期开始转为负值，第9~10期转为正数，1~10期累积的冲击效应为－0.117973。这意味着长期来看，关税水平越高则越不利于该地区成为出口网络中心。STDPOP对PCAEXP的冲击效应除了第4期为负数，其余滞后期均为正数，STDGDP对PCAEXP的冲击效应在滞后1~10期均为正数，并且这种冲击作用是不断减弱的。其中，STDPOP对PCAEXP的1~10期的累积冲击反应值为0.131869；STDPOP对PCAEXP的1~10期的累积冲击反应值为0.162465。由此可知，人口规模和经济增长有利于国际出口贸易网络中心性的形成。

图8-7是基于VAR(1)计算得到的利用广义脉冲响应函数来研究国际资产组合投资网络中心性、技术水平、关税水平、人口规模和经济规模对国际进口网络中心度的广义脉冲响应函数曲线，图8-8是对应的累积的脉冲响应图。横轴代表滞后阶数，纵轴代表PCAIMP对各解释变量的响应程度，实线部分为计算值，虚线为响应函数值加或减两倍标准差的置信带。

从图8-7和图8-8可以看出，PCATPI对PCAIMP的冲击效应在滞后1~10期均为正数，并且这种冲击作用是不断减弱的，PCATPI对PCAIMP的1~10期的累积冲击反应值为0.194160。由此可知，国际资产组合投资网络中心性有利于国际进口贸易网络中心性的形成。进一步分析发现，STDINSITUTE对PCAIMP的冲击效应在滞后1~10期均为正数，并且这种冲击作用是不断减弱的，STDINSITUTE对PCAIMP的1~10期的累积冲击反应值为0.146911。由此可知，合理的制度安排有利于国际进口贸易网络中心性的形成。STDTFP对PCAEXP的冲击效应在滞后1期为负（－0.026810），从第2期之后转化为正向效应，但1~10期累积的冲击影响为正值（0.005694），从而说明技术进步短期虽然可能不利于国际进口网络中心性的形成，但长期来看具有一定的积极作用。需要指出的是，STDTARIFF对PCAIMP的冲击作用在滞后1~10期均为负，1~10期累积的冲击效应为－0.088032。这意味着长期来看，关税水平越高越不利于该地区成为进口网络中心。STDPOP

和 STDGDP 对 PCAIMP 的冲击效应在滞后 1 期 ~ 10 期均为正数，并且这种冲击作用是不断减弱的。其中，STDPOP 对 PCAEXP 的 1 ~ 10 期的累积冲击反应值为 0.080150；STDPOP 对 PCAIMP 的 1 ~ 10 期的累积冲击反应值为 0.074846。由此可知，人口规模和经济增长有利于国际进口贸易网络中心性的形成。

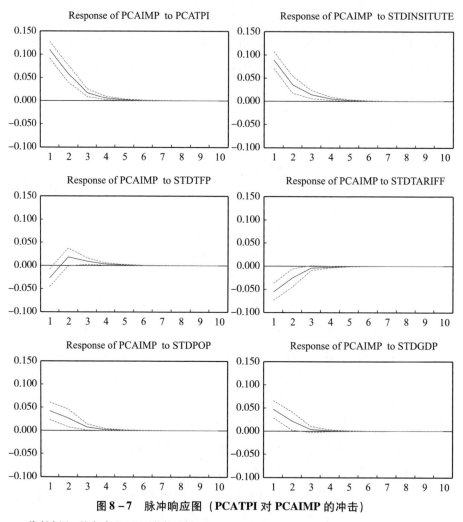

图 8 - 7　脉冲响应图（PCATPI 对 PCAIMP 的冲击）

资料来源：笔者采用 Eviews 软件绘制。

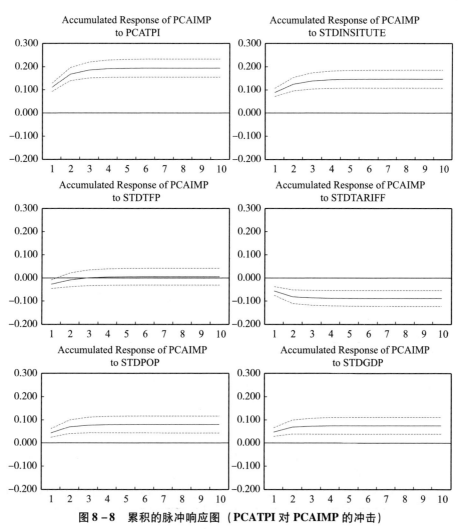

图 8 - 8　累积的脉冲响应图（PCATPI 对 PCAIMP 的冲击）

资料来源：笔者采用 Eviews 软件绘制。

　　图 8 - 9 是股权与基金份额投资网络中心性等因素对国际进口网络中心度的冲击影响，图 8 - 10 是对应的累积的脉冲响应图。从图 8 - 9 和图 8 - 10 可以看出，PCAEIFS 对 PCAIMP 的冲击效应在滞后 1 期 ~ 10 期均为正数，PCAEIFS 对 PCAIMP 的累积的冲击作用均为正数，并且 1 期 ~ 10 期的累积冲击反应值为 0. 071926。由此可见，国际股权与基金份额投资网络中心性不仅在短期，而且在长期内对国际进口网络中心度的形成也具有积极的促进作

用。进一步分析发现，STDINSITUTE 对 PCAIMP 的冲击效应在滞后 1 ~ 10 期均为正数，1 ~ 10 期的累积冲击反应值为 0. 144533。这进一步表明合理的制度安排有利于国际进口贸易网络中心性的形成。STDTFP 对 PCAIMP 的冲击效应在滞后 1 期为负，从第 2 期转化为正向效应，1 ~ 2 期累积的冲击作用均为负数，从第 3 期开始转为正数（0. 000554），1 ~ 10 期累积的冲击影响

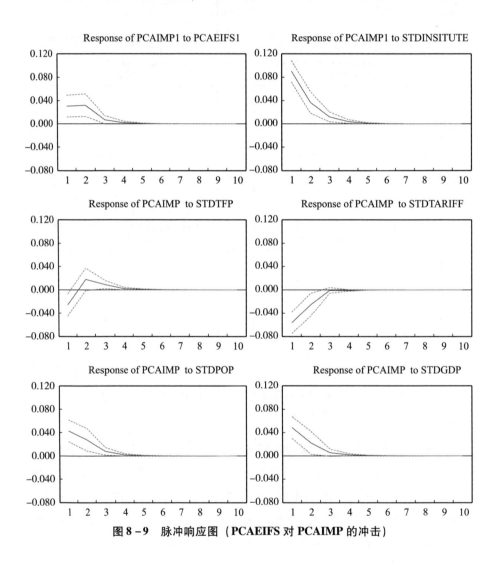

图 8 - 9　脉冲响应图（PCAEIFS 对 PCAIMP 的冲击）

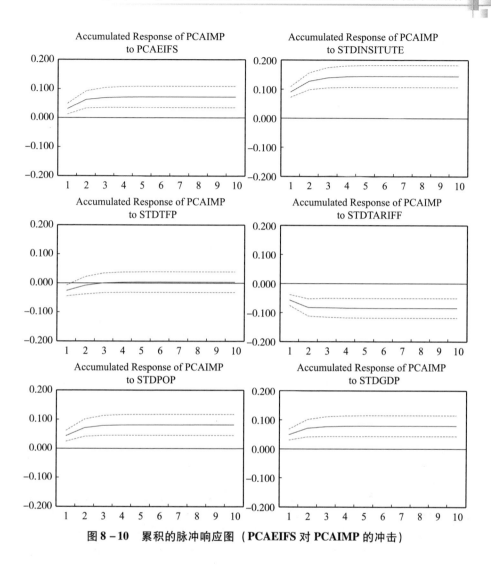

图 8 - 10   累积的脉冲响应图（PCAEIFS 对 PCAIMP 的冲击）

为正值（0.003415），从而说明技术进步短期虽然可能不利于国际进口网络
中心性的形成，但长期来看具有一定的积极作用。需要指出的是，STDTAR-
IFF 对 PCAIMP 的冲击作用在滞后 1~10 期均为负，1~10 期累积的冲击效
应为 -0.084885。这意味着长期来看，关税水平越高越不利于该地区成为进
口网络中心。STDPOP 对 PCAIMP 的冲击效应在滞后 1~10 期均为正数，第
4 期为负数，第 5~6 期为正数，第 7~10 期为负数，STDPOP 和 STDGDP 对

PCAIMP 的 1～10 期累积冲击效应均为正数，并且 1～10 期累积冲击反应值分别为 0.081217 和 0.078972。由此可知，人口规模和经济增长有利于国际进口贸易网络中心性的形成。

图 8－11 是国际债券投资网络中心性、制度因素、技术水平、关税水平、人口规模和经济规模对国际出口网络中心度的冲击影响，图 8－12 是对应的累积响应图。从图 8－11 和图 8－12 可以看出，PCATDS 对 PCAIMP 的

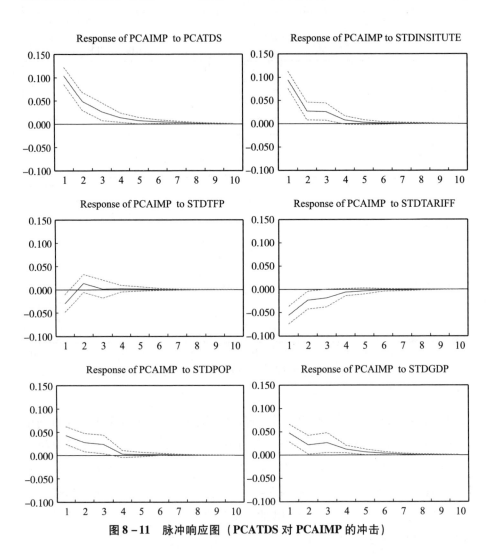

图 8－11　脉冲响应图（PCATDS 对 PCAIMP 的冲击）

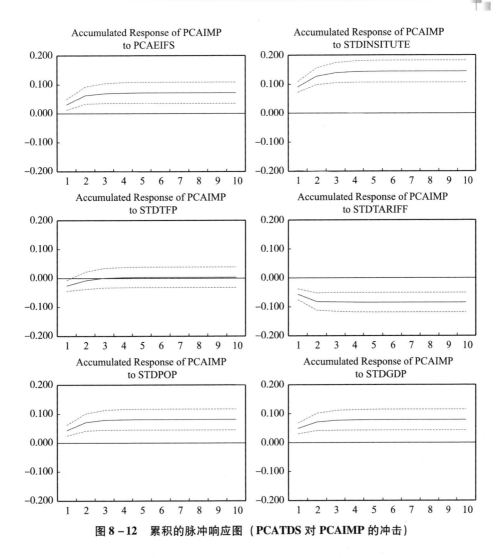

图 8-12　累积的脉冲响应图（PCATDS 对 PCAIMP 的冲击）

冲击效应在滞后 1～10 期均为正数，PCATDS 对 PCAIMP 的滞后 1～10 期的
累积冲击反应值为 0.071926。由此可知，国际借贷网络中心性有利于国际
进口贸易网络中心性的形成。进一步分析发现，STDINSITUTE 对 PCAIMP 的
冲击效应在滞后 1～10 期均为正数，STDINSITUTE 对 PCAIMP 的 1～10 期的
累积冲击反应值为 0.144533。这同样表明，合理的制度安排有利于国际进
口贸易网络中心性的形成。STDTFP 对 PCAIMP 的冲击效应在滞后 1 期为负

（-0.029870），从第2期转化为正向效应（0.013780），1～10期累积的冲击影响为正值（0.003415），从而说明技术进步短期虽然可能不利于国际进口网络中心性的形成，但长期来看具有一定的积极作用。STDTARIFF对PCAIMP的冲击作用在滞后1～10期均为负数，前1～10期累积的冲击效应为-0.084885。这意味着长期来看，关税水平越高越不利于该地区成为进口网络中心。STDPOP和STDGDP对PCAIMP1的冲击效应在滞后1～10期均为正数，并且这种冲击作用是不断减弱的。其中，STDPOP对PCAIMP的1～10期的累积冲击反应值为0.081217；STDGDP对PCAIMP的1～10期的累积冲击反应值为0.078972。由此可知，人口规模和经济增长有利于国际进口贸易网络中心性的形成。

8.3　本章小结

为检验国际金融网络中心性对国际贸易网络中心地位的推动作用，本部分选取"一带一路"沿线61个样本国家2001～2018年的样本数据，采用面板因果检验方法和面板脉冲响应函数分析方法分析了国际金融网络中心性与国际贸易网络中心性的互动特征。综合线性和非线性面板因果关系表明，国际资产组合投资网络（股权与基金份额投资/借贷网络）中心性与国际出口（进口）网络中心性之间可能存在互为双向的Granger原因。脉冲响应函数分析表明，无论是从短期来看，还是从长期来看，国际资产组合投资网络中心性、股权与基金份额投资网络中心性和借贷网络中心性均有利于国际出口（进口）贸易网络中心性的形成。此外，制度因素、技术进步、人口因素和经济增长同样有利于出口（进口）贸易网络中心性特征的形成，而关税税率的提高则不利于出口（进口）贸易网络中心性特征的形成。

第9章

基本结论与政策建议

9.1 基本结论

本书在网络分析框架下，就"一带一路"国际金融与国际贸易的内在关系进行了系统分析，这为更加全面地认识二者可能存在的非线性关系提供了理论支撑和经验证据。基于"一带一路"沿线 61 个发起国的样本数据，将关系数据的建模方法和属性数据的建模方法组合运用到对国际金融网络与国际贸易网络关系的实证检验过程中，从中得到以下结论：

（1）出口（进口）网络的特征分析表明，"一带一路"的节点国家积极开展区域内的双（多）边贸易，出口（进口）网络规模呈增长趋势、出口（进口）网络密度逐年增加，出口（进口）贸易"小世界"网络特征趋势逐渐凸显，贸易网络凝聚力不断提高；"一带一路"沿线国家出口（进口）网络加权度（特征值）中心性进行等级划分表明，中国、印度、新加坡处于强中心和次强中心，是"一带一路"出口（进口）贸易的核心节点；剩余的国家处于一般中心、次弱中心和弱中心地位，属于外围国家。

（2）基于金融网络的特征分析可知，"一带一路"沿线国家间资产组合投资关系（股权与基金投资/债券投资）网络规模在大幅度增长；"一带一路"资产组合投资（股权与基金投资/债券投资）网络密度逐渐增加；"一带一路"资产组合投资和债券投资"小世界"网络特征显现，而股权与基金投资网络的"小世界"网络特征不显著。金融网络加权度（特征值）中心性的等级结构划分表明，样本国家的等级结构呈现明显的"金字塔"形，网络强中心高度集中在少数国家，中国正成为最大赢家。

（3）理论分析表明，拥有更强更广金融关系的国家，更容易与其他国家建立紧密的贸易网络关系。不同时期的完全贸易网络的 ERGM 估计结果不完全一致。其中，2001 年资产组合投资网络、股权与投资基金网络和债券网络对国际出口贸易网络和进口贸易网络的作用没有得到完全证实；而 2013 年和 2018 年的估计结论具有一致性，进一步证实了资产组合投资网络、股权与投资基金网络和债券网络同时有助于国际出口贸易网络和进口贸易网络的发展。分别以样本国家出口和进口流量的 1/4 分位数和 3/4 分位数作为低流量出口贸易网络和高流量出口贸易网络构建的门限值，基于 ERGM 估计结果比较发现，三种金融关系对低流量和高流量的贸易网络的影响性质具有一致性，均证实了资产组合投资网络、股权与投资基金网络和债券网络不仅有助于低流量的出口贸易网络和进口贸易网络的发展，同时也有助于高流量的出口贸易网络和进口贸易网络的发展。

（4）理论分析表明，国际金融网络外部性有助于国际贸易过程中的成本节省和信息传导，进而影响到进出口网络关系的形成。基于二次指派模型（QAP）基本上证实了"一带一路"国际金融网络促进贸易网络发展的外溢效应。当前期、滞后一期和相邻国家资产组合投资网络（债券投资网络）对于出口（进口）网络的影响显著，验证了"一带一路"沿线国家资产组合投资网络对出口（进口）网络的直接影响、网络外部性和空间溢出效应的存在。未能证实当前、滞后和相邻国家股权和基金投资网络对进口网络的影响，并且当前和滞后一期的股权与基金投资网络也不利于当期出口网络的发展，但证实了相邻国家的股权与基金投资网络有助于出口网络的发展。

（5）基于空间面板回归模型（SPM）证实了"一带一路"国际金融网络发展有利于贸易节点国家枢纽地位的形成。无论是基于主成分得到的中心度衡量指标，还是基于标准化加权中心度衡量指标的空间面板回归，分析结果均表明国际资产组合投资网络（股权与基金份额投资网络/借贷网络）中心性有助于提升节点国家在贸易网络中的枢纽地位。

（6）面板因果关系表明，国际资产组合投资（股权与基金份额投资网络/国际借贷网络）网络中心性与出口（进口）网络中心度之间可能存在互为双向的 Granger 原因。脉冲响应函数分析表明，无论是从短期来看，还是从长期来看，国际资产组合投资网络中心性、股权与基金份额投资网络中心性和借贷网络中心性均有利于节点国家出口（进口）网络中心性的形成。

9.2　政策建议

上述结论的政策含义在于：

（1）"一带一路"沿线国家间网络特征变化表明"一带一路"倡议对于发起国之间建立更加紧密的经贸联系的重要性，为中国在地缘政治中取得优势地位提供了很好的机遇。贸易强国战略需更注重国家在贸易网络中的影响力和控制力，尤其是重视提升在高层次贸易关系网络中的地位和作用（吴钢，2013）。就中国而言，中国从贸易大国向贸易强国转变，应该不仅着眼于贸易量上的提升，而应该立足于全球贸易市场的整体视角，分析较高层面贸易关系的控制和影响格局，通过与其他贸易强国的市场博弈和对贸易市场有效调整，来获取更多的市场影响力和国际话语权，通过高层次贸易关系来真正实现参与国际经济治理。

（2）"一带一路"建设提升了"一带一路"沿线国家货物贸易网络中的等级效应，中国在 BRI 沿线贸易网络中处于核心地位，为协调好与其他"一带一路"沿线国家间的双边贸易关系，中国政府也需要充分考虑因贸易等级效应引致的贸易差距扩大的负面影响，这是有关决策过程中需要慎重考虑的重要方面。

（3）"一带一路"贸易网络的互惠结构鼓励"一带一路"沿线国家间贸易往来，以降低贸易发展的不均衡、营造双赢的贸易合作效果。考虑到不同国家间的国际金融关系对国际贸易关系形成的显著促进作用，有必要采取措施促进"一带一路"沿线国家加快形成更加紧密的金融关系，特别是应加快"一带一路"沿线国家间金融自由化的进程，只有放开国内的资本市场，才能吸引更多跨国资本的进入，包括借贷资本、股权资本和投资基金等，进而形成更加紧密的"你中有我，我中有你"的亲密关系，进而促进"一带一路"沿线国家间的金融市场的联动发展。就中国而言，需要将金融发展战略和贸易发展战略有机结合起来，共同推动中国从贸易大国向贸易强国转变。

（4）由于通过制度安排形成的地区贸易协定关系网络也有利于 BRI 国家间建立更为紧密的经贸关系，因而有必要通过协商的方式达成更多类似 RCEP 这样的区域性的贸易投资协议，这种"多对多"制度安排必然会推动该区域内贸易投资环境的优化。"一带一路"贯穿亚欧非大陆，一头是活跃的东亚经济圈，一头是发达的欧洲经济圈，中间广大腹地国家经济发展潜力巨大，"一带一路"倡议的推行必然会推动"一带一路"整体贸易投资水平更上一层楼。

（5）为促进"一带一路"沿线国家形成更加紧密的经贸关系，"一带一路"沿线国家还需要充分利用好包括语言、宗教在内的各种文人关系在商品交换过程中可能带来的便利沟通、节约成本等方面的积极作用。

（6）为了进一步促进"一带一路"各节点国家形成更加紧密的经贸关系，提高自身在进出口贸易网络中的中心地位，各节点国家需要进一步提升各自的贸易、投资和货币自由化水平，促进这些国家或地区间的贸易便利化，同时也要通过制度建设、技术创新、扩大（人口和经济）规模和降低关税等优势手段提升一国或地区在"一带一路"国际贸易网络中的中心地位。

参 考 文 献

〔1〕 Ahn J. , Sarmiento M. Estimating the Direct Impact of Bank Liquidity Shocks on the Real Economy: Evidence from Letter – of – credit Import Transactions in Colombia 〔J〕. *Review of International Economics*, 2019, 27 (5): 1510 – 1536.

〔2〕 Albert Reka, Barabasi Albert – Laszlo. Statistical Mechanics of Complex Networks 〔J〕. *Reviews of Modern Physics*, 2002, 74 (1): 47 – 96.

〔3〕 Albert – László Barabási. *Network Science* 〔M〕. Cambridge: Cambridge University Press, 2016.

〔4〕 Alvarez R. , Jaramillo P. , Selaive J. Is the Exchange Rate Pass – through into Import Prices Declining? Evidence from Chile 〔J〕. *Emerging Markets Finance and Trade*, 2012, 48 (12): 100 – 112.

〔5〕 Anderson James E. , Eric Wincoop. Trade Costs 〔J〕. *Journal of Economic* Literature, 2004, 42 (3): 691 – 751.

〔6〕 Andersson M. , Ejermo O. Techonlogy and Trade – An Analysis of Technology Specialization and Export Flows 〔R〕. CESIS, Electronic Working Paper Series, Paper No. 65, 2006.

〔7〕 Andrea D B. , Vasco L. B. , Francesco C. , Fabio G. S. Tariffs and Non – Tariff Frictions in the World Wine Trade 〔J〕. *European Rview of Agricultural Economics*, 2016, 43 (1): 31 – 57.

〔8〕 Angelo Secchi, Tamagni F. , Tomasi C. Financial Constraints and Firm Exports: Accounting for Heterogeneity, Self – Selection, and Endogeneity 〔J〕.

Industrial and Corporate Change, 2016, 25 (5): 813 – 827.

[9] Angelo Secchi, Tamagni F. , Tomasi C. Tomasi. Export Price Adjustments under Financial Constraints [J]. *Canadian Journal of Economics – Revue Canadienne D Economique*, 2016, 49 (3): 1057 – 1085.

[10] Anselin L. *Spatial Econometrics: Methods and Models* [M]. Dordrecht: Kluwer Academic, 1988.

[11] Baak S. J. , Al – Mahmood M. A. , Vixathep S. Exchange Rate Volatility and Exports from East Asian Countries to Japan and the USA [J]. *Applied Economics*, 2007, 39 (8): 947 – 959.

[12] Baltagi B. H. *Econometric Analysis of Panel Data* (*Sixth Edition*) [M]. Springer International Publishing, 2021.

[13] Banu Demir, Tomasz Michalski, Evren Ors. Risk – based Capital Requirements for Banks and International Trade [J]. *The Review of Financial Studies*, 2017, 30 (11): 3970 – 4002.

[14] Barabasi A. L. , Albert R. Emergence of Scaling in Random Networks [J]. *Science*, 1999: 286.

[15] Barauskaite K. , Nguyen A. D. M. Global Intersectoral Production Network and Aggregate Fluctuations [J]. *Economic Modelling*, 2021, 102 (Sep): 105577. 1 – 105577. 15.

[16] Barnes J. Class and Committees in a Norwegian Island Parish [J]. *Human Relations*, 1954, 7 (1): 39 – 58.

[17] Basile R. , Commendatore P. , Benedictis L. D. , Kubin I. The Impact of Trade Costs on the European Regional Trade Network: An Empirical and Theoretical Analysis [J]. *Review of International Economics*, 2018, 26 (3): 578 – 609.

[18] Batool K. , Niazi M. A. Towards a Methodology for Validation of Centrality Measures in Complex Networks [J]. *PloS one*, 2014, 9 (4): e90283.

[19] Beck T. Financial Development and International Trade [J]. *Journal of International Economics*, 2002, 57 (1): 107 – 131.

[20] Bellone F. , Musso P. , Nesta L. , Schiavo S. Financial Constraints and Firm Export Behaviour [J]. *World Economy*, 2010, 33 (33): 347 – 373.

[21] Berman N. , Héricourt, Jérme. Financial Factors and the Margins of Trade: Evidence from Cross – country Firm – level Data [J]. *Journal of Development Economics*, 2010, 93 (2): 206 – 217.

[22] Berman N. , Martin P. , Mayer T. How do Different Exporters React to Exchange Rate Changes? [J]. *The Quarterly Journal of Economics*, 2012, 127 (1): 437 – 492.

[23] Bernini M. , Tomasi C. Exchange Rate Pass – through and Product Heterogeneity: Does Quality Matter on the Import Side? [J]. *European Economic Review*, 2015 (77): 117 – 138.

[24] Besm Hamdi, Mouna Aloui, Faisal Alqahtani, Aviral Tiwari. Relationship between the Oil Price Volatility and Sectoral Stock Markets in Oil – exporting Economies: Evidence from Wavelet Nonlinear Denoised Based Quantile and Granger Causality Analysis [J]. *Energy Economics*, 2019 (80): 536 – 552.

[25] Blagov Boris. Exchange Rate Uncertainty and Import Prices in the Euro Area [J]. *Review of International Economics*, 2019 (27): 1537 – 1572.

[26] Bonroy O. , Gervais J. P. , Larue B. Are Exports a Monotonic Function of Exchange Rate Volatility? Evidence from Disaggregated Pork Exports [J]. *Canadian Journal of Economics/Revue Canadienne d'Economique*, 2010, 40 (1): 127 – 154.

[27] Borgatti S. P. Centrality and Network Flow [J]. *Social networks*, 2005, 27 (1): 55 – 71.

[28] Brandes U. A Faster Algorithm for Betweenness Centrality [J]. *Journal of Mathematical Sociology*, 2001, 25 (2): 163 – 177.

[29] Breusch T. S. , Pagan A. R. The Lagrange Multiplier Test and its Applications to Model Specification in Econometric [J]. *Review of Economic Studies*, 1980 (47): 239 – 253.

[30] Burt R. S. , Knez M. Kinds of Third – party Effects on Trust [J]. *Ra-

tionality and Society, 1995, 7 (3): 255 – 292.

［31］ Campa J. M. , Goldberg L. S. Exchange Rate Pass – through into Import Prices ［J］. *Review of Economics and Statistics*, 2005, LXXXVII (4): 679 – 690.

［32］ Carrington P. J. , Scott J. , Wasserman S. *Models and Methods in Social Network Analysis* ［M］. New York: Cambridge University Press, 2005.

［33］ Cetin R. , Karakaya E. The Impact of Real Exchange Rate Volatility on the Export of Turkish Electrical Appliances ［J］. *Argumenta Oeconomica*, 2013, 30 (1): 109 – 125.

［34］ Chan J M L. , Manova K. Financial Development and the Choice of Trade Partners ［J］. *Journal of Development Economics*, 2015 (116): 122 – 145.

［35］ Chaney T. The Network Structure of International trade ［J］. *American Economic Review*, 2014, 104 (11): 3600 – 3634.

［36］ Chen Z. , Poncet S. , Xiong R. Local Financial Development and Constraints on Domestic Private – firm Exports: Evidence from City Commercial Banks in China ［J］. *Journal of Comparative Economics*, 2020 (48): 56 – 75.

［37］ Chinn M. D. , Frankel J. A. Will the Euro Eventually Surpass the Dollar as Leading International Reserve Currency? ［R］. Social ence Electronic Publishing, 2005. Persistent Link: https: //EconPapers. repec. org/RePEc: cdl: scciec: qt4hz4n9pb.

［38］ Choi I. Unit Root Tests for Panel Data ［J］. *Journal of International Money and Finance*, 2001 (20): 249 – 272.

［39］ Choi Myoung Shik. The Recent Effects of Exchange Rate on International Trade ［J］. *Prague Economic Papers*, 2017, 26 (6): 1 – 29.

［40］ Chor D. , Manova K. Off the Cliff and Back? Credit Conditions and International Trade during the Global Financial Crisis ［J］. *Journal of International Economics*, 2012, 87 (1): 117 – 133.

［41］ Crino R. , Ogliari L. Financial Imperfections, Product Quality, and International Trade ［J］. *Journal of International Economics*, 2016, 104 (1):

63 – 84.

［42］D'Andrea A. , Ferri F. , Grifoni P. *An Overview of Methods for Virtual Social Networks Analysis in "Computational Social Network Analysis"* ［M］. London: Springer, 2010: 3 – 25.

［43］Dahlman C. J. The Problem of Externality ［J］. *Journal of Law and Economics*, 1979, 22 (1): 141 – 162.

［44］Daniel Kaufmann, Aart Kraay, Massimo Mastruzzi. The Worldwide Governance Indicators: A Summary of Methodology, Data and Analytical Issues ［J］. *Hague Journal on the Rule of Law*, 2011 (3): 220 – 246.

［45］David Dekker, David Krackhardt, Tom Snijders. Sensitivity of MRQAP Tests to Collinearity and Autocorrelation Conditions ［J］. *Psychometrika*, 2007, 72 (4): 563 – 581.

［46］Deng Z. , Hou L. Financial Underdevelopment, Distorted Lending and Export Market Survival ［J］. *The Journal of International Trade & Economic Development*, 2014, 23 (5): 600 – 625.

［47］Diebold F. X. , Yilmaz K. On the Network Topology of Variance Decompositions: Measuring the Connectedness of Financial Firms ［J］. *Journal of Econometrics*, 2014, 182 (1): 119 – 134.

［48］Dowd Kevin. , Greenaway David. Currency Competition, Network Externalities and Switching Costs: Towards an Alternative View of Optimum Currency Areas ［J］. *Economic Journal*, 1993, 103 (420): 1180 – 1189.

［49］Duenas M. , Fagiolo G. Modeling the International – trade Network: A Gravity Approach ［J］. *Journal of Economic Interaction and Coordination*, 2013 (8): 155 – 178.

［50］Easley D. , Kleinberg J. *Networks Crowds and Markets: Reasoning about a Highly Connected World* ［M］. Cambridge: Cambridge University Press, 2010.

［51］Elena – Ivona Dumitrescu. , Christophe Hurlin. Testing for Granger Non – causality in Heterogeneous Panels ［J］. *Economic Modelling*, 2012, 29

（4）: 1450 – 1460.

［52］Elhorst J. P. Specification and Estimation of Spatial Panel Data Models ［J］. *International Regional Science Review*, 2003（26）: 244 – 268.

［53］Erdös P. , Rényi A. On the evolution of Random Graphs ［J］. *Publication of the Mathematical Institute of the Hungarian Academy of Science*, 1960, 5（1）: 17 – 60.

［54］Finger J. M. , Yeats A. J. Effective Protection by Transportation Costs and Tariffs: Acomparison of Magnitudes ［J］. *The Quarterly Journal of Economics*, 1976, 90（1）: 169 – 176.

［55］Flandreau M. , Jobst C. The Empirics of International Currencies: Network Externalities, History and Persistence ［J］. *Economic Journal*, 2010, 119（537）: 643 – 664.

［56］Freeman L. C. Centrality in Social Networks Conceptual Clarification ［J］. *Social Networks*, 1978, 1（3）: 215 – 239.

［57］Gao X. , Huang S. , Sun X. , An F. Modelling Cointegration and Granger Causality Network to Detect Long – term Equilibrium and Diffusion Paths in the Financial System ［J］. *Royal Society Openence*, 2018, 5（3）: 172092.

［58］Garas A. , Argyrakis P. , Rozenblat C. , Tomassini M. , Havlin S. Worldwide Spreading of Economic Crisis ［J］. *New Journal of Physics*, 2010, 12（2）: 185 – 188.

［59］Goldbach S. , Nitsch V. Extra Credit: Bank Finance and Firm Export Status in Germany ［J］. *World Economy*, 2014, 37（7）: 883 – 891.

［60］Granger C. W. J. Investigating Causal Relations by Econometric Models and Cross – spectral Methods ［J］. *Econometrica*, 1969（37）: 424 – 438.

［61］Granovetter M. S. The Strength of Weak Ties ［J］. *American Journal of Sociology*, 1973, 78（6）: 1360 – 1380.

［62］Granovetter Mark. Economic Action and Social Structure: The Problem of Embeddedness ［J］. *American Journal of Sociology*, 1985, 91（3）: 481 – 510.

［63］Greenaway D. , Kneller R. A. Firm Heterogeneity, Exporting and Foreign Direct Investment: A Survey [J]. *The Economic Journal*, 2007, 117 (517): 134.

[64] Greenaway D. , Kneller R. , Zhang X. The Effect of Exchange Rates on Firm Exports and the Role of FDI [J]. *Review of World Economics*, 2012, 148 (3): 425 – 447.

[65] Haile M. G. , Pugh G. Does Exchange Rate Volatility Discourage International Trade? A Meta – regression Analysis [J]. *The Journal of International Trade & Economic Development*, 2013, 22 (3): 321 – 350.

[66] Hall Stephen, Hondroyiannis George, Swamy P. A. V. B. , Tavlas George, Ulan Michael. Exchange – rate Volatility and Export Performance: Do Emerging Market Economies Resemble Industrial Countries or Other Developing Countries? [J]. *Economic Modelling*, 2010, 27 (6): 1514 – 1521.

[67] Ham F. V. , Wijk J. J. V. Interactive visualization of small world graphs [C]. InfoVis'04: Proceedings of the IEEE Symposium on Information Visualization, 2004: 199 – 206.

[68] Handcock M. S. , Hunter D. R. , Butts C. , Goodreau S. M. , Morris M. Statnet: Software Tools for the Representation, Visualization, Analysis and Simulation of Network Data [J]. *Journal of Statistical Software*, 2008, 24 (1): 1 – 11.

[69] Hassan M. , Kabir Tufte. , David R. Exchange Rate Volatility and Aggregate Export Growth in Bangladesh [J]. *Applied Economics*, 1998, 30 (2): 189 – 201.

[70] Huang X. , Chen D. , Ren T. , Wang D. A Survey of Community Detection Methods in Multilayer Networks [J]. *Data Mining and Knowledge Discovery*, 2020 (24): 1 – 45.

[71] Huang Xiaobing, Liu Xiaolian, Görg Holger. Heterogeneous Firms, Financial Constraints and Export Behaviour: A Firm – level Investigation for China [J]. *The World Economy*, 2017 (40): 2328 – 2353.

[72] Hugh T. Patrick. Financial Devdopment and Economic Growth in Un-

derdeveloped Countries [J]. *Economic Development and Cultural Change*, 1966, 14 (2): 46 – 58.

[73] Hunter D. R., Goodreaua S. M., Handcocka M. S. Goodness of Fit of Social Network Models [J]. *Journal of the American Statistical Association*, 2008, 103 (481): 248 – 258.

[74] Im K., Pesaran H., Shin Y. Testing for Unit Roots in Heterogeneous Panels [J]. *Journal of Econometrics*, 2003 (115): 53 – 74.

[75] Jackson M. O. *Social and Economic Networks* [M]. New Jersey: Princeton University Press, 2008.

[76] Jalili M., Salehzadeh – Yazdi A., Asgari Y., et al. CentiServer: A Comprehensive Resource, Web – based Application and R Package for Centrality Analysis [J]. *PloS One*, 2015, 10 (11): e0143111.

[77] John Martin. A General Permutation – based QAP Analysis Approach for Dyadic Data From Multiple Groups [J]. *Connections*, 1999, 22 (2): 50 – 60.

[78] Kalina Manova., Shang – Jin Wei., Zhiwei Zhang. Firm Exports and Multinational Activity under Credit Constraints [J]. *The Review of Economics and Statistics*, 2015, 97 (3): 574 – 588.

[79] Kalina Manova. Credit Constraints, Heterogeneous Firms, and International Trade [J]. *Review of Economic Studies*, 2013, 80 (2): 711 – 744.

[80] Kilduff M., Tsai W. *Social Networks and Organizations* [M]. London: Sage, 2003.

[81] Kleinberg J. Bursty and Hierarchical Structure in Streams [J]. *Data Mining and Knowledge Discovery*, 2003 (7): 373 – 397

[82] Kohler A., Ferjani A. Exchange Rate Effects: A Case Study of the Export Performance of the Swiss Agriculture and Food Sector [J]. *World Economy*, 2018, 41 (2): 494 – 518.

[83] Krackhardt D. Predicting with Networks: Nonparametric Multiple Regression Analysis of Dyadic Data [J]. *Social Networks*, 1988 (10): 359 – 381.

[84] Krivitsky P. N. Exponential – family Random Graph Models for Valued

Networks [J]. *Electronic Journal of Statistics*, 2012 (6): 1100 – 1128.

[85] Krugman P. Vehicle Currencies and the Structure of International Exchange [J]. *Journal of Money Credit & Banking*, 1979, 12 (3): 513 – 526.

[86] Langville A. N. , Meyer C. D. A Survey of Eigenvector Methods for Web Information Retrieval [J]. *SIAM Review*, 2005, 47 (1): 135 – 161.

[87] Levin A. , Lin F. , Chu C. Unit Root Tests in Panel Data: Asymptotic and Finite – sample Properties [J]. *Journal of Econometrics*, 2002 (108): 1 – 24.

[88] Li Hongbin, Ma Hong, Xu Yuan. How do Exchange Rate Movements Affect Chinese Exports? A Firm – level Investigation [J]. *Journal of International Economics*, 2015, 97 (1): 148 – 161.

[89] Lin C. L. , Su Y. S. , Chen S. Y. , Lai C. F. Bibliometric Study of Social Network Analysis Literature [J]. *Library Hi Tech*, 2020, 38 (2): 420 – 433.

[90] Lin N. *Social Capital: A Theory of Social Structure and Action* [M]. Cambridge: Cambridge University Press, 2001.

[91] Lo Turco A. , Maggioni D. "Global" Ties: Banking Development and SEs' Export Entry [J]. *Small Business Economics*, 2017, 48 (4): 1 – 22.

[92] Loermann J. The Impact of CHF/EUR Exchange Rate Uncertainty on Swiss Exports to the Eurozone: Evidence from a Threshold VAR [J]. *Empirical Economics*, 2021, 60 (3): 1363 – 1385.

[93] Lopez L. , Weber S. Testing for Granger causality in panel data [J]. *Stata Journal*, 2017, 17 (4): 972 – 984.

[94] Lusher D. , Koskinen J. , Robins G. L. *Exponential Random Graph Models for Social Network: Theory, Methods, and Applications* [M]. Cambridge: Cambridge University Press, 2013.

[95] Lv X. , Lien D. , Chen Q. , Yu C. Does Exchange Rate Management Affect the Causality between Exchange Rates and Oil Prices? Evidence from Oil – exporting Countries [J]. *Energy Economics*, 2018, 76 (10): 325 – 343.

[96] Ma H. W. , Zeng A. P. The Connectivity Structure, Giant Strong Component and Centrality of Metabolic Networks [J]. *Bioinformatics*, 2003, 19

(11): 1423 – 1430.

[97] Maddala G. S. , Wu S. A Comparative Study of Unit Root Tests with Panel Data and a New Simple Test [J]. *Oxford Bulletin of Economics and Statistics*, special issue, 1999: 631 – 652.

[98] Mallick S. , Marques H. Passthrough of Exchange Rate and Tariffs into Import Prices of India: Currency Depreciation versus Import Liberalization [J]. *Review of International Economics*, 2010, 16 (4): 765 – 782.

[99] Mallick Sushanta, Marques Helena. Data Frequency and Exchange Rate Pass – through: Evidence from India's Exports [J]. *International Review of Economics & Finance*, Elsevier, 2010, 19 (1): 13 – 22.

[100] Manez J. A. , Rochina – Barrachina M. E. , Sanchis – Llopis J. A. , Vicente O. Financial Constraints and R&D and Exporting Strategies for Spanish Manufacturing Firms [J]. *Industrial and Corporate Change*, 2014, 23 (6): 1563 – 1594.

[101] Marquez – Ramos L. , Martinez – Zarzoso L. The Effect of Technological Innovation on International Trade [J]. *Economics – The Open – Access, Open – Assessment E – Journal*, 2010 (4): 1 – 37.

[102] Martinez V. , Berzal F. , Cubero J. C. A Survey of Link Prediction in Complex Networks [J]. *ACM Computing Surveys*, 2017, 49 (4): 1 – 33.

[103] Mary Amiti. David E. Weinstein. Exports and Financial Shocks [J]. *Quarterly Journal of Economics*, 2011, 126 (4): 1841 – 1877.

[104] Matteo T. D. , Pozzi F. , Aste T. The use of Dynamical Networks to Detect the Hierarchical Organization of Financial Market Sectors [J]. *Physics of Condensed Matter*, 2010, 73 (1): 3 – 11.

[105] Melitz M. J. The Impact of Trade on Intra Industry Reallocations and Aggregate Industry Productivity [J]. *Econometrica*, 2003, 71 (6): 1695 – 1725.

[106] Michael L. Katz. , Carl Shapiro. Network Externalities, Competition, and Compatibility [J]. *American Economic Reviews*, 1985 (3): 424 – 440.

［107］Minetti R. , Zhu S. Credit Constraints and Firm Export: Microeconomic Evidence from Italy ［J］. *Journal of International Economics*, 2011 (83): 109 – 125.

［108］Mizruchi M. S. , Marquis C. Egocentric, Sociocentric, or Dyadic?: Identifing the Appropriate Level of Analysis in the Study of Organizational Networks ［J］. *Social Networks*, 2006, 28 (3): 187 – 208.

［109］Monge P. R. , Contractor N. S. *Theories of Communication Networks* ［M］. New York: Oxford University Press, 2003.

［110］Moon H. R. , Perron B. Testing for a Unit Root in Panels with Dynamic Factors ［J］. *Journal of Econometrics*, 2004 (122): 81 – 126.

［111］Morris M. , Handcock M. S. , Hunter D. R. Specification of Exponential – family Random Graph Models: Terms and Computational Aspects ［J］. *Journal of Statistical Software*, 2008, 24 (4): 1 – 23.

［112］National Research Council of the National Academics. *Network Science* ［M］. Washington: The National Press, 2005.

［113］Nazlioglu Saban. Exchange Rate Volatility and Turkish Industry – level Export: Panel Cointegration Analysis ［J］. *Journal of International Trade & Economic Development*, 2013, 22 (7): 1088 – 1107.

［114］Newman M. The Structure of Scientific Collaboration Networks ［J］. *Proceedings of the National Academy of Sciences of the United States of America*, 2000, 98 (2): 404 – 409.

［115］Newman M. E. J. *Networks: An Introduction* ［M］. New York: Oxford University Press, 2010.

［116］Nguyen C. P. , Su T. D. Export Quality Dynamics: Multi – Dimensional Evidence of Financial Development ［J］. *The World Economy*, 2021 (44): 1 – 25.

［117］Nie C. X. , Song F. T. Constructing Financial Network Based on PMFG and Threshold Method ［J］. *Physica A: Statistical Mechanics & Its Applications*, 2018, 495 (4): 104 – 113.

［118］ Nieminen M. Multidimensional Financial Development, Exporter Behavior and Export Diversification ［J］. *Economic Modelling*, 2020 (93): 1 – 12.

［119］ Niepmann F. , Schmidt – Eisenlohr T. International Trade, Risk and the Role of Banks ［J］. *Journal of International Economics*, 2017, 107 (Jul.): 111 – 126.

［120］ Nobi A. , Maeng S. E. , Ha G. G. , Lee J. W. Structural Changes in the Minimal Spanning Tree and the Hierarchical Network in the Korean Stock Market around the Global Financial Crisis ［J］. *Journal of the Korean Physical Society*, 2015 (66): 1153 – 1159.

［121］ Oldham S. , Fulcher B. , Parkes L. , et al. Consistency and Differences between Centrality Measures across Distinct Classes of Networks ［J］. *PloS One*, 2019, 14 (7): e0220061.

［122］ Onafowora Olugbenga, Oluwole Owoye. Exchange Rate Volatility and Export Growth in Nigeria ［J］. *Applied Economics*, 2008, 40 (12): 1547 – 1556.

［123］ Onnela J. P. , Chakraborti A. , Kaski K. , Kertsz J. , Kanto A. Asset Trees and Asset Graphs in Financial Markets ［J］. *Physica Scripta*, 2003, T106 (1): 48.

［124］ Ottaviano G. , Jacques – Francois Thisse. New Economic Geography: What about the N? ［J］. *Environment and Planning A*, 2005, 37 (10): 1707 – 1725.

［125］ Paul Elhorst. *Spatial Econometrics from Cross – Sectional Data to Spatial Panels* ［M］. Berlin: Springer, 2014.

［126］ Pesaran H. , Shin Y. Generalized Impulse Response Analysis in Linear Multivariate Models ［J］. *Economics Letters*, 1998 (58): 17 – 29.

［127］ Pesaran M. H. A Simple Panel Unit Root Test in the Presence of Cross Section Dependence ［J］. *Journal of Applied Econometrics*, 2007 (22): 265 – 312.

［128］ Pesaran M. H. General Diagnostic Tests for Cross – section Dependence in Panel ［R］. Working Paper, Trinity College, Cambridge, 2004.

[129] Peter H. Egger. , Michaela Kesina. Financial Constraints and the Extensive and Intensive Margin of Firm Exports: Panel Data Evidence from China [J]. *Review of Development Economics*, 2013, 18 (4): 625 – 639.

[130] Prell C. *Social Network Analysis: History, Theory and Methodology* [M]. London: Sage, 2012.

[131] Rey H. International Trade and Currency Exchange [J]. *The Review of Economic Studies*, 2001, 68 (2): 443 – 464.

[132] Richard Fabling, Lynda Sanderson. Export Performance, Invoice Currency and Heterogeneous Exchange Rate Pass – through [J]. *The World Economy*, 2015, 38 (2): 315 – 339.

[133] Roberto Alvarez, Patricio Jaramillo, Jorge Selaive. Is the Exchange Rate Pass-through into Import Prices Declining? Evidence from Chile [J]. *Emerging Markets Finance and Trade*, 2012, 48 (1): 100 – 116.

[134] Robins G. L. , Elliott P. , Pattison P. E. Network Models for Social Selection Processes [J]. *Social Networks*, 2001, 23 (1): 1 – 30.

[135] Robins G. L. , Snijders T. A. B. , Wang P. , Handcock M. , Pattison P. Recent Developments in Exponential Random Graph (P^*) Models for Social Networks [J]. *Social Networks*, 2007, 29 (2): 192 – 215.

[136] Robins G. , Pattison P. , Kalish Y. , Lusher D. An Introduction to Exponential Random Graph (P^*) Models for Social Networks [J]. *Social Networks*, 2007 (29): 173 – 191.

[137] Rossi A. G. , Blake D. P. , Timmermann A. , Tonks I. , Wermers R. Network Centrality and Delegated Investment Performance [J]. *Journal of Financial Economics*, 2018, 128 (1): 183 – 206.

[138] Sanjeev Goyal. *Connections: An Introduction to the Economics of Networks* [M]. New Jersey: Princeton University Press, 2007.

[139] Schweitzer F. , Fagiolo G. , Sornette D. , Vega – Redondo F. , Vespignani A. , White R. D. Economic Networks: The New Challenges [J]. *Science*, 2009, 325 (24): 422 – 425.

[140] Scott J. , Carrington P. J. *The SAGE Handbook of Social Network Analysis* [M]. CA: SAGE Publications, 2011.

[141] Scott J. *Social Network Analysis: A Handbook* (*2nd edu*) [M]. Newbury Park, CA: Sage Publications, 2000.

[142] Scott J. Social Network Analysis [J]. *Sociology*, 1988, 22 (1): 109 – 127.

[143] Silvapulle P. , Smyth R. , Zhang X. , Fenech J. P. Nonparametric Panel Data Model for Crude Oil and stock Market Prices in Net Oil Importing Countries [J]. *Energy Economics*, 2017, 67 (9): 255 – 267.

[144] Simmel G. *Conflict and the Web of Group Afflictions* [M]. New York: Free Press, 1922.

[145] Sims C. A. Macroeconomics and Reality [J]. *Econometrica*, 1980 (48): 1 – 48.

[146] Snijder T. A. B. , Steglich C. E. G. , Schweinberger M. , et al. Manual for SIENA version 2. 1 [R]. 2005. Available from http: //stat. gamma. rug. nllsie_man31. pdf.

[147] Snijders T. A. B. Stochastic Actor – oriented Models for Network Change [J]. *Journal of Manthematical Sociology*, 1996, 21 (1 – 2): 149 – 172.

[148] Snijders T. A. B. Actor – based Models for Network Dynamics [J]. *Social Networks*, 2010, 32 (1): 44 – 60.

[149] Štefan Lyócsa. , Tomáš Výrost. , Eduard Baumöhl. Stock Market Networks: The Dynamic Conditional Correlation Approach [J]. *Physica A: Statistcal Mechanics & Its Applications*, 2012, 391 (16): 4147 – 4158.

[150] Steglich C. , Snijders T. , Pearson M. Dynamic Networks and Behavior: Separating Selection from Influence [J]. *Sociological Methodology*, 2010, 40 (1): 329 – 393.

[151] Stehrer R. , Worz J. Technological Convergence and Trade Patterns [J]. *Review of World Eonomics*, 2003, 139 (2): 191 – 219.

[152] Steven M. Goodreau. Advances in Exponential Random Graph (P*)

Models Applied to a Large Social Network [J]. *Social Networks*, 2007 (29): 231 – 248.

[153] Stiglitz Joseph E. , Andrew Weiss. Credit Rationing in Markets with Imperfect Information [J]. *American Economic Review*, 1981 (71): 393 – 409.

[154] Sushanta Mallick, Helena Marques. Exchange Rate Transmission into Industry – level Export Prices: A Tale of Two Policy Regimes in India [J]. *IMF Staff Papers*, 2008, 55 (1): 83 – 108.

[155] Tang Y. , Qian F. , Gao H. , Kurths J. Synchronization in Complex Networks and its Application – A Survey of Recent Advances and Challenges [J]. *Annual Review in Control*, 2014 (38): 184 – 198.

[156] Tang Cheong T. Does Financial Variable (S) Explain the Japanese Aggregate Import Demand? A Cointegration Analysis [J]. *Applied Economics Letters*, 2004, 11 (12): 775 – 780.

[157] Ted G. Lewis. *Network Science: Theory and Applications* [M]. New York: John Wiley & Sons Inc. Publication, 2009.

[158] Tobin J. , Golub S. S. *Money, Credit and Capital* [M]. McGraw – Hill/Irwin, 1998.

[159] Toivonen R. , Onnela J. P. , Saramaki J. , Hyvonen J. , Kaski K. A Model for Social Networks [J]. *Physica A: Statistical Mechanics and its Applications*, 2006, 371 (2): 851 – 860.

[160] Tsai W. Knowledge Transfer in Intraorganizational Networks: Effects of Network Position and Absorptive Capacity on Business Unit Innovation and Performance [J]. *Academy of Management Journal*, 2001, 44 (5): 996 – 1004.

[161] Tumminello M. , Aste T. , Matteo T. D. , Mantegna R. N. A Tool for Filtering Information in Complex Systems [J]. *Proceedings of the National Academy of Sciences of the United States of America*, 2005, 102 (30): 10421 – 10426.

[162] Turkmen Goksel. Financial Constraints and International Trade Patterns [J]. *Economic Modelling*, 2012, 29 (6): 2222 – 2225.

[163] Turner Ginger. Financial Geography and Access as Determinants of Exports [J]. *Cambridge Journal of Regions Economy and Society*, 2011, 4 (2): 269 – 286.

[164] Vitali S. , Glattfelder J. B. , Battiston S. The Network of Global Corporate Control [J]. *PloS One*, 2011 (6): e25995.

[165] Wasserman S. , Faust K. *Social Network Analysis: Methods and Application* [M]. Cambridge: Cambridge University Press, 1994.

[166] Wasserman S. , Pattison P. E. Logic Models and Logistic Regressions for Social Networks: An Introduction to Markov Graphs and P^* [J]. *Psychometrika*, 1996 (61): 401 – 425.

[167] Watson Anna. Financial Frictions, the Great Trade Collapse and International Trade over the Business Cycle [J]. *Open Economies Review*, 2019 (30): 19 – 64.

[168] Watts D. , Strogatz S. H. Collective Dynamics of "Small – world" Networks [J]. *Nature*, 1998.

[169] White H. C. Where do Markets Come from [J]. *American Journal of Sociology*, 1981, 87 (3): 517 – 547.

[170] Williamson Oliver E. *Markets and Hierarchies: Analysis and Antitrust Implications* [M]. New York: The Free Press, 1975.

[171] Wuchty S. , Stadler P. F. Centers of Complex Networks [J]. *Journal of Theoretical Biology*, 2003, 223 (1): 45 – 53.

[172] Xie Jinghua, Myrland H. The Effects of Exchange Rates on Export Prices of Farmed Salmon [J]. *Marine Resource Economics*, 2008, 23 (4): 439 – 457.

[173] Xu H. , Cheng L. The Study of the Influence of Common Humanistic Relations on International Services Trade – from the Perspective of Multi – networks [J]. *Physica A: Statistical Mechanics and its Applications*, 2019 (523): 642 – 651.

[174] Xu Jiayun, Mao Qilin, Tong Jiadong. The Impact of Exchange Rate

Movements on Multi – Product Firms'Export Performance: Evidence from China [J]. *China Economic Review*, 2016, 39 (7): 46 –62.

[175] Yanikkaya H., Kaya H., Kocturk O. M. The Effect of Real Exchange Rates and Their Volatilities on the Selected Agricultural Commodity Exports: A Case Study on Turkey, 1971 – 2010 [J]. *Agricultural Economics*, 2013, 59 (5): 235 –245.

[176] Zhang W., Zhuang X., Lu Y. Spatial Spillover Effects and Risk Contagion around G20 Stock Markets Based on Volatility Network [J]. *The North American Journal of Economics and Finance*, 2020 (5): 101064.

[177] Zhang Z. China's Exchange Rate Reform and Exports [J]. *Economics of Planning*, 2001, 34 (1): 89 –112.

[178] 艾伯特 – 拉斯洛巴拉巴西. 巴拉巴西网络科学 [M]. 沈华伟, 黄俊铭, 译. 郑州: 河南科学技术出版社, 2020.

[179] 安沈昊, 于荣欢. 复杂网络理论研究综述 [J]. 计算机系统应用, 2020, 29 (9): 26 –31.

[180] 巴腾, 博伊斯. 空间相互作用、运输和区域间商品流动模型 [M]//安虎森, 等译. 彼得·尼茨坎普. 区域和城市经济学手册 (第一卷). 北京: 经济科学出版社, 2001.

[181] 包群, 阳佳余. 金融发展影响了中国工业制成品出口的比较优势吗 [J]. 世界经济, 2008 (3): 21 –33.

[182] 保罗. 克鲁格曼, 茅瑞斯. 奥伯斯法尔德. 国际经济学 [M]. 海闻, 等译. 北京: 中国人民大学出版社, 2002.

[183] 贝蒂尔. 奥林. 地区间贸易和国际贸易 (修订版) [M]. 王继祖, 等译. 北京: 首都经济贸易大学出版社, 2001.

[184] 毕玉江, 朱钟棣. 人民币汇率变动对中国商品出口价格的传递效应 [J]. 世界经济, 2007 (5): 3 –15.

[185] 边慧东. 股市动态复杂网络拓扑结构性质和聚集效应研究 [D]. 长沙: 湖南大学, 2016.

[186] 伯娜. 中美贸易收支的人民币汇率弹性及政策启示 [J]. 财贸研

究，2010，21（3）：110-117.

[187] 蔡浩仪，姜大伟. 升值压力、汇率预期与中美贸易余额 [J]. 亚太经济，2011（2）：45-49.

[188] 陈超美，陈悦，胡志刚，等. 引文空间原理与应用 [M]. 北京：科学出版社，2014.

[189] 陈关荣. 复杂网络及其新近研究进展简介 [J]. 力学进展，2008（6）：653-662.

[190] 陈磊. 金融发展与中国省区制造业出口的二元边际 [J]. 中南财经政法大学学报，2012（1）：71-77.

[191] 陈六傅，刘厚俊. 人民币汇率的价格传递效应——基于 VAR 模型的实证分析 [J]. 金融研究，2007（4）：1-13.

[192] 陈梅，周申，何冰. 金融发展、融资约束和进口二元边际——基于多产品企业的研究视角 [J]. 国际经贸探索，2017，33（6）：85-101.

[193] 陈少炜，Patrick Qiang. 金砖国家贸易网络结构特征及其对贸易分工地位的影响——基于网络分析方法 [J]. 国际经贸探索，2018，34（3）：12-28.

[194] 陈夙. 债券市场开放的影响因素分析及实证 [J]. 统计与决策，2019（14）：166-169.

[195] 陈婷. 人民币汇率对多产品企业出口的影响 [J]. 世界经济研究，2015（1）：48-55，127-128.

[196] 陈学彬，李世刚，芦东. 中国出口汇率传递率和盯市能力的实证研究 [J]. 经济研究，2007（12）：106-117.

[197] 陈学彬，徐明东. 本次全球金融危机对我国对外贸易影响的定量分析 [J]. 复旦学报（社会科学版），2010（1）：24-33.

[198] 陈悦，刘则渊，庞杰，杨木. 中国管理科学合著现象分析 [J]. 科学学研究，2005（6）：758-764.

[199] 大卫·李嘉图. 政治经济学及赋税原理 [M]. 周洁，译. 北京：华夏出版社，2005.

[200] 代锋刚，蔡焕杰. 基于 CiteSpace 的农业节水研究进展与发展趋

势［J］. 水资源与水工程学报，2015，26（1）：212－218.

［201］代锋刚. 陕西省泾惠渠灌区农业节水对地下水空间分布影响及模拟［D］. 西北农林科技大学博士学位论文，2012.

［202］戴金平，袁其刚. 金融压抑对出口企业影响的实证分析——基于上市企业研究［J］. 国际贸易问题，2010（7）：113－120.

［203］戴翔，郑岚. 制度质量如何影响中国攀升全球价值链［J］. 国际贸易问题，2015（12）：51－63，132.

［204］戴卓. 国际贸易网络结构的决定因素及特征研究——以中国东盟自由贸易区为例［J］. 国际贸易问题，2012（12）：72－83.

［205］邓敏，王娟. 中国与东盟农产品出口为何各异：基于对金融危机影响的分析［J］. 财经科学，2013（11）：109－117.

［206］丁一兵，刘璐. 金融发展能否促进出口结构的优化——基于动态面板数据模型的考察［J］. 现代财经（天津财经大学学报），2013，33（6）：3－11，22.

［207］董二磊，王博. 金融危机是否对企业出口存在异质性冲击——基于融资约束视角的分析［J］. 国际贸易问题，2015（2）：146－154.

［208］董建卫. 风险投资机构的网络位置对投资绩效的影响研究［D］. 西安：西安理工大学，2012.

［209］董建卫. 风险投资机构的网络位置对投资绩效的影响研究［M］. 北京：中国经济出版社，2016.

［210］杜秀红. 中国与"一带一路"沿线国家的贸易关系及政策建议［J］. 现代管理科学，2016（5）：85－87.

［211］方锦清，汪小帆，刘曾荣. 略论复杂性问题和非线性复杂网络系统的研究［J］. 科技导报，2004（2）：9－12，64.

［212］丰丕虎. 基于社会网络分析的传销组织结构特征研究［D］. 长沙：国防科技大学，2019.

［213］丰景春，王沙沙，薛松，张可. PPP 模式研究热点与前沿的可视化分析——基于 Web of Science 数据库的文献计量研究［J］. 河海大学学报（哲学社会科学版），2017，19（3）：36－41，91.

［214］封福育．人民币汇率波动对出口贸易的不对称影响——基于门限回归模型经验分析［J］．世界经济文汇，2010（2）：24 – 32．

［215］冯玉军．合同法的交易成本分析［J］．中国人民大学学报，2001（5）：100 – 105．

［216］公丕萍，宋周莺，刘卫东．中国与俄罗斯及中亚地区的贸易格局分析［J］．地理研究，2015（5）：812 – 824．

［217］顾国达，方园．金融发展与出口品技术含量升级［J］．浙江社会科学，2013（3）：38 – 47，156．

［218］顾国达，郭爱美．金融发展与出口复杂度提升——基于作用路径的实证［J］．国际经贸探索，2013，29（11）：101 – 112．

［219］郭亦玮，郭晶，王磊．中国区域金融发展对出口复杂度影响的实证研究［J］．中国软科学，2013（11）：151 – 160．

［220］洪俊杰，商辉．国际贸易网络枢纽地位的决定机制研究［J］．国际贸易问题，2019，442（10）：5 – 20．

［221］侯传璐，覃成林．中国省际贸易网络的特征及影响因素——基于铁路货运流量数据及指数随机图模型的分析［J］．财贸经济，2019，40（3）：116 – 129．

［222］侯海燕，刘则渊，陈悦，姜春林，尹丽春，庞杰．当代国际科学学研究热点演进趋势知识图谱［J］．科研管理，2006（3）：90 – 96．

［223］侯赟慧，刘志彪，岳中刚．长三角区域经济一体化进程的社会网络分析［J］．中国软科学，2009（12）：90 – 101．

［224］胡冬梅，郑尊信，潘世明．汇率传递与出口商品价格决定：基于深圳港2000 ~ 2008 年高度分解面板数据的经验分析［J］．世界经济，2010，33（6）：45 – 59．

［225］黄杰．中国能源环境效率的空间关联网络结构及其影响因素［J］．资源科学，2018，40（4）：759 – 772．

［226］黄锦明．人民币实际有效汇率变动对中国进出口贸易的影响——基于1995 ~ 2009 年季度数据的实证研究［J］．国际贸易问题，2010（9）：117 – 122．

［227］黄玖立，冼国明．金融发展、FDI 与中国地区的制造业出口［J］.管理世界，2010（7）：8 - 17，187.

［228］黄万阳，王维国．人民币汇率与中美贸易不平衡问题——基于 HS 分类商品的实证研究［J］.数量经济技术经济研究，2010，27（7）：76 - 90.

［229］黄玮强，庄新田，姚爽．中国股票关联网络拓扑性质与聚类结构分析［J］.管理科学，2008（3）：94 - 103.

［230］黄小兵．异质企业、汇率波动与出口——基于中国企业的实证研究［J］.国际金融研究，2011（10）：47 - 54.

［231］季克佳，张明志．人民币汇率变动对企业出口产品决策的影响——基于垂直专业化的分析视角［J］.国际经贸探索，2018，34（5）：68 - 90.

［232］姜茜，李荣林．人民币汇率对中美双边贸易的影响——基于多边汇率与双边汇率的研究［J］.世界经济研究，2010（3）：61 - 67，89.

［233］金永红，廖原，奚玉芹．风险投资网络位置、投资专业化与企业创新［J］.中国科技论坛，2021（2）：39 - 50.

［234］孔季．近十年国内数字图书馆研究的知识图谱——基于 CSSCI 来源期刊［J］.现代情报，2012，32（1）：92 - 96，101.

［235］雷达，马骏．货币国际化水平的影响因素分析——来自国家层面多边数据的经验证据［J］.经济理论与经济管理，2019（8）：45 - 59.

［236］雷日辉，张亚斌．金融发展、融资约束与出口二元边际［J］.上海金融，2013（7）：10 - 17，116.

［237］冷炳荣，杨永春，李英杰，赵四东．中国城市经济网络结构空间特征及其复杂性分析［J］.地理学报，2011，66（2）：199 - 211.

［238］黎鹏，杨宏昌，王勇．中国与东盟国家经济增长的网络关系与溢出效应［J］.财贸研究，2017，28（9）：67 - 74.

［239］李岸．"中心—外围"结构下中国股市国际联动性研究［D］.长沙：湖南大学，2017.

［240］李红，方冬莉．人民币名义汇率对中国—东盟贸易效应分析［J］.亚太经济，2010（6）：62 - 65.

［241］李宏彬，马弘，熊艳艳，徐嫄．人民币汇率对企业进出口贸易

的影响——来自中国企业的实证研究 [J]. 金融研究, 2011 (2): 1 - 16.

[242] 李杰, 陈超美. CiteSpace: 科技文本挖掘及可视化 [M]. 北京: 首都经济贸易大学出版社, 2016.

[243] 李敬, 陈澍, 万广华, 付陈梅. 中国区域经济增长的空间关联及其解释——基于网络分析方法 [J]. 经济研究, 2014 (4): 4 - 16.

[244] 李卫东. 企业竞争力评价理论与方法研究 [D]. 北京: 北京交通大学, 2007.

[245] 李艳丽, 杨峰. 人民币汇率及预期对进口价格的门限传递效应: 考虑边际成本可变性的分析 [J]. 世界经济研究, 2016 (10): 62 - 75, 136.

[246] 李玉山, 陆远权, 王拓. 金融扭曲、创新抑制及其对出口复杂度的影响 [J]. 管理科学学报, 2021, 24 (4): 19 - 41.

[247] 梁立俊, 游桂芬. 汇率变动与贸易余额——基于政策干预和预期因素的模型分析和实证研究 [J]. 国际经贸探索, 2011, 27 (6): 17 - 25, 33.

[248] 林毅夫. 发展战略、自生能力和经济收敛 [J]. 经济学 (季刊), 2002 (1): 269 - 300.

[249] 刘柏, 张艾莲. 中国汇率与出口竞争力的协动变化 [J]. 当代经济研究, 2013 (1): 76 - 80.

[250] 刘法建, 张捷, 陈冬冬. 中国入境旅游流网络结构特征及动因研究 [J]. 地理学报, 2010, 65 (8): 1013 - 1024.

[251] 刘华军, 刘传明, 孙亚男. 中国能源消费的空间关联网络结构特征及其效应研究 [J]. 中国工业经济, 2015 (5): 83 - 95.

[252] 刘华军, 张耀, 孙亚男. 中国区域发展的空间网络结构及其时滞变化——基于 DLI 指数的分析 [J]. 中国人口科学, 2015 (4): 60 - 71, 127.

[253] 刘华军, 张耀, 孙亚男. 中国区域发展的空间网络结构及其影响因素——基于 2000~2013 年省际地区发展与民生指数 [J]. 经济评论, 2015 (5): 59 - 69.

[254] 刘建香. 复杂网络及其在国内研究进展的综述 [J]. 系统科学学

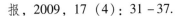

报，2009，17（4）：31 – 37.

[255] 刘军 . QAP：测量"关系"之间关系的一种方法 [J]. 社会，2007，27（4）：164 – 175.

[256] 刘尧成，周继忠，徐晓萍 . 人民币汇率变动对我国贸易差额的动态影响 [J]. 经济研究，2010，45（5）：32 – 40.

[257] 刘尧成 . 国际货币政策溢出效应、人民币汇率与中国贸易差额——基于 TVP – VAR – SV 模型的动态影响关系分析 [J]. 世界经济研究，2016（6）：69 – 81，135.

[258] 刘则渊，胡志刚，王贤文 . 30 年中国科学学历程的知识图谱展现——为《科学学与科学技术管理》杂志创刊 30 周年而作 [J]. 科学学与科学技术管理，2010，31（5）：17 – 23.

[259] 卢向前，戴国强 . 人民币实际汇率波动对我国进出口的影响：1994 ~ 2003 [J]. 经济研究，2005（5）：31 – 39.

[260] 罗吉，党兴华，王育晓 . 网络位置、网络能力与风险投资机构投资绩效：一个交互效应模型 [J]. 管理评论，2016，28（9）：83 – 97.

[261] 罗家德 . 社会网络分析讲义（第二版）[M]. 北京：社会科学文献出版社，2010.

[262] 罗晓梅，黄鲁成，王凯 . 基于 CiteSpace 的战略性新兴产业研究 [J]. 统计与决策，2015（6）：142 – 145.

[263] 马丹，陈志昂 . 全球经济失衡与美元的国际地位 [J]. 数量经济技术经济研究，2010，27（1）：83 – 94.

[264] 马光明，邓露 . 加工贸易比重、汇率与贸易顺差关联性的实证研究 [J]. 财贸经济，2012（12）：94 – 101.

[265] 迈克尔·波特 . 竞争优势 [M]. 陈小说，译 . 北京：华夏出版社，1997.

[266] 毛毅 . 融资约束、金融发展与企业出口行为 [J]. 山西财经大学学报，2013，35（4）：9 – 19.

[267] 孟夏，陈磊 . 金融发展、FDI 与中国制造业出口绩效——基于新新贸易理论的实证分析 [J]. 经济评论，2012（1）：108 – 115.

[268] 潘静, 范云欢. 基于 CiteSpace Ⅲ 的 "一带一路" 与海关研究文献的可视化研究 [J]. 海关与经贸研究, 2017, 38 (2): 1 – 11.

[269] 庞晓波, 姚远. 贸易溢出效应对人民币有效汇率的影响 [J]. 国际金融研究, 2011 (4): 38 – 46.

[270] 齐俊妍, 王永进, 施炳展, 盛丹. 金融发展与出口技术复杂度 [J]. 世界经济, 2011, 34 (7): 91 – 118.

[271] 齐俊妍. 金融市场发展与贸易竞争力: 基于中国各行业的面板数据分析 [J]. 世界经济研究, 2010 (5): 45 – 61.

[272] 邱均平, 张晓培. 基于 CSSCI 的国内知识管理领域作者共被引分析 [J]. 情报科学, 2011, 29 (10): 1441 – 1445.

[273] 曲晓翔. 复杂网络下国际货币体系对世界石油贸易的影响研究 [D]. 长沙: 湖南大学, 2015.

[274] 冉从敬, 曾畅. 近十年中国金融学可视化分析 [J]. 信息资源管理学报, 2014, 4 (1): 29 – 36.

[275] 荣岩. 人民币汇率变动对我国商品出口价格的传递效应——加工贸易框架下的检验 [J]. 上海财经大学学报, 2011, 13 (2): 47 – 54.

[276] 沙文兵. 美国金融危机对中国出口贸易的影响 [J]. 财经科学, 2010 (8): 83 – 90.

[277] 商辉. "共轭环流" 式国际分工格局 [D]. 北京: 对外经济贸易大学, 2019.

[278] 邵汉华, 周磊, 刘耀彬. 中国创新发展的空间关联网络结构及驱动因素 [J]. 科学学研究, 2018, 36 (11): 2055 – 2069.

[279] 盛斌, 毛其淋. 进口贸易自由化是否影响了中国制造业出口技术复杂度 [J]. 世界经济, 2017, 40 (12): 52 – 75.

[280] 盛丹, 刘竹青. 汇率变动、加工贸易与中国企业的成本加成率 [J]. 世界经济, 2017, 40 (1): 3 – 24.

[281] 盛科荣, 张红霞, 赵超越. 中国城市网络关联格局的影响因素分析 [J]. 地理研究, 2019, 38 (5): 32 – 46.

[282] 施炳展, 齐俊妍. 金融发展、企业国际化形式与贸易收支 [J].

世界经济，2011，34（5）：42-73.

[283] 时晓虹. 基于网络视角的制度结构及制度变迁主体研究 [D].
大连：东北财经大学，2014.

[284] 史洁慧，苏莹. 从金融危机看中国企业出口退出与企业财务状
况的关系 [J]. 国际经贸探索，2015，31（6）：18-31.

[285] 宋超，谢一青. 人民币汇率对中国企业出口的影响：加工贸易
与一般贸易 [J]. 世界经济，2017，40（8）：78-102.

[286] 宋宁宁. 基于阈值的金融网络的构建及其应用研究 [D]. 武汉：
武汉理工大学，2017.

[287] 苏振东，逯宇铎. 人民币实际汇率与中国进出口贸易结构变迁
（1997~2007 年）——基于多种模型的动态分析 [J]. 数量经济技术经济研
究，2010，27（5）：3-19，128.

[288] 隋建利，杨庆伟，宋涛. 汇率网络结构变迁、人民币影响力与
汇率波动传导——来自"一带一路"沿线国家的证据 [J]. 国际金融研究，
2020，402（10）：77-87.

[289] 孙晓华，孙瑞，徐帅. 电动汽车产业的网络效应：识别与异质
性检验 [J]. 中国软科学，2018（4）：132-145.

[290] 孙一平，王翠竹，张小军. 金融危机、垂直专业化与出口增长
的二元边际——基于中国 HS-6 位数出口产品的分析 [J]. 宏观经济研究，
2013（5）：18-26.

[291] 汤放华，汤慧，孙倩，汤迪莎. 长江中游城市集群经济网络结
构分析 [J]. 地理学报，2013，68（10）：1357-1366.

[292] 田巍，余淼杰. 企业出口强度与进口中间品贸易自由化：来自
中国企业的实证研究 [J]. 管理世界，2013（1）：28-44.

[293] 铁瑛，何欢浪. "雪中送炭"抑或"锦上添花"：地方金融发
展、金融脆弱度与出口关系稳定度 [J]. 统计研究，2020，37（7）：42-
53.

[294] 佟家栋，许家云，毛其淋. 人民币汇率、企业出口边际与出口
动态 [J]. 世界经济研究，2016（3）：70-85，135.

[295] 万伦来, 高翔. 文化、地理与制度三重距离对中国进出口贸易的影响——来自32个国家和地区进出口贸易的经验数据 [J]. 国际经贸探索, 2014, 30 (5): 39-48.

[296] 万晓莉, 陈斌开, 傅雄广. 人民币进口汇率传递效应及国外出口商定价能力——产业视角下的实证研究 [J]. 国际金融研究, 2011 (4): 18-29.

[297] 汪浩瀚, 徐建军. 中国金融发展与对外贸易的互动关系: 多维视角的实证分析 [M]. 北京: 经济科学出版社, 2012.

[298] 汪小帆, 李翔, 陈关荣. 复杂网络理论及其应用 [M]. 北京: 清华大学出版社, 2006.

[299] 汪小帆, 李翔, 陈关荣. 网络科学导论 [M]. 北京: 高等教育出版社, 2013.

[300] 王成, 王茂军. 山东省城市关联网络演化特征——基于"中心地"和"流空间"理论的对比 [J]. 地理研究, 2017, 36 (11): 2197-2212.

[301] 王丹, 黄玮强. 基于波动溢出网络的我国金融机构系统重要性 [J]. 系统工程, 2018, 36 (8): 27-36.

[302] 王慧, 刘宏业. 国际货币的惯性及对人民币国际化的启示 [J]. 经济问题, 2012 (5): 110-113, 120.

[303] 王晋斌, 李南. 中国汇率传递效应的实证分析 [J]. 经济研究, 2009, 44 (4): 17-27, 140.

[304] 王茂军, 田丽英, 杨雪春. 山东省城镇网络结构与城镇网络角色识别——基于民国时期土货/洋货流通网络的分析 [J]. 地理研究, 2011, 30 (9): 1621-1636.

[305] 王芮. 基于最佳阈值法的证券市场复杂网络的构建及其性质研究 [D]. 长沙: 湖南大学, 2018.

[306] 王楠. "一带一路" 沿线钢铁贸易网络特征的统计研究——基于社会网络理论分析 [D]. 杭州: 浙江工商大学, 2020.

[307] 王秀玲, 邹宗森, 冯等田. 实际汇率波动对中国出口持续时间

的影响研究 [J]. 国际贸易问题，2018（6）：164 – 174.

［308］王雅琦，戴觅，徐建炜. 汇率、产品质量与出口价格 [J]. 世界经济，2015，38（5）：17 – 35.

［309］王雅琦，卢冰. 汇率变动、融资约束与出口企业研发 [J]. 世界经济，2018，41（7）：75 – 97.

［310］王育晓，张晨，王曦. 风险投资机构的网络能力与投资绩效——网络位置与关系强度的交互作用 [J]. 现代财经（天津财经大学学报），2018，38（2）：91 – 101.

［311］文争为. 我国出口汇率传递率行业和国家差异的实证研究 [J]. 经济评论，2011（3）：105 – 116.

［312］吴钢. 人文关系网络对国际贸易网络的影响机制及效应研究 [D]. 长沙：湖南大学，2013.

［313］吴金闪，狄增如. 从统计物理学看复杂网络研究 [J]. 物理学进展，2004（1）：18 – 46.

［314］吴玉鸣，陈志建. 居民消费水平的空间相关性与地区收敛分析 [J]. 世界经济文汇，2009（5）：76 – 89.

［315］吴宗柠，狄增如，樊瑛. 多层网络的结构与功能研究进展 [J]. 电子科技大学学报，2021，50（1）：106 – 120.

［316］夏先良. 论国际贸易成本 [J]. 财贸经济，2011（9）：71 – 79.

［317］向训勇，陈婷，陈飞翔. 进口中间投入、企业生产率与人民币汇率传递——基于我国出口企业微观数据的实证研究 [J]. 金融研究，2016（9）：33 – 49.

［318］萧琛，崔楠楠. 论汇率变动对出口价格的传递效应——中国、日本、东盟、德国经验数据比较研究 [J]. 国际经贸探索，2011，27（4）：63 – 70.

［319］肖群鹰，刘慧君. 基于QAP算法的省际劳动力迁移动因理论再检验 [J]. 中国人口科学，2007（4）：26 – 33，95.

［320］谢邦昌，游涛. 金融危机前后中信行业指数联动效应及其社团结构比较 [J]. 商业经济与管理，2015（1）：82 – 89.

[321] 谢建国，陈漓高. 人民币汇率与贸易收支：协整研究与冲击分解 [J]. 世界经济，2002 (9)：27 - 34.

[322] 徐建军，汪浩瀚. 我国金融发展对国际贸易的影响及区域差异——基于跨省面板数据的协整分析和广义矩估计 [J]. 国际贸易问题，2008 (4)：82 - 88.

[323] 许和连，孙天阳，成丽红. "一带一路" 高端制造业贸易格局及影响因素研究——基于复杂网络的指数随机图分析 [J]. 财贸经济，2015 (12)：74 - 88.

[324] 许家云，毛其淋. 人民币汇率水平与出口企业加成率——以中国制造业企业为例 [J]. 财经研究，2016，42 (1)：103 - 112.

[325] 许家云，田朔. 人民币汇率与中国出口企业加成率：基于倍差法的实证分析 [J]. 国际贸易问题，2016 (2)：145 - 155.

[326] 许家云，佟家栋，毛其淋. 人民币汇率、产品质量与企业出口行为——中国制造业企业层面的实证研究 [J]. 金融研究，2015 (3)：1 - 17.

[327] 亚当. 斯密. 国富论 [M]. 郭大力，王亚南，译. 上海：商务印书馆，2002.

[328] 闫衍. "一带一路" 的金融合作 [J]. 中国金融，2015 (5)：32 - 33.

[329] 杨冠灿，刘彤，陈亮，张静. 基于 ERG 模型的专利引用关系形成影响因素研究 [J]. 科研管理，2018，39 (11)：125 - 134.

[330] 杨敏利，丁文虎，郭立宏，Marcus W. Feldman. 创业投资引导基金补偿机制对创投机构网络位置的影响研究 [J]. 管理评论，2020，32 (1)：107 - 118.

[331] 杨胜刚，李欢. 货币网络外部性视角下人民币国际化发展研究 [J]. 湖南社会科学，2018 (5)：134 - 140.

[332] 杨文龙，杜德斌. "一带一路" 沿线国家投资网络结构及其影响因素：基于 ERGM 模型的研究 [J]. 世界经济研究，2018 (5)：80 - 94.

[333] 杨文龙，杜德斌，游小珺，史文天，颜子明. 世界跨国投资网

络结构演化及复杂性研究 [J]. 地理科学, 2017, 37 (9): 1300 - 1309.

[334] 杨小凯. 经济学——新兴古典与新古典框架 [M]. 张定胜, 张永生, 李利明, 译. 北京: 社会科学文献出版社, 2003.

[335] 杨子晖, 周颖刚. 全球系统性金融风险溢出与外部冲击 [J]. 中国社会科学, 2018 (12): 69 - 90, 200 - 201.

[336] 姚耀军. 金融发展对出口贸易规模与结构的影响 [J]. 财经科学, 2010 (4): 25 - 31.

[337] 叶芳, 杜朝运. 当前国际货币体系改革为何难以突破?——基于美元网络外部性的微观解释 [J]. 广东金融学院学报, 2012 (5): 64 - 72.

[338] 衣春波, 许鑫. 自由贸易区领域研究热点与前沿探讨——基于 CiteSpace II 的计量分析 [J]. 上海经济研究, 2014 (3): 67 - 78.

[339] 易靖韬, 刘昕彤, 蒙双. 中国出口企业的人民币汇率传递效应研究 [J]. 财贸经济, 2019, 40 (5): 112 - 126.

[340] 于洪霞, 龚六堂, 陈玉宇. 出口固定成本融资约束与企业出口行为 [J]. 经济研究, 2011, 46 (4): 55 - 67.

[341] 余莱花. 产业集聚研究的知识图谱分析 [J]. 湖南大学学报 (社会科学版), 2013, 27 (6): 62 - 67.

[342] 袁芳英. 实际有效汇率波动对上海出口商品结构的影响 [J]. 华东经济管理, 2010, 24 (1): 5 - 7.

[343] 张彬, 孔祥贞, 杨勇. 信贷融资对异质性企业出口参与的影响——基于商业信贷和银行信贷角度的理论和实证分析 [J]. 经济理论与经济管理, 2015 (8): 36 - 46.

[344] 张盼盼, 张胜利, 陈建国. 融资约束、金融市场化与制造业企业出口国内增加值率 [J]. 金融研究, 2020 (4): 48 - 69.

[345] 张帅, 袁长伟, 赵小曼. 中国交通运输碳排放空间聚类与关联网络结构分析 [J]. 经济地理, 2019, 39 (1): 122 - 129.

[346] 张天顶, 黄璟. 商业信用、国际金融危机与中国出口贸易恢复 [J]. 当代经济科学, 2014, 36 (3): 35 - 46, 125.

[347] 张天顶，吕金秋．汇率贬值是否影响了我国上市公司出口？[J]．世界经济研究，2018（8）：49－61，136．

[348] 赵静敏．金融发展对我国对外贸易的作用机理与传导途径研究 [M]．徐州：中国矿业大学出版社，2011．

[349] 赵文红，李垣．基于关系网络的交易成本的分析 [J]．中原工学院学报，2003，14（3）：4－7．

[350] 赵彦云，王康，邢炜．转型期中国省际经济波动对经济增长的空间溢出效应 [J]．统计研究，2017，34（5）：3－16．

[351] 郑金连，狄增如．复杂网络研究与复杂现象 [J]．系统辩证学学报，2005（4）：8－13．

[352] 中国社会科学院语言研究所词典编辑室．现代汉语词典 [M]．北京：商务印书馆，1998．

[353] 钟阳，丁一兵．双边贸易、外汇市场规模、网络外部性与美元的国际地位——基于国别（地区）市场的实证研究 [J]．经济评论，2012（1）：140－146．

[354] 钟业喜，冯兴华，文玉钊．长江经济带经济网络结构演变及其驱动机制研究 [J]．地理科学，2016，36（1）：10－19．

[355] 种照辉，覃成林．"一带一路"贸易网络结构及其影响因素——基于网络分析方法的研究 [J]．国际经贸探索，2017，33（5）：16－28．

[356] 周涛，柏文洁，汪秉宏，刘之景，严钢．复杂网络研究概述 [J]．物理，2005（1）：31－36．

[357] 周文韬，杨汝岱，侯新烁．世界服务贸易网络分析——基于二元/加权视角和QAP方法 [J]．国际贸易问题，2020（11）：125－142．

[358] 周育红．中国创业投资网络的动态演进及网络绩效效应研究 [D]．广州：华南理工大学，2013．

[359] 周育红．中国创业投资网络发展及影响因素研究 [M]．广州：华南理工大学出版社，2020．

[360] 朱苏荣．"一带一路"战略国际金融合作体系的路径分析 [J]．金融发展评论，2015（3）：83－91．

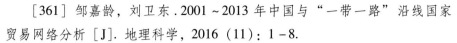

［361］邹嘉龄，刘卫东 . 2001～2013 年中国与"一带一路"沿线国家贸易网络分析［J］. 地理科学，2016（11）：1－8.

［362］邹宗森，王秀玲，冯等田 . 第三方汇率波动影响出口贸易关系持续吗？——基于"一带一路"沿线国家的实证研究［J］. 国际金融研究，2018（9）：56－65.

致　谢

本书是笔者关于"一带一路"国际金融与国际贸易关系问题的研究成果之一，也是笔者关于中国金融发展与对外贸易关系研究的深化成果之一。在本书的写作过程中，我们尝试采用网络科学分析框架来重新阐释国际金融与国际贸易关系，这对我们而言是一次全新的尝试和挑战。在这个过程中，我们学习和借鉴了许多前人的成果，克服了重重困难才使得本书得以成稿。部分参考成果已经作为参考文献，但可能也有疏漏之处，在此一并致以谢意！

本书得以出版，笔者首先要感谢教育部社科司、教育部教师工作司、浙江省教育厅、宁波市教育局和宁波市社会科学界联合会等部门对本书部分研究工作的立项支持。此外，笔者要特别感谢宁波城市职业技术学院商学院院长胡坚达研究员的鼓励和支持。

本书能够最终快速面世，离不开经济科学出版社的高效工作。尤其感谢经济科学出版社经济理论分社在本书的排版、校对和修改过程中的辛勤付出。

杨晓伟、徐建军
2022 年 3 月 18 日